本书获得中国社会科学院创新工程学术出版资助项目资助

Regulation of Digital Trade
through International Economic and Trade Rules

国际经贸规则对数字贸易的规制

谭观福　著

中国社会科学出版社

图书在版编目(CIP)数据

国际经贸规则对数字贸易的规制 / 谭观福著.
北京：中国社会科学出版社，2024. 10. -- ISBN 978-7-5227-4307-3

Ⅰ. F746；F724. 6

中国国家版本馆 CIP 数据核字第 2024LC3982 号

出 版 人 赵剑英
责任编辑 郭如玥
责任校对 赵雪姣
责任印制 郝美娜

出　　版 中国社会科学出版社
社　　址 北京鼓楼西大街甲 158 号
邮　　编 100720
网　　址 http：//www. csspw. cn
发 行 部 010-84083685
门 市 部 010-84029450
经　　销 新华书店及其他书店

印刷装订 北京君升印刷有限公司
版　　次 2024 年 10 月第 1 版
印　　次 2024 年 10 月第 1 次印刷

开　　本 710×1000　1/16
印　　张 17
字　　数 237 千字
定　　价 98. 00 元

缩略词表

APEC　亚太经济合作组织
CPTPP　《全面与进步跨太平洋伙伴关系协定》
CPC prov　《联合国临时核心产品分类目录》
DEPA　《数字经济伙伴关系协定》
eWTP　世界电子贸易平台
FTA　自由贸易协定
FED　电子商务发展之友
GATT 1994　《1994 年关税与贸易总协定》
GATS　《服务贸易总协定》
GDPR　《通用数据保护条例》
HS　《商品名称及编码协调制度》
ICT　信息和通讯技术
ITA　《信息技术协定》
OECD　经济合作与发展组织
RCEP　《区域全面经济伙伴关系协定》
TBT　《技术性贸易壁垒协定》
TFA　《贸易便利化协定》
TPP　《跨太平洋伙伴关系协定》
TRIMS　《与贸易有关的投资措施协定》
TRIPS 协定　《与贸易有关的知识产权协定》
TISA　《国际服务贸易协定》

TTIP 《跨大西洋贸易与投资伙伴关系协定》
USITC 美国国际贸易委员会
USMCA 《美国—墨西哥—加拿大协定》
USTR 美国贸易代表办公室
UNCTAD 联合国贸易和发展会议
UNCITRAL 联合国国际贸易法委员会
WTO 世界贸易组织
W/120 《服务业部门分类表》

序　一

谭观福的博士学位论文《国际经贸规则对数字贸易的规制》即将出版了，很高兴为其写个序言。

从农产品、工业制品再到数字产品，国际贸易不断发展，国际贸易规则亦不断发展和完善。数字贸易是当今世界最具代表性的贸易形态，调整数字贸易的规则亦在逐步形成之中。谭观福以其敏锐观察和刻苦精神选择这一主题撰写博士学位论文，顺利通过毕业答辩，在此基础上进一步修改完善并将其出版，可以说为数字贸易事业作出了自己的贡献。

俗语说知易行难。数字贸易规则的研究，真可谓知也难行也难。谭观福最初选择这一题目，主要基于世界贸易组织规则谈判，研究的视角也主要限于世界贸易组织规则内部。随着美国挑起中美贸易冲突和全球新冠疫情暴发，特别是美国以国家安全为理由采取一系列国际经贸投资限制措施，搞所谓“小院”“高墙”“去风险”，数字贸易规则的研究就超出了世界贸易组织规则的视角，特别是超出了争端解决规则适用的视角，上升扩大为新的地缘政治背景下国际经贸规则如何构建的问题。这是一个宏大主题，是一个时代主题，甚至是有关人类命运共同体的人类主题。应对这样的挑战，不可谓不难。

瑞士秀丽的风光难以寻觅谭观福的身影。置身位于莱蒙湖畔的瑞士比较法研究所，谭观福利用一年的学术交流时间完成了论文初稿。回国后等待他的是师生对其论文的挑剔。国际格局在变，贸易形势在变。置身于世界百年未有之大变局和中华民族伟大复兴战略全局，统筹国内和国际，统筹发展和安全，数字贸易规则的研究必须具有前瞻性、全局性、战略性、整体性。全球范畴内数字经济、数字规则的发展，呼唤着数字贸易规则研究的进一步深化和完善。

新的技术必然对既有制度和规则产生影响，既有制度和规则必须因应新的技术要求。人类发展史上经历了无数次的技术革命，催生了许许多多的制度规则，丰富完善了既有基本制度。只要坚持守正创新这一基本规律和要求，我们就能应对数字技术和数字经济对我们提出的挑战，就能提供适合数字贸易的具体规则。

与传统的生产工艺改进不同，数字技术是建立在全球互联网基础上的技术革命，其影响是全球性的、飞速性的，影响着整个人类的福利和未来。在当今世界，还存在着巨大的数字鸿沟，还存在着严重的发展不平衡，甚至还存在着零和博弈的霸凌思潮和做法。研究数字贸易规则，必须统筹发展和安全，以推动构建人类命运共同体为指引。

谭观福的数字贸易规则研究成果即将出版了，我们为其祝贺！在肯定现有研究成果的同时，我们期望他在这一领域取得更为丰富和扎实的成果。我们也加入这一研究队伍中，迎接新的技术对我们提出的挑战。

韩立余

中国人民大学法学院教授、博士生导师

2024 年劳动节

序　二

谭观福告知我他基于博士学位论文《国际经贸规则对数字贸易的规制》的专著即将出版，并请我作序，我欣然答应。看着谭观福这些年的学术成长轨迹，也让我回想起当年触发他对国际数字经贸规则领域学术兴趣的往事。

我是谭观福就读硕士研究生期间的指导老师。他在读硕士期间就展现出很高的学术热情和不凡的学术潜力。记得 2014 年时我主持了上海市教委科研创新项目“中美互联网限制措施 WTO 争端解决预分析”，我邀请他加入了我的课题组并成为主要参与人。在撰写项目报告过程中，他根据多轮修改意见对报告进行反复打磨，并提出了不少很有创见的观点。该项目的参与及顺利结项激发了谭观福的学术热情及以后坚定走学术道路的信心。我注意到，此后谭观福持续关注互联网监管、网络安全相关问题，并扩展到国际数字经贸规则领域。他告诉我，他后来师从韩立余教授的博士学位论文选题在很大程度上是从早期互联网课题研究中获得的启发，这让我感到十分欣慰！

翻阅《国际经贸规则对数字贸易的规制》书稿，我发现谭观福能比较敏锐地、系统地关注国际数字经贸规则的基本规制问题。该成果聚焦国际经贸规则和数字贸易的关系，结合互联网和科技发展对贸易规则的挑战，立足世界贸易组织规则，追踪不断增多的自由贸易协定，对当下有关数字贸易的各类规则作了全面和深入的解析，重点从数字贸易界定、规制规则、自由化及例外等方面进行了分析，基本勾勒出未来数字贸易规制的理论框架，并结合分析就中国应采取的应对措施提出了自己的想法和建议。总体感觉，该成果命题明确，研究思路清楚，资料翔实，论证充分，逻辑性强，具有较高的创新性。

国际数字经贸规则问题已经从早期的谈判争论、学术探讨阶段，快速地切换到国别立法实践和企业运用诉求阶段。我国也积极因应国际数字经贸规则的变化，主动提出对接试验以 CPTPP 和 DEPA 为代表的高标准国际数字经贸规则。数据有序跨境流动已经成为当下政界、业界和学界热议的话题，数据已经成为不少国家的一种战略资源。大家意识到，一方面数据跨境流动有利于数据资源的充分利用并推动产业发展；但另一方面，由于国家核心利益冲突特别是“国家安全”意识凸显，数据跨境流动又会使国家监管难度加大。多数国家对数据跨境流动中的安全风险趋于重视，纷纷采取一定的规制措施来平衡数据跨境流动自由和国家安全保护。由于数据跨境流动自由和国家安全保护之间考量不同，各国采取的数据跨境流动规制措施也不尽相同。最终相信或希望，在 WTO 多边规则体系下达成国际数字经贸规则。

题外之语，谭观福在《国际法研究》编辑部从事专职编辑工作之余，仍然在持续做相关学术研究，乐此不疲。他发表了多篇较为有影响力的学术论文，还主持了 2023 年国家社会科学基金青年项目“跨境数据流动风险防范法律规制研究”，这种兼顾编辑和科研的模式实属不易。在与友人争辩当下“纯学术年轻身影”是否难觅辩题时，浮现的谭观福对学术研究纯粹热爱而坚持的身影，提供了一个正向佐证。

“观德于忍，观福于量。”期盼并祝福谭观福会有更多更好的学术成果！

是为序。

龚柏华

复旦大学法学院教授、博士生导师

2024 年 5 月 11 日

摘　　要

数字贸易已经成为全球贸易中正在崛起的重要新业态。WTO 规则适用于数字贸易，但存在适应性不足的问题。新近 FTA 在数字贸易规制方面有很多突破性规定，并呈现出类型化的特点，这对数字贸易的监管环境产生了重大影响。随着 WTO 电子商务谈判的进行，以及 FTA 谈判如火如荼地展开，数字贸易国际规则正在发展过程中。本书包含绪论以及正文的六章，具体如下。

绪论介绍本选题的研究背景和意义、研究现状、研究思路、研究方法。

第一章，数字贸易规制的基础问题和国际经贸规则架构。数字贸易可大致分为数字产品贸易、数字服务贸易和网络购物。数字贸易依托于互联网，依赖于数据流动，实现了商业模式创新和产业融合发展。国家对数字贸易的规制基础是国家经济主权和网络主权。数字贸易规制需要协调产业利益和文化安全、公共道德与公共秩序、隐私保护、国家安全、技术进步、人权保护这几项重要的价值目标。数字贸易的规制方式通常包括对数字贸易及相关贸易部门的立法，以及影响数字贸易的相关法律法规和措施，如互联网审查和对跨境数据流动的规制。在演化解释背景下，多边贸易规则可以适用于数字贸易。FTA 中的数字贸易规则呈现出类型化的特点，可以分为美式数字贸易规则、欧式数字贸易规则和其他数字贸易规则。FTA 中的数字贸易规则继承和发展了 WTO 规则。

第二章，数字贸易的归类。数字贸易的归类直接影响数字贸易的规则适用，但 WTO 的现有归类系统未能适应数字贸易的特点。WTO 争端解决机构已经将部分数字服务贸易归为模式 1，但未澄清模式 1 和模式 2 的区别。为保证 GATS 规则的可预见性，将数字服务贸易归为模式 1 是较为恰当的选择。WTO 成员可以在双边或区域性的服务贸易谈判中尝试解决模式 1 和模式 2 的认定问题。由于 GATS 承认发展中国家发展的“不平衡”，考虑到 WTO 的基本目标，数字产品应被定性为服务。为解决数字产品的归类难题，美式 FTA 采取了务实态度，一方面确立了电子传输免征关税的做法；另一方面，对于那些可以归类为服务贸易的数字贸易活动，它们需要受到投资、跨境服务贸易和金融服务相关章节义务的约束。WTO 争端解决机构依据技术中立原则，将在线交付的传统服务归入传统服务的相应部门中。各国在谈判数字服务的市场开放问题时应谨慎对待技术中立原则。WTO 成员应对既有的归类系统进行更新谈判，以降低数字贸易归类问题的不确定性。对新型数字服务的市场开放作出特殊承诺是回应新型数字服务归类难题的现实选择。

第三章，数字贸易中的跨境数据流动规制。跨境数据流动是进行数字贸易的前提，跨境数据流动议题应被纳入国际经贸协定中，但各国对于跨境数据流动的规制持有不同立场。WTO 的《基础电信协议》《关于电信服务的附件》和 ITA 推动了数字贸易基础设施的贸易自由化，从而促进了跨境数据流动。新近 FTA 通过确立“原则+例外”的立法模式为跨境数据流动构建了一个相对自由的法律框架。FTA 还针对特殊数据规定了专门规则，包括个人数据保护和政府数据开放。跨境数据流动的国际规则协调所面临的一个重要分歧是在个人数据方面。WTO 成员可以在 WTO 中为数据保护达成一个基本框架，成员还可以依据 GATS 第 7 条通过互认机制来协调个人数据保护标准，并与 APEC 或 OECD 等国际机构合作。

第四章，数字贸易的自由化。探讨数字贸易的自由化可以从市场准入和非歧视义务这两个主要框架展开。数字贸易可能面临关税壁垒，《全球电子商务宣言》确立了“电子传输零关税延期宣言”，但成员对于宣言的适用范围存在不同主张。FTA 的数字贸易规则继承和发展了 WTO 电子传输零关税延期宣言的内容。数字贸易中的非关税措施主要包括数量配额、技术标准以及软件源代码和算法的强制披露要求。互联网屏蔽或过滤措施可能导致数字产品或服务的“零配额”，应受到 GATS 第 16.2 条规制。信息通信技术产品的国内法规或标准可能构成技术性贸易壁垒，应受 TBT 规制。为规制数字产品和数字服务中的技术性贸易壁垒，WTO 成员可以依据 GATS 第 6.4 条，就服务贸易制定类似 TBT 的纪律。发展中成员在 WTO 电子商务谈判中可以借鉴欧盟提案，在软件源代码和算法披露问题上积极主张相关例外条款的适用，以保留国内规制空间。非歧视原则适用于数字贸易，数字贸易非歧视待遇有关同类性和较低待遇的判定需要在借鉴 WTO 法理和实践的基础上，结合数字贸易规制措施具体分析。美式 FTA 直接规定了数字产品的非歧视待遇来确保数字产品贸易的自由化。WTO 电子商务谈判应特别关注发展问题，着力弥合数字鸿沟。尽管通过 FTA 规制数字贸易存在一些不足，但 FTA 仍然可以并将继续成为推动数字贸易自由化的重要场所。

第五章，数字贸易规制的例外。数字贸易规制的例外包括承诺例外和免责例外。各国基于国内政策目标或国家安全的考虑对数字贸易采取的限制措施需要寻求免责例外进行抗辩。与数字贸易规制有关的一般例外条款主要是 GATS 第 14 条，最相关的情形是公共道德和公共秩序例外以及保护隐私例外。这些条款能够为规制措施提供一定的抗辩余地。网络安全可以构成安全例外中的国家安全，与数字贸易规制相关的安全例外条款是 GATS 第 14 条之二。根据 GATS 第 14 条之二第 1 款（b）项的（i）目和（ii）目为网络安全措施抗辩的情形，仅限于与保护成员的军事设施或核设施免遭网络安全威胁有关的情况。与网络攻击最相关的安全例外条款是 GATS 第 14 条之二第 1 款（b）项（iii）目的“战时或国际关系中的其他紧急情况”。安全例外条款能够为网络安全措施提供的抗辩非常有限。为协调数字贸易自由化和国家安全，各国可以通过 WTO 争端解决机制之外的途径来消解在网络安全治理中的分歧。

第六章，数字贸易规制的中国视角。中国对互联网信息服务、视听服务、电信业务等数字服务总体上实行许可或备案管理，依法对互联网实行安全审查，对跨境数据流动进行监管。对于数字产品和数字服务，中国的国内产业发展相对不足，因而在数字贸易的归类问题和关税问题上，中国尚未形成进攻性立场。为完善数字贸易规制，中国应从更全面的视角构建数字贸易规则；促进与贸易有关的跨境数据流动；继续加强国内规制与国际规则的协调；继续积极参与国际规则谈判。

关键词：数字贸易；数字产品；数字服务；WTO；FTA

Abstract

Digital trade has become an important new normal in global trade. WTO rules apply to digital trade, but there is a problem of insufficient adaptability. The recent FTAs have concluded many breakthrough provisions in digital trade, and present different characteristics of categorization, which has a significant impact on the regulation of digital trade. With the progress of WTO e-commerce negotiations and the FTA negotiations in full swing, the international rules of digital trade are in the process of fromulation. This dissertation contains an introduction and 6 chapters of the text as follows.

The introduction introduces the research background and significance, literature review, basic ideas and research methods.

Chapter 1 elaborates on the basic questions and the framework of international economic and trade rules of digital trade regulation. Digital trade can be basically divided into trade in digital products, trade in digital services and online shopping. Digital trade relies on the Internet and data flows, and has achieved innovation in business mode and industrial integration. The justification for national regulation of digital trade is state economic sovereignty and cyber sovereignty. Regulation of digital trade needs to coordinate industrial interests and cultural security, public morals and public order, privacy, national security, technological progress and human rights protection. Regulations on digital trade usually include legislations on digital trade and trade-related sectors, as well as relevant laws, regulations and measures affecting digital trade, such as Internet censorship and regulation of cross-border data flows. In the context of evolutive interpretation, multilateral trade rules can be applied to digital trade. The digital trade rules in FTAs are featured by American digital trade rules, European digital trade rules and other digital trade rules, which inherit and develop the WTO law.

Chapter 2 is about the classification of digital trade. The classification of digital trade directly affects the application of rules, but the existing classification system of the WTO has not been adapted to the characteristics of digital trade. The WTO dispute settlement body has classified some digital services as Mode 1, but has not clarifiedthe differences between Mode 1 and Mode 2. In order to ensure the predictability of GATS rules, it is more appropriate to classify trade in digital services as Mode 1. WTO members can try to resolve the identification problem between Mode 1 and Mode 2 in bilateral or regional service trade negotiations. Considering the basic objectives of the WTO, digital products should be characterized as services, as GATS acknowledges the "imbalance" in the development of developing countries. In order to solve the classification problem of digital products, the American - style FTAs have adopted a pragmatic approach. On the one hand, they insist on duty-free of electronic transmissions; on the other hand, for digital trade activities that can be classified as trade in services, they are subject to the obligations in chapters on investment, cross - border trade in services and financial services. The WTO dispute settlement body has classified traditional services delivered online into the traditional services sectors in accordance with the principle of technological neutrality. Countries should be cautious about the principle of technological neutrality when negotiating the market access of digital services. WTO members should update the existing classification system to reduce the uncertainties of the classification of digital trade. Making a specific commitment to the market access of new digital services is a realistic choice to respond to the difficulty of classifying new digital services.

Chapter 3 is about the regulation of cross-border data flows in digital trade. Cross-border data flow is the prerequisite for digital trade. The issue of cross-border data flows should be incorporated into international economic and trade agreements, but countries hold different positions on their regulation. The WTO's "Agreement on Basic Telecommunications" "Annex on Telecommunications" and ITA have promoted the trade liberalization of digital trade infrastructures, thereby facilitating cross-border data flows. The recent FTAs have established a relatively free legal framework for cross-border data flows by adopting a regulatory model of "principle plus exception". The FTAs also have specific rules for special data such as the rules for protecting personal data and for opening government data. A noticeable divergence in the coordination of international rules for cross-border data flows is in the field of personal data. Thus, WTO members may reach a basic framework for data protection in the WTO, or they may also coordinate personal data protection standards through a mutual recognition mechanism according to Article 7 of GATS, and cooperate with international agencies such as APEC or OECD.

Chapter 4 is about the liberalization of digital trade. The analysis of digital trade liberalization starts from the two main regulatory frameworks of market access and non-discrimination obligations. Digital trade may face the barrier of tariff. The Declaration on Global Electronic Commerce established the "WTO Duty-free Moratorium on Electronic Transmissions", but members have different opinions on the scope of the declaration. The FTAs' digital trade rules inherit and develop the content of the "WTO Duty-free Moratorium on Electronic Transmissions". Non-tariff measures in digital trade mainly include quantitative quotas, technical standards, and requirements for mandatory disclosure of software source code and algorithms. Internet blocking or filtering measures that may result in a "zero quota" of digital products or services shall be governed by Article 16. 2 of GATS. Domestic regulations or standards for ICT products may constitute technical barriers to trade and should be regulated by TBT. To address technical barriers to trade in digital products and services, WTO members can establish TBT-like disciplines on trade in services under Article 6. 4 of GATS. In the WTO e-commerce negotiations, developing members can learn from the EU proposal and actively advocate the application of relevant exceptions on the issue of source code and algorithm disclosure in order to preserve domestic regulatory space. The principle of non-discrimination applies to digital trade. The determination of likeness and less favorable treatment in digital trade requires specific analysis based on the jurisprudence and practice of the WTO, with the consideration of the measures of digital trade regulation. The American FTAs directly stipulate non-discriminatory treatment of digital products to ensure the liberalization of trade in digital products. WTO e-commerce negotiations should pay special attention to the issue of development and strive to resolve the digital divide. Although there are some deficiencies in regulating digital trade through FTAs, FTAs can and will continue to be an important mechanism to promote digital trade liberalization.

Chapter 5 is about exceptions to the obligations underlying digital trade regulation, which include commitment exceptions and liability exemptions. Restrictions on digital trade by countries based on domestic policy objectives or national security considerations need to invoke exception clauses to be justified. The general exception clauses related to digital trade regulation are mainly stipulated in Article 14 of GATS, which cover the exceptions of public morals and public order, and privacy. The clauses can provide some defense for regulatory measures. Cybersecurity can constitute national security in WTO security exception clauses, and the provisions related to digital trade regulations are Article 14 bis of GATS. The defense of cybersecurity measures under subparagraphs (i) and (ii), paragraph 1 (b) of Article 14 bis is limited to situations in which members' military or nuclear facilities are protected from cybersecurity threats. The most relevant security exception to cyberattacks is about "in time of war or other emergency in international relations", under paragraph 1 (b) (iii) of Article 14 bis of GATS. Security exceptions provide very limited defenses to cybersecurity measures. In order to coordinate digital trade liberalization and national security, it is possible to resolve divergences between countries in cybersecurity governance through channels such as diplomatic dialogue and international regulatory cooperation, in addition to the WTO dispute settlement mechanism.

Chapter 6 is about China's perspective on digital trade regulation. China generallymanages digital services such as Internet information services, audiovisual services and telecommunications services by licensing and registration, conducts security reviews of the Internet, and regulates cross-border data flows in accordance with the law. As for digital products and services, China's domestic industry is relatively underdeveloped. Therefore, China has not yet formed an offensive position on the classification of digital trade and tariffs. In order to improve the regulation of digital trade, China should construct digital trade rules from a more comprehensive perspective, further liberalize trade-related cross-border data flows, strengthen the coordination of domestic regulations and international rules, and actively participate in the negotiation of international rules.

Keywords: Digital Trade; Digital Product; Digital Service; WTO; FTA

目　录

绪　论

一　研究背景和意义

数字贸易/电子商务在全球经济中扮演了重要角色，数字贸易的发展将深刻影响全球贸易利益格局。多边进程是推动全球贸易和投资自由化和便利化的最佳渠道。早在 1996 年的世界贸易组织（下文简称 WTO）第 1 届部长级会议就正式提及了电子商务议题。1998 年的 WTO 第 2 届部长级会议通过了《全球电子商务宣言》，电子商务成为正式议题。《全球电子商务宣言》旨在敦促总理事会制定一个全面的工作计划以审查所有与贸易有关的电子商务问题。[①] 在 WTO《电子商务工作计划》项下，成员纷纷提交文件表明立场并进行了相关讨论，但由于在数字贸易的原则性问题上存在严重分歧，成员并未对数字贸易的规制达成任何共识。

WTO 成员进入经济全球化和融入全球价值链体系的程度不同，导致不同成员在贸易自由化方面的诉求存在差异。美国、欧盟等发达成员与发展中成员之间存在数字鸿沟，在数字贸易国际规则方面的诉求重点不同。[②] 同样作为发达经济体的美国和欧盟，由于它们在数字贸易领域的比较优势不同，在文化传统、民族心理等方面也存

---

① Ministerial Conference, Declaration on Global Electronic Commerce, Adopted on 20 May 1998, WT/MIN (98) /DEC/2, 25 May 1998.

② 张莉：《中国引领跨境电商国际规则制定前景》，《今日中国》2016 年第 10 期，第 56 页。

在显著差异，因而在数字贸易领域的规则主张也存在很大分歧。[①] 作为一个非谈判论坛，WTO《电子商务工作计划》并未被授权进行规则制定。《马拉喀什建立世界贸易组织协定》（下文简称《WTO 协定》）未能适应数字贸易的复杂性，没有关于数字贸易的全面协议，仅有一些协定涉及数字贸易的部分领域。虽然 WTO 争端解决机构处理了部分与数字贸易有关的争端，但 WTO 规则对数字贸易的适用仍然不具有确定性。

WTO 数字贸易规则的缺失是自由贸易协定（下文简称 FTA）推动数字贸易谈判的动因。新近 FTA 在数字贸易规制方面有很多突破性规定，对数字贸易的监管环境产生了重大影响。美式 FTA 为数字贸易新议题（如跨境数据流动、计算设施本地化、源代码等）设定了高标准的规则，而很多发展中国家的 FTA 则对数字贸易新议题采取回避态度。不同 FTA 的数字贸易规则呈现出类型化的特点。

自 2016 年起，数字贸易议题重新引起 WTO 成员的广泛关注，成员纷纷向 WTO 提交电子商务探索性文件。2019 年 1 月，包括中国、欧盟、美国在内的 76 个 WTO 成员签署了《电子商务联合声明》，发起电子商务诸边谈判，以制定数字贸易国际规则。[②] 在多边贸易体制面临危机的背景下，启动电子商务谈判对于重振 WTO 谈判功能、提振各方对多边贸易体制乃至经济全球化的信心有特殊意义。

本书旨在探讨国际经贸规则对数字贸易的规制，研究意义主要有三点。

第一，为中国参与 WTO 和 FTA 中的数字贸易国际规则谈判提供一定参考。发展数字贸易上升为中国的国家战略。党的二十大报告强调“发展数字贸易，加快建设贸易强国”。国务院 2021 年 12 月 12 日发布的《“十四五”数字经济发展规划》明确指出：“加快研究

---

① 周念利、李玉昊：《全球数字贸易治理体系构建过程中的美欧分歧》，《理论视野》2017 年第 9 期，第 76 页。

② Joint Statement on Electronic Commerce，WT/L/1056，25 January 2019.

制定符合我国国情的数字经济相关标准和治理规则。依托双边和多边合作机制，开展数字经济标准国际协调和数字经济治理合作。”习近平总书记也指出：“主动参与国际组织数字经济议题谈判，开展双多边数字治理合作，维护和完善多边数字经济治理机制，及时提出中国方案，发出中国声音。”①

本书一方面探讨既有多边贸易规则对数字贸易的适用及不足，并分析 FTA 数字贸易新规则的发展和影响，另一方面展望未来数字贸易国际规则的构建。因此，本书可以为中国参与数字贸易国际规则谈判提供一定参考。

第二，为解决潜在的数字贸易争端未雨绸缪。虽然 WTO 上诉机构已经“瘫痪”，专家组作出的裁决一旦被提出上诉，将无法执行，但 WTO 是一个“说理的地方”。美国频繁地在其《国家贸易评估报告》中指责其他国家的数字贸易规制措施构成贸易壁垒，但其自身却基于国家安全/网络安全理由对一些国家（尤其是中国）的信息技术产品贸易实施限制。此外，美国近年来还通过国内立法对中国的科技企业进行打压和遏制。相关国家对数字贸易采取的限制措施是否构成贸易壁垒，首先要看其是否对相关的数字贸易部门作出了市场开放承诺，其次审查相关产品和服务的同类性以及规制措施是否构成了较低待遇，最后审查措施能否依据例外条款免责。本书将在一定程度上为这些问题的解决提供参考。

第三，为在统筹推进国内法治和涉外法治进程中完善数字贸易国内治理提供参考。2021 年以来，中国国内数据安全领域的立法进展迅速，数字贸易国内治理渐趋完善。习近平总书记在《求是》2022 年第 4 期发表重要文章指出，要加快数字经济等领域立法步伐。② 本书也将为数字经济领域的立法以及执法和司法提供参考和借鉴。

---

① 习近平：《不断做强做优做大我国数字经济》，《求是》2022 年第 2 期，第 8 页。

② 参见习近平《坚持走中国特色社会主义法治道路　更好推进中国特色社会主义法治体系建设》，《求是》2022 年第 4 期，第 6 页。

二 研究现状

本书的研究现状将根据各章内容分别进行介绍。

（一）数字贸易规制的基础问题和国际经贸规则架构

对于数字贸易规制的国际经贸规则架构，Mira Burri 研究了数字贸易的国际经济法框架，分别从《WTO 协定》和 FTA 的视角阐述了与数字贸易有关的规则。[①] Mark Wu 对 FTA 中与数字贸易有关的条款作了解析，并结合 WTO 规则作了比较分析。[②] Henry Gao 研究了美国 FTA 中的数字贸易规则，认为美国 FTA 已经承认了数字贸易的独特数字属性并相应地调整规则，不再将其视为传统贸易问题。[③] Neha Mishra 评估了 TPP 中的数字贸易规则在互联网生态治理中的作用。[④] Andrew D. Mitchell 和 Neha Mishra 探讨了国际贸易法应如何进行现代化改革以适应数字经济的发展。[⑤] Mira Burri 和 Rodrigo Polanco 对自由贸易协定中的数字贸易条款作了统计分析。[⑥] Mira Burri 还指

---

① Mira Burri, *The International Economic Law Framework for Digital Trade*, Swiss National Centre of Competence in Research, Working Paper No. 2015/08, May 2015, pp. 1-57.

② Mark Wu, *Digital Trade-Related Provisions in Regional Trade Agreements: Existing Models and Lessons for the Multilateral Trade System*, RTA Exchange, International Centre for Trade and Sustainable Development and the Inter-American Development Bank, 2017, pp. 1-30.

③ Henry Gao, "Regulation of Digital Trade in US Free Trade Agreements: From Trade Regulation to Digital Regulation", *Legal Issues of Economic Integration*, Vol. 45, No. 1, 2018, pp. 47-70.

④ Neha Mishra, "The Role of the Trans-Pacific Partnership Agreement In the Internet Ecosystem: Uneasy Liaison or Synergistic Alliance?", *Journal of International Economic Law*, Vol. 20, No. 1, 2017, pp. 31-60.

⑤ Andrew D. Mitchell, Neha Mishra, "Data at the Docks: Modernizing International Trade Law for the Digital Economy", *Vanderbilt Journal of Entertainment and Technology Law*, Vol. 20, No. 4, 2018, pp. 1073-1134.

⑥ Mira Burri, Rodrigo Polanco, "Digital Trade Provisions in Preferential Trade Agreements: Introducing a New Dataset", *Journal of International Economic Law*, Vol. 23, No. 1, 2020, pp. 187-220.

出，贸易规则应适应大数据时代。①

在国内研究方面，沈玉良等出版了有关全球数字贸易规则的专著，介绍了不同 FTA 中的数字贸易规则。② 不过作者的专业背景为国际贸易学，该研究侧重于统计分析，法律规范层面的分析较少。中国信息通信研究院互联网法律研究中心也出版了有关数字贸易的国际规则的专著，比较了不同国际协定中的电子商务规则和电信规则。不过该书的作者也非国际法学者，该研究侧重于规则的介绍和统计。③ 李双元和王海浪出版了有关电子商务问题的专著，对电子交易过程中涉及的电子签名、电子认证、电子合同等法律问题作了研究；④ 徐海明也出版了电子商务法律问题的专著。⑤ 这两本书所探讨的问题与中国《电子商务法》所规制的问题基本重合，但均未从国际经贸规则的视角切入，也未探讨跨境数据流动等数字贸易新议题。石静霞结合 WTO 电子商务谈判中的各方提案，探讨了跨境数据流动规制、源代码和算法的规制以及数字贸易的关税和数字税征收问题。⑥ 贺小勇和黄琳琳结合 WTO 电子商务提案，比较了 WTO 成员一致同意的电子商务规则和分歧较大的规则。⑦ 何其生研究了美国 FTA 中的数字产品贸易规制，认为美国的做法值得中国借鉴。⑧ 赵骏和干燕嫣研究了国

---

① Mira Burri, "Adapting Trade Rules for the Age of Big Data", in Antony Taubman and Jayashree Watal, eds., *Trade in Knowledge: Intellectual Property, Trade and Development in a Transformed Global Economy*, Cambridge University Press, 2022, pp. 591–622.

② 沈玉良等：《全球数字贸易规则研究》，复旦大学出版社 2018 年版。

③ 中国信息通信研究院互联网法律研究中心：《数字贸易的国际规则》，法律出版社 2019 年版。

④ 李双元、王海浪：《电子商务法若干问题研究》，北京大学出版社 2003 年版。

⑤ 徐海明：《中国电子商务法律问题研究》，北京理工大学出版社 2017 年版。

⑥ 石静霞：《数字经济背景下的 WTO 电子商务诸边谈判：最新发展及焦点问题》，《东方法学》2020 年第 2 期，第 170—184 页。

⑦ 贺小勇、黄琳琳：《WTO 电子商务规则提案比较及中国之应对》，《上海政法学院学报（法治论丛）》2020 年第 1 期，第 105—114 页。

⑧ 何其生：《美国自由贸易协定中数字产品贸易的规制研究》，《河南财经政法大学学报》2012 年第 5 期，第 142—153 页。

际经贸规则与跨境电商立法的良性互动问题。[①] 郭玉军和莫万友探讨了电子商务对 WTO 法律规则的挑战。[②] 周念利等对新近 FTA 中的数字贸易规则作了解析，并对美国和欧盟的数字贸易规则作了对比分析。[③]

（二）数字贸易的归类

Usman Ahmed、Brian Bieron 和 Gary Horlick 研究了互联网服务在 GATS 项下的模式区分问题，提出根据互联网的技术结构来解决模式认定难题。[④] Emad Tinawi 和 Judson O. Berkey 研究了 GATS 项下的数字服务归类问题。[⑤] Lee Tuthill 和 Martin Roy 研究了 GATS 项下信息和通信技术服务的归类问题。[⑥] Rolf H. Weber 和 Mira Burri 研究了数字经济中的服务归类，认为并不存在解决归类问题的万全之策，特定国家的政府必须评估归类方法的多种因素，然后作出适当的决定。[⑦] Ruosi

---

① 赵骏、干燕嫣：《变革中的国际经贸规则与跨境电商立法的良性互动》，《浙江大学学报》（人文社会科学版）2017 年第 6 期，第 88—102 页。

② 郭玉军、莫万友：《电子商务对 WTO 法律规则的挑战和对策》，《商业研究》2006 年第 22 期，第 194—197 页。

③ 周念利、陈寰琦：《数字贸易规则“欧式模板”的典型特征及发展趋向》，《国际经贸探索》2018 年第 3 期，第 96—106 页；李杨、陈寰琦、周念利：《数字贸易规则“美式模板”对中国的挑战及应对》，《国际贸易》2016 年第 10 期，第 24—37 页。

④ Usman Ahmed, Brian Bieron and Gary Horlick, “Mode 1, Mode 2, or Mode 10: How Should Internet Services Be Classified in the Global Agreement on Trade in Service?”, *Boston University International Law Journal*, 2015, pp. 1-15.

⑤ Emad Tinawi, Judson O. Berkey, “E-Services and the WTO: The Adequacy of the GATS Classification Framework”, 16 March 2000, https://www.iatp.org/sites/default/files/E-Services_and_the_WTO_The_Adequacy_of_the_GAT.pdf, last visited 1 May 2024.

⑥ Lee Tuthill, Martin Roy, “GATS Classification Issues for Information and Communication Technology Services”, in Mira Burri and Thomas Cottier, eds., *Trade Governance in the Digital Age: World Trade Forum*, Cambridge University Press, 2012, pp. 157-178.

⑦ Rolf H. Weber, Mira Burri, *Classification of Services in the Digital Economy*, Springer, 2012.

Zhang 研究了 GATS 项下的服务归类及其对具体承诺的影响。[①] Ines Willemyns 从技术分析的角度研究了 GATS 项下数字服务的归类问题，认为归类应基于服务的功能。[②] Sam Fleuter 研究了 WTO 框架下数字产品的定性问题，认为数字产品应被定性为服务。[③] Farrokh Farrokhnia 和 Cameron Richards 也研究了数字产品的定性，认为数字产品不同于传统贸易中的货物或服务，因此需要一个全新的规制框架。[④]

国内研究方面，学者对数字贸易的归类没有专门的系统研究。宋波和夏廷对数字产品在 WTO 规则下的定性争议作了回顾。[⑤] 吕国民探讨了数字产品贸易规制问题，认为数字产品定性问题可以作为 WTO 谈判的一揽子承诺的一部分。[⑥] 陈儒丹认为，数字产品的在线跨境交易应被认定为服务贸易。[⑦] 郭鹏认为，美国在 WTO 和国内法层面对数字产品的定性采取了双重标准。[⑧] 此外，有部分硕士学位论

---

① Ruosi Zhang, *Covered or not Covered: That is the Question-Services Classification and Its Implications for Specific Commitments under the GATS*, WTO Staff Working Paper, No. ERSD-2015-11, 7 December 2015.

② Ines Willemyns, "GATS Classification of Digital Services-Does 'The Cloud' Have a Silver Lining?", *Journal of World Trade*, Vol. 53, No. 1, 2019, pp. 59-81.

③ Sam Fleuter, "The Role of Digital Products under the WTO: A New Framework for GATT and GATS Classification", *Chicago Journal of International Law*, Vol. 17, No. 1, 2016, pp. 153-177.

④ Farrokh Farrokhnia, Cameron Richards, "E-Commerce Products Under the World Trade Organization Agreements: Goods, Services, Both or Neither?", *Journal of World Trade*, Vol. 50, No. 5, 2016, pp. 793-817.

⑤ 宋波、夏廷：《WTO 规则下的数字化产品定性之争》，载张平主编《网络法律评论》（第 3 卷），法律出版社 2003 年版，第 131—138 页。

⑥ 吕国民：《WTO 对数字化产品贸易的规制问题探析》，《河北法学》2006 年第 8 期，第 38—41 页。

⑦ 陈儒丹：《WTO 框架下数字产品在线跨境交易的法律性质》，《法学》2008 年第 7 期，第 87—94 页。

⑧ 郭鹏：《信息产品数字化交易的法律规制：美国的双重标准》，《武汉大学学报》（哲学社会科学版）2010 年第 1 期，第 65—69 页。

文涉及对数字贸易归类问题的探讨。

（三）数字贸易中的跨境数据流动规制

Mira Burri 从 WTO 和 FTA 的视角探讨了跨境数据流动的规制，认为 WTO 未能适应数字贸易的发展，而 FTA 塑造了数据流动的监管环境，弥补了 WTO 的不足。① Susannah Hodson 研究了 WTO 和 FTA 纪律对数据本地化措施的适用问题，认为现有 WTO 规则对规范数据本地化措施的有效性仍然没有定论，FTA 谈判正在发展新的模式来解决数据本地化壁垒。② Susan Ariel Aaronson 探讨了为何 FTA 不允许完全的数据自由流动，认为美国和欧盟未就互联网自由达成完全共识，贸易协定也并非确保数据自由流动的唯一或最佳场所。③ Andrew D. Mitchell 和 Neha Mishra 指出，应改革 WTO 规则以规制跨境数据流动，这些改革将促进互联网的开放，同时确保消费者和企业之间的信任，促进发展中国家的数字包容性，并为合法的国内政策纳入明确的例外情形。④ Nivedita Sen 研究了 WTO 在规制跨境数据流动方面的作用，并呼吁对现有的多边规则进行修正。⑤ Neha Mishra 认为，在互联网治理中，互联网开放、互联网安全和互联网隐私这

---

① Mira Burri, "The Governance of Data and Data Flows in Trade Agreements: The Pitfalls of Legal Adaptation", *University of California, Davis Law Review*, Vol. 51, No. 1, 2017, pp. 65-132; Mira Burri, "The Regulation of Data Flows through Trade Agreements", *Georgetown Journal of International Law*, Vol. 48, No. 2, 2017, pp. 407-448.

② Susannah Hodson, "Applying WTO and FTA Disciplines to Data Localization Measures", *World Trade Review*, Vol. 18, No. 4, 2019, pp. 579-607.

③ Susan Ariel Aaronson, "Why Trade Agreements are not Setting Information Free: The Lost History and Reinvigorated Debate over Cross-Border Data Flows, Human Rights, and National Security", *World Trade Review*, Vol. 14, No. 4, 2015, pp. 671-700.

④ Andrew D. Mitchell, Neha Mishra, "Regulating Cross-Border Data Flows in a Data-Driven World: How WTO Law Can Contribute", *Journal of International Economic Law*, Vol. 22, No. 3, 2019, pp. 389-416.

⑤ Nivedita Sen, "Understanding the Role of the WTO in International Data Flows: Taking the Liberalization or the Regulatory Autonomy Path?", *Journal of International Economic Law*, Vol. 21, No. 2, 2018, pp. 323-348.

三个基本原则适用于数据流动的监管。国际贸易法、互联网治理和数据流动规制之间应建立“桥梁”。① Andrew D. Mitchell 和 Jarrod Hepburn 提出，应改革贸易投资规则，以促进跨境数据流动。涵盖了贸易法和投资法的全面法律框架以及跨越各种利益相关者的广泛政策协调将更好地实现跨境数据更开放、安全和高效地流动。②

国内研究方面，陈咏梅和张姣研究了跨境数据流动国际规制新发展，认为各国可以在对数据分类的基础上，对不同类别数据的流动自由分别作出承诺。③ 彭岳研究了数据本地化措施的贸易规制问题，认为 TPP 为数据流动确立的“原则+例外”的规制模式，中国理应支持。④ 张生研究了美国跨境数据流动的国际法规制路径，认为美国重数据自由流动而轻政府监管。⑤ 王融比较研究了美国和欧盟的跨境数据流动政策，认为美国的政策主要由贸易利益驱动，而欧盟则基于人权来考虑。⑥ 李思羽探讨了跨境数据流动规制的演进。⑦ 高山行和刘伟奇比较了不同国家对跨境数据流动的规制形式。⑧ 此外，

---

① Neha Mishra, “Building Bridges: International Trade Law, Internet Governance, and the Regulation of Data Flows”, *Vanderbilt Journal of Transnational Law*, Vol. 52, No. 2, 2019, pp. 463-509.

② Andrew D. Mitchell, Jarrod Hepburn, “Don't Fence Me in: Reforming Trade and Investment Law to Better Facilitate Cross-Border Data Transfer”, *Yale Journal of Law and Technology*, Vol. 19, No. 1, 2018, pp. 182-237.

③ 陈咏梅、张姣：《跨境数据流动国际规制新发展：困境与前路》，《上海对外经贸大学学报》2017 年第 6 期，第 37—52 页。

④ 彭岳：《数据本地化措施的贸易规制问题研究》，《环球法律评论》2018 年第 2 期，第 178—192 页。

⑤ 张生：《美国跨境数据流动的国际法规制路径与中国的因应》，《经贸法律评论》2019 年第 4 期，第 79—93 页。

⑥ 王融：《数据跨境流动政策认知与建议——从美欧政策比较及反思视角》，《信息安全与通信保密》2018 年第 3 期，第 41—53 页。

⑦ 李思羽：《数据跨境流动规制的演进与对策》，《信息安全与通信保密》2016 年第 1 期，第 97—102 页。

⑧ 高山行、刘伟奇：《数据跨境流动规制及其应对——对〈网络安全法〉第三十七条的讨论》，《西安交通大学学报》（社会科学版）2017 年第 2 期，第 85—91 页。

还有部分博士和硕士学位论文探讨了跨境数据流动规制问题。

（四）数字贸易的自由化

对于数字贸易的自由化，国内外没有专门的研究文献。数字贸易自由化涉及数字贸易的承诺列表方式、关税、非关税措施、非歧视待遇等问题，国内外文献中有零星的针对相关问题的探讨。Sacha Wunsch-Vincent 在其专著中部分探讨了数字产品的关税问题。① Peter Van den Bossche 和 Werner Zdouc 的专著中有关贸易非歧视待遇的论述为本部分的分析奠定了基础。② 国内研究方面，石静霞探讨了“同类产品”判定中的文化因素考量，③ 李晓玲探讨了 GATS 下服务与服务提供者的“同类性”问题。④

（五）数字贸易规制的例外

Rolf H. Weber 探讨了高标准的隐私法规能否依据 GATS 规则正当化。⑤ Neha Mishra 探讨了基于保护隐私和网络安全而限制数据流动的措施能否依据 GATS 第 14 条进行抗辩，认为鉴于在这些问题上缺乏有约束力的国际法规范，GATS 第 14 条的作用有限，确保自由和安全的数据流动需要多维度的政策回应，包括加强贸易法与互联网治理之间的联系。⑥ Shin-yi Peng 以华为受到其他国家的贸易限制为例，探讨了面临网络安全威胁时如何援引 WTO 安全例外，认为事

---

① Sacha Wunsch-Vincent, *The WTO, the Internet and Trade in Digital Products: EC-US Perspectives*, Hart Publishing, 2006.

② Peter Van den Bossche, Werner Zdouc, *The Law and Policy of the World Trade Organization: Text, Cases and Materials*, Cambridge University Press, 2017.

③ 石静霞：《“同类产品”判定中的文化因素考量与中国文化贸易发展》，《中国法学》2012 年第 3 期，第 50—62 页。

④ 李晓玲：《GATS 下服务与服务提供者的“同类性”研究》，《上海对外经贸大学学报》2014 年第 4 期，第 5—15 页。

⑤ Rolf H. Weber, “Regulatory Autonomy and Privacy Standards under the GATS”, *Asian Journal of WTO and International Health Law and Policy*, Vol. 7, No. 1, 2012, pp. 25-47.

⑥ Neha Mishra, “Privacy, Cybersecurity, and GATS Article XIV: A New Frontier for Trade and Internet Regulation?”, *World Trade Review*, 2019, pp. 1-24.

实调查和证据收集是适用安全例外最令人困扰的方面。[①] Martina Francesca Ferracane 探讨了在网络间谍、网络攻击和恐怖主义威胁情形下如何适用 GATS 安全例外，认为一国采取的限制措施是否符合比例原则以及是否减少了该国遭受网络间谍、网络攻击和恐怖主义威胁的风险，需要具体问题具体分析。[②] Neha Mishra 研究了网络安全措施能否依据 GATS 第 14 条之二正当化，认为 GATS 第 14 条之二的适用范围有限，各国应避免轻易地将安全例外作为采取单边网络安全措施的基础。[③] 在国内研究方面，有关数字贸易规制的例外还缺乏专门的、系统的探讨。

（六）数字贸易规制的中国视角

Henry Gao 比较了美国和中国规制数字贸易的不同路径，认为中国路径不同于美国路径，更倾向于从传统的“贸易”角度处理这一议题。[④] Jie Huang 也比较了中国和美国 FTA 中的电子商务规则，认为中国 FTA 没有解决数字产品的归类和待遇问题。[⑤] Henry Gao 还研究了中国对数据的规制，认为中国的互联网监管经历了对硬件到软件的规制，再到对内容和数据的规制。[⑥] 国内研究方面，徐程锦在回顾 WTO 电子商务谈判的进展、形势和主要议题基础上，分别从数据

---

① Shin-yi Peng, “Cybersecurity Threats and the WTO National Security Exceptions”, *Journal of International Economic Law*, Vol. 18, No. 2, 2015, pp. 449-478.

② Martina Francesca Ferracane, “Data Flows and National Security: A Conceptual Framework to Assess Restrictions on Data Flows under GATS Security Exception”, *Digital Policy, Regulation and Governance*, Vol. 21, No. 1, 2019, pp. 44-70.

③ Neha Mishra, “The Trade:（Cyber）Security Dilemma and Its Impact on Global Cybersecurity Governance”, *Journal of World Trade*, Vol. 54, No. 4, 2020, pp. 567-590.

④ Henry Gao, “Digital or Trade? The Contrasting Approaches of China and US to Digital Trade”, *Journal of International Economic Law*, Vol. 21, No. 2, 2018, pp. 297-321.

⑤ Jie Huang, “Comparison of E-commerce Regulations in Chinese and American FTAs: Converging Approaches, Diverging Contents, and Polycentric Directions?”, *Netherlands International Law Review*, Vol. 64, No. 2, 2017, pp. 309-337.

⑥ Henry Gao, “Data Regulation with Chinese Characteristics”, in Mira Burri, ed., *Big Data and Global Trade Law*, Cambridge University Press, 2021, pp. 245-267.

治理、开放电信服务市场、改进 WTO 安全例外规则等方面提出了中国的应对方案。[①] 周念利等比较了中美数字贸易规则的分歧，认为中美两国在数字贸易的比较优势、主要规则诉求方面存在差异。[②]

上述研究成果各具特色，为本书的研究奠定了基础。但国内外学界对数字贸易规制的基础问题、数字贸易的自由化缺乏系统研究，也较少关注中国问题和中国立场。随着 WTO 电子商务谈判的推进，以及 FTA 谈判如火如荼地展开，数字贸易国际规则正处于快速发展过程之中，因而“国际经贸规则对数字贸易的规制”的课题需要结合国际谈判和国内立法的进展不断深入、跟进研究。

三　研究思路

本书正文共有六章。第一章介绍数字贸易规制的基础问题和国际经贸规则架构，厘定相关概念，明确研究对象和范围，探讨数字贸易的规制基础和规制方式。在此基础上，本章对数字贸易规制的国际经贸规则架构作解析。

第二章探讨数字贸易的归类。归类问题直接影响数字贸易的规则适用，而现有归类系统未能适应数字贸易的特点。数字贸易中的服务贸易模式如何认定，电子传输的数字产品如何定性和归类，数字服务如何归类，在现有的多边贸易规则框架下很难明确地解决。本章将参考 WTO 案件报告、WTO 官方文件以及成员提交的电子商务文件/提案，探讨数字贸易归类问题的解决。

第三章探讨数字贸易中的跨境数据流动规制。之所以将其作为

① 徐程锦：《WTO 电子商务规则谈判与中国的应对方案》，《国际经济评论》2020 年第 3 期，第 29—57 页。

② 周念利、陈寰琦、黄建伟：《全球数字贸易规制体系构建的中美博弈分析》，《亚太经济》2017 年第 4 期，第 37—45 页；张茉楠、周念利：《中美数字贸易博弈及我国对策》，《宏观经济管理》2019 年第 7 期，第 13—27 页；陈寰琦、周念利：《从 USMCA 看美国数字贸易规则核心诉求及与中国的分歧》，《国际经贸探索》2019 年第 6 期，第 104—114 页。

单独的一章，是因为跨境数据流动对于数字贸易具有特殊重要性，已成为数字贸易国际规则谈判的重要议题。跨境数据流动是进行数字贸易的前提，对数字贸易的规制很大程度上依赖于对数据流动的规制。CPTPP 和 USMCA 的电子商务/数字贸易章中的跨境数据流动规则代表了 FTA 数据治理规则的最新发展。因此，本章将以 CPTPP 和 USMCA 的数字贸易规则为基础，探讨数字贸易中的跨境数据流动的规制路径，并在此基础上讨论如何协调跨境数据流动规则。

第四章探讨数字贸易的自由化。数字贸易的自由化是数字贸易国际规则谈判的核心内容。在国际贸易法视角下探讨贸易自由化，可以从市场准入和非歧视义务这两个主要框架展开。数字贸易中的自由化与传统货物和服务贸易中的自由化相比，既有相似性也有新特点。本章将在借鉴 WTO 法理与实践的基础上，结合各国对数字贸易的规制措施以及 FTA 中的数字贸易规则展开论证。

第五章探讨数字贸易规制的例外。数字贸易规制的例外包括承诺例外和免责例外，本章主要探讨免责例外，即一般例外和国家安全例外。本章将在借鉴 WTO 案例实践的基础上，探讨数字贸易规制的相关措施能否援引这些例外条款正当化。

第六章探讨数字贸易规制的中国视角。中国的数字贸易规制措施有其自身特点，但也常被西方国家指责构成贸易壁垒。中国已经参与 WTO 电子商务谈判，提交了相关提案，阐明中国立场。本章将在回顾中国对数字贸易的规制现状基础上，探讨中国的现有提案是否充分，并就如何完善数字贸易规制提出相关建议。

总体上看，本书第四章和第五章分别从数字贸易“自由化”和“例外”的角度来研究数字贸易的国际法规制。当然，各章之间的逻辑关系存在一定的交叉。例如，第二章探讨的数字贸易归类问题本质上是为了确定数字贸易的市场准入义务，亦属于数字贸易“自由化”范畴。第三章有关跨境数据流动的规制也是从自由化义务的角度来分析，第三节跨境数据流动的规制模式也可以概括为“原则+例外”。跨境数据流动的规制直接影响数字贸易的自由化水平，第四章和第五章对数字贸易自由化和例外的探讨离不开对跨境数据流动规制问题的分析。在内容上，第三章侧重数据监管的技术层面的分析，而第四章和第五章有关跨境数据流动规制的探讨侧重对贸易自由化水平的影响。跨境数据流动的例外包含了双重内容，一方面 FTA 数字贸易章节中规定了跨境数据流动的例外条款，另一方面本书第五章探讨的一般例外和安全例外条款也适用于跨境数据流动规制。

四　研究方法

（一）文本解释法

基于法律文本进行规范分析是本研究的起点。在国际经贸规则框架下已经有数字贸易规制的相关规则，包括 WTO 规则和 FTA 规则。笔者以现有国际经贸规则以及谈判中的国际经贸协定为研究对象，以规范分析为核心，探讨数字贸易规则的法理、适用、影响，分析其不足，并提出完善建议。文本解释法也是本研究最主要的研究方法。

（二）案例分析法

WTO 已有多起与数字贸易有关的案件，如“墨西哥电信服务案”“美国赌博案”“中国音像制品案”“中国电子支付服务案”。虽然在 WTO 争端解决实践中并不存在严格的先例约束原则，争端解决报告没有先例作用，但争端解决机构在实际案件中又大量引用和遵循之前的案例报告，明显存在着事实上的先例效果。因此，WTO 争端解决机构对数字贸易争端的裁决思路和对相关 WTO 规则的解释，对本研究有很大参考价值。例如，本书第二章有关服务贸易模式的认定、在线交付的传统服务的归类，第四章有关数字贸易的非歧视义务，第五章有关一般例外和安全例外条款在数字贸易中的适用，都参考了 WTO 裁决报告的分析。

第一章

数字贸易规制的基础问题和国际经贸规则架构

数字贸易已经成为全球贸易中正在崛起的重要新业态。① 数字贸易改变了传统的国际贸易模式，中小微企业和发展中国家的实体通过电商平台获得了平等参与贸易的权利，小批量、多批次贸易成为国际贸易发展的新趋势。② 全球经济正在经历货物和服务的生产、交换和消费的数字化。随着越来越多的产品通过互联网进行交易，互联网和跨境数据流动正在成为重要的贸易渠道。③ 产品从有形方式向数字方式转变，越来越多的服务也通过在线交付。新冠疫情期间，各国为应对疫情而采取的社会隔离、封城和其他措施使得消费者更多地进行网络购物，使用社交媒体、网络电话和视频会议，以及在线观看视频和电影。很多消费者诉诸互联网或电话进行网络购物，结果导致一些产品的在线购买量激增，以及对广泛的数字服务的需

---

① 陆菁、傅诺：《全球数字贸易崛起：发展格局与影响因素分析》，《社会科学战线》2018 年第 11 期，第 57 页。

② 李晓龙、王健：《eWTP 倡议下构建国际贸易新规则的探索》，《国际经贸探索》2018 年第 11 期，第 102 页。

③ Shamel Azmeh, Christopher Foster and Jaime Echavarri, "The International Trade Regime and the Quest for Free Digital Trade", *International Studies Review*, 2019, p. 1.

求增加。[①] 很多实体企业已将资源转移到数字贸易上，数字贸易的重要性在疫情特殊时期更加凸显。

规制作为一种具体的制度安排，是指政府对经济行为的管理或制约。“数字贸易的规制”是政府对数字贸易的管理或制约。数字贸易规制的内容既包括对数字贸易的保护和促进，也包括对数字贸易的限制。对数字贸易进行规制是世界各国的普遍做法。从法律渊源来看，数字贸易的规则包括国内规则和国际规则，各国在国内规则的基础上进行国际规则的协调。本书的题目是“国际经贸规则对数字贸易的规制”，探讨的是“国际经贸规则约束下的政府对数字贸易的规制”，政府的规制行为要受到该国接受的国际经贸规则的约束。本书中的“国际经贸规则”涵盖了以 WTO 为代表的多边贸易规则、已生效或签署的区域性 FTA ［如 CPTPP、《美国—墨西哥—加拿大协定》（下文简称 USMCA）］和双边 FTA、谈判中的 FTA。数字贸易也涉及知识产权问题，尤其是在线版权保护，但知识产权的研究相对独立，且自成体系，本书限于篇幅原因，暂不研究与数字贸易有关的知识产权问题。

数字贸易的发展对国际经贸规则提出了挑战。形成于前互联网时代的 WTO 规则没有考虑到数字贸易的复杂性，多边贸易规则对数字贸易的适用性需要经过分析论证。WTO 数字贸易规则的缺失是 FTA 推动数字贸易谈判的动因，而 FTA 中的数字贸易规则呈现出类型化的特点，并继承和发展了 WTO 规则。

① WTO Secretariat, E-commerce, Trade and the COVID-19 Pandemic, 4 May 2020, pp. 1-2, https://www.wto.org/english/tratop_e/covid19_e/ecommerce_report_e.pdf, last visited 1 May 2024.

第一节　数字贸易规制的基础问题

数字贸易的概念如何厘定？数字贸易和电子商务、数字经济的区别和联系是什么？数字贸易的范围有哪些？数字贸易有哪些特点？数字贸易规制的合法性基础是什么？数字贸易规制的目标有哪些？数字贸易的规制方式有哪些？这是数字贸易规制中非常关键的几个基础问题。

一　数字贸易的概念辨析

互联网技术及其使用方式的快速发展使得界定数字贸易的标准定义变得困难。贸易的数字化通常包含贸易方式的数字化和贸易对象的数字化。数字贸易主要是美国力推的概念，国际上并没有关于数字贸易的普遍接受的定义，其内涵和外延仍在演变之中。在很多场合数字贸易又和电子商务的概念同等使用，数字贸易和数字经济的概念也很相似。不同国家和国际组织对数字贸易有不同理解，这种分歧不利于在数字贸易规则谈判中达成共识。为明确本书的研究范围，有必要对数字贸易的概念进行厘定，并与其他概念进行辨析。

（一）数字贸易的概念厘定

美国国际贸易委员会（下文简称 USITC）在 2013 年发布的《美国和全球经济中的数字贸易》第一次报告将数字贸易定义为“通过固网或无线数字网络进行的产品和服务交付”。该定义包括了美国国内商业活动以及国际贸易，但排除了通过互联网进行的有形实体货物贸易。[①] 该报告列举了 4 类主要的数字产品和服务，即数字化交付的内容、社交媒体、搜索引擎以及其他数字产品和服务。随着互联网技术的发展，可通过网络进行贸易的对象将会越来越多，因而数

---

① USITC, *Digital Trade in the U.S. and Global Economies Part* 1, July 2013, p. xii.

字贸易的范畴还在不断扩展。

USITC 在 2014 年发布了《美国和全球经济中的数字贸易》第二次报告，该报告听取了产业界对第一次报告有关数字贸易定义的反馈意见，突出了互联网对其他行业的工具属性，以及互联网在经济部门中的影响和价值。第二次报告将数字贸易定义为，互联网和基于互联网的技术在订购、生产或交付产品和服务中发挥了特别重要作用的国内商业和国际贸易。采用这一定义是为了规制由互联网促成或通过互联网发生的各种经济活动。[①]

USITC 在 2017 年发布的《全球数字贸易：市场机遇和主要外贸限制》对数字贸易采取了类似《美国和全球经济中的数字贸易》第一次报告中的定义，认为“数字贸易是指任何产业部门的公司通过互联网以及诸如智能手机和连接互联网的传感器等相关产品进行的产品和服务交付”。该定义虽然包括了提供电子商务平台和相关服务，但也排除了在线订购的实体货物以及具有数字对应物的实体货物的销售价值。[②] USMCA 第 19 章的标题采用了“数字贸易”的概念，但该章没有明确界定数字贸易的内涵。根据 USMCA 第 19. 2 条第 2 款，该章的数字贸易暗含了通过电子方式进行贸易的基本含义。从内容上看，USMCA 中的数字贸易议题主要关注互联网时代特有的“新议题”，比如跨境数据流动、计算设施本地化、源代码等。

美国对数字贸易的上述定义排除了传统上的网络购物。在网络购物中，产品通过在线方式选择和购买，交付通过线下物流来实现。这类数字贸易主要涉及传统的货物贸易和相关的服务贸易，如支付和物流服务。网络购物中的要约和承诺通过互联网来实现，但贸易的内容与传统贸易并无实质差别。

美国在 2018 年 4 月向 WTO 提交的电子商务文件指出，“数字贸

---

① USITC, *Digital Trade in the U. S. and Global Economies Part 2*, August 2014, p. 29.

② USITC, *Global Digital Trade1: Market Opportunities and Key Foreign Trade Restrictions*, August 2017, p. 33.

易”更清晰地涵盖了通过电子方式进行商业活动的所有与贸易有关的方面，包括 WTO 定义的“电子商务”的所有要素。[①] 可见，美国改变了对数字贸易的狭义理解，对数字贸易采取了广义的概念，包含了网络购物。中国信息通信研究院发布的《全球数字经贸规则年度观察报告（2023 年）》指出：“数字贸易是数字技术赋能、以数据流动为关键牵引、以现代信息网络等数字基础设施为重要载体、以数字平台为有力支撑的国际贸易新业态。”[②] 该定义事实上也对数字贸易作出了广义的理解。为全面探讨和解决国际经贸规则在规制数字贸易方面面临的问题，本书也对数字贸易采取广义的概念。不过，鉴于通过电子方式进行的数字产品和数字服务贸易是当前数字贸易国际规则谈判的重点议题，并且各国的立场存在较大分歧，本书也将重点探讨数字产品和数字服务贸易规制相关的法律问题。

（二）数字贸易与电子商务

传统上，数字贸易的核心是通过数字化方式传输内容和服务，而电子商务的核心是通过互联网进行的货物贸易。相较于数字贸易和数字经济，电子商务是国际上使用最早也是使用最广的概念，在互联网流行之前就已被使用。[③] 联合国国际贸易法委员会（下文简称 UNCITRAL）从 20 世纪 80 年代就开始研究和探讨电子商务的法律问题，并于 1996 年通过了《电子商务示范法》。经济合作与发展组织（下文简称 OECD）在电子商务立法方面也做了大量工作，例如在 1997 年发表了《电子商务：税务政策框架条件》《电子商务：

---

① General Council, Joint Statement on Electronic Commerce Initiative, Communication from the United States, JOB/GC/178, 12 April 2018, para. 1. 1.

② 中国信息通信研究院：《全球数字经贸规则年度观察报告（2023 年）》，第 1 页，http：//www. caict. ac. cn/kxyj/qwfb/bps/202311/P020231212300152281587. pdf，最后访问时间：2024 年 5 月 1 日。

③ 李双元、王海浪：《电子商务法若干问题研究》，北京大学出版社 2003 年版，第 4 页。

政府的机遇与挑战》等报告。[①] 这些机构对电子商务的理解侧重于通过互联网进行的货物贸易。

WTO 总理事会在 1998 年 9 月通过的《电子商务工作计划》中将电子商务定义为“通过电子方式生产、分销、营销、销售或交付货物和服务”[②]。WTO 对电子商务的定义非常宽泛，可以涵盖现在各国主张的电子商务议题。不过，WTO 对电子商务概念的界定持比较谨慎的态度，特别表明这一定义仅仅适用于本工作计划中，且不影响其结果。

《美国和全球经济中的数字贸易》第一次报告将电子商务定义为“通过互联网或使用互联网技术进行的交易”[③]。美国签订的 FTA 中只有《美国摩洛哥 FTA》对电子商务作了定义，其第 14.4 条规定：“电子商务指通过电子方式生产、分销、营销、销售或交付产品或服务。”这一定义几乎完全移植了《电子商务工作计划》中的电子商务概念。上述定义分别提到了互联网方式和电子方式。二者是何关系？简言之，电子方式是一个更广泛的概念，互联网方式是电子方式的一个分支，但电子方式却不一定是互联网方式。例如，无线电通话、收音机都是通过电磁波来传输信息，属于电子方式，但没联网，因而不属于互联网方式。随着互联网的普及，当前的数字贸易主要通过互联网方式来实现。

欧盟委员会在 1997 年提出的《欧洲电子商务行动方案》对电子商务的定义也很宽泛，认为电子商务就是通过电子方式进行的商业活动，主要包括两类活动：间接电子商务，即仍然必须使用传统渠道（如邮政服务或商业信使）交付实物的有形商品的电子订购；以及直接电子商务，即在全球范围内在线订购、支付和交付无形商品

---

① 徐海明：《中国电子商务法律问题研究》，北京理工大学出版社 2017 年版，第 16 页。

② General Council, Work Programme on Electronic Commerce, Adopted by the General Council on 25 September 1998, WT/L/274, 30 September 1998, para. 1.3.

③ USITC, *Digital Trade in the U.S. and Global Economies Part* 1, July 2013, p. xii.

和服务。[①] 《欧盟加拿大全面经济贸易协定》（下文简称《欧加CETA》）对电子商务的定义是，通过电信单独或与其他信息通信技术结合进行的商业活动。[②]

在很多场合数字贸易又和电子商务的概念同等使用。美国在USMCA之前的FTA中均采用了电子商务的概念，而在USMCA中电子商务章才更名为数字贸易。美国在2016年向WTO提交的关于电子商务的非立场文件中使用了“电子商务和/或数字贸易”的概念，即把电子商务和数字贸易等同。[③] 日本在2018年向WTO提交的电子商务谈判的探索性文件中也使用了“电子商务和/或数字贸易”的概念。[④] 在WTO电子商务谈判中，多数成员的提案并未严格区分电子商务和数字贸易。

电子商务的概念适用最早也最广泛。从成员向WTO提交的电子商务探索性文件和提案来看，发展中成员理解的电子商务侧重于跨境网络购物，与中国的立场较为一致。而发达成员对电子商务的理解侧重于数字产品和数字服务贸易。鉴于国际上数字贸易概念和电子商务概念已经被很多国家同等使用的事实，本书如无特别说明，“电子商务”视同为“数字贸易”。

（三）数字贸易与数字经济

数字经济是近年来中国提的比较多的概念。在2016年杭州G20峰会上，中国作为主办国提出的《二十国集团数字经济发展与合作倡议》对数字经济的概念作出了界定，规定“数字经济是指以使用数字化的知识和信息作为关键生产要素、以现代信息网络作为重要

---

① Commission of the European Communities, A European Initiative in Electronic Commerce, 1997, pp. 2-3.

② Art. 16. 1 of the Canada-EU CETA.

③ General Council, Work Program on Electronic Commerce, Non-Paper from the United States, JOB/GC/94, 4 July 2016, para. 1. 1.

④ General Council, Joint Statement on Electronic Commerce Initiative, Proposal for the Exploratory Work by Japan, JOB/GC/177, 12 April 2018, para. 3. 1.

载体、以信息通信技术的有效使用作为效率提升和经济结构优化的重要推动力的一系列经济活动”[①]。中国对数字经济的定义不仅包括中国理解的电子商务（即网络购物），还涵盖网络安全议题，以及带有发展性的基础设施建设、技术发展等议题。中国主张的数字经济概念侧重于提出原则，具有包容性和开放性，但未创设具体的规则和义务。于 2024 年 1 月 1 日生效的《中国尼加拉瓜 FTA》第 12 章的标题使用了“数字经济”的概念。中国于 2021 年 11 月申请加入的《数字经济伙伴关系协定》（下文简称 DEPA）也使用了“数字经济”的表述。

联合国贸易和发展会议（下文简称 UNCTAD）发布的《2017 世界投资报告》的副标题为“投资与数字经济”，凸显了数字经济对外国直接投资逐渐显现的结构性影响。报告中的数字经济指，将基于互联网的数字技术应用于货物和服务的生产和贸易。[②] UNCTAD 通过将相关的跨国公司分为两类来解释数字经济的全貌。第一类是互联网在其运营和交付模式中处于核心作用的数字跨国公司，包括互联网平台（如搜索引擎、社交网络和其他平台）、数字化方案（如电子和数字支付运营商、云播放器和其他服务提供商）、电子商务（互联网零售和其他电子商务）、数字化内容（数字媒体、游戏、数据分析）。第二类是提供基础设施使个人和企业可以访问互联网的信息通信技术跨国公司，包括销售硬件和软件的信息技术公司，以及电信公司。[③] UNCTAD 列举的这两类与数字经济相关的跨国公司的业务，比 USITC 定义的数字贸易所涵盖的业务更广，前者包括了网络购物。

部分 WTO 成员向 WTO 总理事会提交的电子商务文件/提案也提

① G20 官网：《二十国集团数字经济发展与合作倡议》，2016 年 9 月 20 日，http：//www. g20chn. org/hywj/dncgwj/201609/t20160920_3474. html，最后访问时间：2024 年 5 月 1 日。

② UNCTAD，*World Investment Report* 2017：*Investment and the Digital Economy*，p. 156.

③ UNCTAD，*World Investment Report* 2017：*Investment and the Digital Economy*，p. 165.

及了数字经济的概念，但均未对数字经济的含义进行界定。美国在 2016 年向 WTO 提交的关于电子商务的非立场文件第 2 条的标题为“繁荣数字经济的积极贡献实例”①。同期，由加拿大、智利、哥伦比亚、科特迪瓦、欧盟、韩国、墨西哥、巴拉圭和新加坡联合向 WTO 提交的电子商务非立场文件的副标题即为“贸易政策、WTO 与数字经济”。② 美国在 2018 年向 WTO 提交的电子商务探索性文件也提到了“数字经济”。③

2019 年 6 月在日本举行的 G20 峰会发布了《数字经济大阪宣言》，宣布与会国将和参与 2019 年 1 月 25 日在达沃斯发布的《电子商务联合声明》④ 的其他 WTO 成员共同启动“大阪轨道”，以显示各国致力于促进国际政策讨论的承诺，尤其是在 WTO 就电子商务中与贸易有关的方面制定国际规则。⑤ 该宣言虽然使用了数字经济的概念，但表达的含义与 WTO 中的电子商务概念相同。

数字经济的内涵尚未在国际上得到清晰界定，各国对数字经济概念的使用只是为了凸显互联网时代的经济形式的新特征。从内涵范围来看，数字贸易和数字经济的含义在很大程度上存在重合之处，但数字贸易的概念在国际上已经有较多国家采用。因此，本书采用数字贸易的概念，而不用数字经济。

---

① General Council, Work Program on Electronic Commerce, Non-Paper from the United States, JOB/GC/94, 4 July 2016, para. 2.

② General Council, Work Program on Electronic Commerce, Trade Policy, The WTO, and the Digital Economy, Communication from Canada, Chile, Colombia, Côte d'Ivoire, the European Union, the Republic of Korea, Mexico, Paraguay and Singapore (Revision), JOB/GC/97/Rev. 1, 22 July 2016.

③ General Council, Joint Statement on Electronic Commerce Initiative, Communication from the United States, JOB/GC/178, 12 April 2018, para. 1. 3.

④ Joint Statement on Electronic Commerce, WT/L/1056, 25 January 2019.

⑤ Osaka Declaration on Digital Economy, 28-29 June 2019, https://www.wto.org/english/news_e/news19_e/osaka_declration_on_digital_economy_e.pdf, last visited 1 May 2024.

二　数字贸易的范围和特点

（一）数字贸易的范围

各国对数字贸易的定义尚未达成共识，对数字贸易的统计测度和类别也未达成统一认识。为研究便利，本书根据交易内容将数字贸易大致分为三类。

第一类是数字产品贸易。WTO 未对数字产品的概念进行界定，数字产品的定义主要出现在美式 FTA 的数字贸易规则中。USMCA 第 19.1 条规定："数字产品是指以数字化编码存在的计算机程序、文本、视频、图像、音频和其他产品，它们用于商业销售或分销，并且可以电子方式传输。数字产品不包括金融工具的数字形式，也不包括货币。"从存在方式来看，数字产品是一种数字编码且能被电子传输。电子传输或以电子方式传输指使用任何电磁形式，包括光子形式进行的传输。①"可以"（can be）电子方式传输这一限定条件意味着，贸易协定中定义的数字产品必须满足能够以电子方式传输的技术可行性，但这一限定并未排除事实上以物理载体形式传输（在技术上可以实现电子传输）的数字产品。含有载体的数字产品符合货物的一般特征，可以通过海关关税进行监管，而以电子方式传输的数字产品给贸易监管带来一定挑战，因为这类产品是无形的，其交易不经过海关。数字产品"用于商业销售或分销"，体现了其作为商品的特点，因此排除了用于非商业目的的产品。数字产品排除了金融工具的数字形式，这是因为金融工具有其自身的独特性，受到金融监管相关规则的约束。贸易协定通常为金融服务规定了专门的章节，而数字贸易/电子商务章中的规则通常不适用于金融服务。例如 DEPA 第 1.1 条规定，该协定不适用于金融服务。CPTPP 第 14.1 条亦规定，该章项下的"涵盖人"不包括按第 11.1 条（定义）中所定义的"金融机构"或"一缔约方的跨境金融服务提供者"。

① See Art. 3.1 of DEPA，Art. 14.1 of CPTPP.

在USMCA之前的美国FTA对数字产品也都采取了类似定义，如《美智FTA》《美澳FTA》《美秘FTA》《美韩FTA》等。仔细对比这些协定文本，可以发现一处细微的差别。美国早期签署的FTA对数字产品的定义都包含一句话，即“无论它们是固定在载体上还是以电子方式传输”①。可见，这一定义包含了离线方式和在线方式交付的数字产品，数字产品既可以通过有形载体来传输，也可以通过电子方式来传输。而新近FTA对数字产品概念的界定却强调“可以电子方式传输”，② 这主要是因为现在的数字产品贸易越来越倾向于通过电子传输来实现。数字产品不同于《信息技术协定》（下文简称ITA）规制的信息技术产品，信息技术产品含有有形载体，典型的如计算机及软件、电信产品、半导体和科学仪器等。

第二类是数字服务贸易。国际上关于数字服务也没有统一接受的定义。广义上讲，通过电子方式提供的所有服务都可以被认为是数字服务。从提供方式来看，上述（以电子方式传输的）数字产品均可定性为服务，因而数字产品贸易均可以归为数字服务贸易。因此，本书定义的数字服务贸易是指，除数字产品以外的以电子方式提供的服务。这样重叠的归类似乎造成了逻辑上的混乱。但本书如此区分是从国际经贸规则中的现有定义出发作出的务实选择。无论是在FTA还是WTO电子商务谈判的提案中，“数字产品”都有相对明确的概念，而且专门要求给予数字产品非歧视待遇。基于此种现实的考虑，本书将数字产品贸易作为单独的一类数字贸易类型，而将以电子方式提供的除数字产品以外的其他服务贸易归为数字服务贸易。数字产品贸易侧重交易的“最终结果”，而数字服务贸易侧重交易的“提供过程”。鉴于数字产品和数字服务均可定性为服务，二者的规则适用存在较多重叠。而事实上数字贸易的总体规则适用也

---

① See Art. 16. 8 of the Australia-US FTA, Art. 15. 8 of the Peru-US FTA, Art. 15. 9 of the Korea-US FTA.

② Art. 14. 1 of CPTPP, Art. 19. 1 of USMCA.

是重叠的，数字贸易除了受到专门的数字贸易/电子商务章中的规则约束，还要受到跨境服务贸易、金融服务、投资相关章节的约束。[①] 这在一定程度上也可以解释上述归类的合理性。数字产品和数字服务在一定条件下也可以互相转化。例如，培训机构的教师通过在线方式给学员授课，这显然属于数字服务。但如果授课的过程录制成了视频，供学员付费观看，那么视频就属于数字产品。

数字服务又可分为两类，即传统数字服务和新型数字服务。传统数字服务是指在互联网普及之前就已经存在（彼时无法通过电子方式提供），在互联网普及之后能以电子方式提供的数字服务，如法律服务、教育服务、金融服务等。尽管成员在 WTO 中的讨论提及了新服务的概念，但对于什么样的服务可以称为“新服务”并未澄清。“新”始终是一个相对概念，新服务的概念界定是一个基本问题，这直接影响成员的具体承诺。[②] 为研究便利，本书将新型数字服务界定为，在互联网普及之前并不存在，在互联网普及之后能以电子方式提供的数字服务，如社交网络、搜索引擎、人工智能等。随着云计算、大数据、移动互联网等现代信息技术的发展和普及，数字服务的范围在不断扩大。现代信息技术为数字产品和数字服务的生产和交付提供技术条件，但现代信息技术本身也可以成为一种新型数字服务，如云计算、大数据。

第三类是网络购物。网络购物是传统货物贸易在线上的延伸，产品通过在线方式选择和购买，交付通过线下物流来实现。网络购物本质上属于货物贸易，其产品在进入关境时需要正常征收关税。中国在数字贸易中的产业优势在于网络购物，因而网络购物也是中国在 WTO 电子商务谈判中重点关注的议题。不过，WTO 成员在该议题上的立场并不存在太多分歧。

---

① See Art. 14. 2. 5 of CPTPP, Art. 19. 2. 4 of USMCA.

② Committee on Specific Commitments, Report of the Meeting Held on 18 September 2014, Note by the Secretariat, S/CSC/M/71, 15 October 2014, para. 1. 1.

（二）数字贸易的特点

数字贸易依托于互联网。数字产品和数字服务的交付需要通过互联网进行。诸如亚马逊、苹果和 eBay 之类的公司已经成功地使用互联网生成了电子商务和移动应用程序平台，这些平台将全球范围内的买卖双方联系起来。传统制造业和服务公司也从互联网驱动的应用程序和商业中受益，互联网使企业家和企业能够以较低的成本在全球范围内获得服务和客户。[①]

数字贸易依赖于数据流动，跨境数据自由流动对数字贸易具有基础性作用。数字产品和数字服务需要以数据为载体，而数据本身在数字贸易时代也成为类似于自然资源的战略资源。越来越多的数字服务生产者和消费者依赖于云服务，而云服务中的数据存储需要在不同国家之间移动，因此跨境数据流动的重要性已经与日俱增。[②] 现在几乎每个行业都依赖于通过互联网提供的服务和数据交换。

数字贸易实现了商业模式创新和产业融合发展。数字贸易中的服务提供方式出现了重大变化，社交网站、搜索引擎和网络购物等新型商业模式为产品和服务提供了数字平台，这种商业模式是跨服务行业的经营。[③] 越来越多的货物可以被数字化，数字化转型还催生了将货物和服务融合在一起的智能产品，如智能联网汽车和智能手机。通过数据传输实现的数字贸易减少了产品的存储和运输成本。例如，3D 打印使得有形货物的贸易可以不经过海关来实现。

---

① Joshua Paul Meltzer, "The Internet, Cross-Border Data Flows and International Trade", *Asia and the Pacific Policy Studies*, Vol. 2, No. 1, 2015, pp. 90-91.

② Mark Wu, *Digital Trade-Related Provisions in Regional Trade Agreements: Existing Models and Lessons for the Multilateral Trade System*, RTA Exchange, International Centre for Trade and Sustainable Development and the Inter-American Development Bank, 2017, pp. 22-23.

③ 沈玉良等：《全球数字贸易规则研究》，复旦大学出版社 2018 年版，第 7 页。

三 数字贸易规制的合法性基础、多元目标和规制方式

（一）数字贸易规制的合法性基础

一国对数字贸易的规制是行使国家主权的体现。国际法上的主权是指国家独立自主地处理其内外事务的权力，包括对内最高权和对外独立权。主权是国家所固有的，并非外界所赋予，是国家的根本属性。1946 年联合国大会通过的《国家权利义务宣言》宣示了主权国家的 4 种基本权利，即独立权、管辖权、平等权、自卫权。主权的内涵是动态发展的，并随着国家参与国际性活动的不断深入而日益丰富。从权力来源来看，国家对数字贸易的规制基础是国家经济主权和网络主权。

1. 国家经济主权

经济主权是国家主权不可分割的一部分，是国家主权在经济领域的体现。经济主权原则的提出以及得到国际社会承认是发展中国家长期斗争的结果。1974 年 12 月通过的《各国经济权利和义务宪章》明确了国家经济主权的内容，指出每个国家对其全部财富、自然资源和经济活动享有充分的永久性主权。经济主权原则包含对内和对外两方面的权利。对内方面的权利包括各国对本国自然财富和自然资源的完整永久主权，对其境内一切经济活动的永久主权，以及对外国资本实行国有化的权利。对外方面的权利主要体现在国家经济主权平等，包括各国自主选择本国经济制度的权利，平等参与国际经济决策的权利，以及自主确立国际经济关系的权利。①

一国对数字贸易的规制也是行使国家经济主权的体现。在数字贸易时代，数据如同自然资源一样，是一种重要的战略资源。国家对数据也享有主权，可以对本国管辖范围内的数据进行占有、

---

① 田晓云主编：《国际经济法》，人民法院出版社 2004 年版，第 28—31 页。

管理、控制、利用和保护。[①] 对外方面，各国可以独立自主地参与数据治理的国际规制合作。国家对数字贸易的规制往往借助于对数据的规制。基于主权原则，各国可以限制跨境数据流动，甚至采取数据本地化措施。国家经济主权还体现为各国对数字贸易活动的永久主权。传统上对国际贸易的管理措施可以分为关税措施和非关税措施。目前各国尚无针对数字贸易征收关税的实际做法，但对于是否应在 WTO 框架下确立对电子传输永久免征关税的做法，各国的立场存在很大分歧。数字贸易的非关税措施涉及数量配额、技术标准、软件源代码和算法披露要求等。数字贸易规则的谈判不同于传统的贸易谈判（侧重于关税减让），需要解决诸如跨境数据流动、网络安全等一系列新议题。由于数字鸿沟的存在，很多发展中成员在数字贸易规制方面希望保留更多的规制空间，在各自向 WTO 提交的电子商务提案中对数字贸易新议题采取回避态度，避免作出有约束力的承诺。

2. 网络主权

现代国家是建基于领土基础上的权力治理形态。在互联网时代，各种突破国家边界的行为已经给国际秩序带来了重大挑战。传统的国家主权原则是否适用于网络空间？以美国为代表的网络发达国家否定网络空间主权，将网络空间视为主权国家无法企及的“全球公域”。基于此，这些国家奉行“互联网自由”战略，反对其他国家干预和规制互联网。网络空间虽然具有“全球一网、互联互通”的特点，但“网络空间全球公域说”不符合各国互联网治理的实践。各国从未将网络空间视为国际公域，而是以不同方式在不同领域对网络行使着主权。[②] 即便是主张互联网自由的美国，也在加紧网络安全方面的立法，尤其在“9·11”事件之后的

---

① 齐爱民、盘佳：《数据权、数据主权的确立与大数据保护的基本原则》，《苏州大学学报》（哲学社会科学版）2015 年第 1 期，第 67 页。

② 程卫东：《网络主权否定论批判》，《欧洲研究》2018 年第 5 期，第 70 页。

相关立法明显呈“井喷”态势，先后通过了《爱国者法》《国土安全法》等法律。[①] 除美国外，欧盟、英国、法国、德国、俄罗斯、日本、韩国等国家或经济体也都纷纷制定国内法，对互联网信息安全加以规制。[②]

网络主权是国际社会深化对网络空间的认识而达成的共识。网络主权已经在联合国大会发布的《从国际安全的角度来看信息和通信领域发展的政府专家组报告》[③] 中得到确认。[④] 2017 年出版的由相关国际法学者编写的《网络行动国际法塔林手册 2.0 版》设专章对网络主权进行了阐述，明确确认了国家主权在网络空间的适用。[⑤] 一个国家的领土是其主权得以体现的最基本空间，因而网络主权首先基于领土主权。网络主权对内表现为国家对其领土内的网络设施、网络主体和网络行为享有的最高管辖权，在国内法体系中体现为网络基本法制定权、简约行政权和类型化的司法管辖权。[⑥] 各国可以要求在其境内使用的网络基础设施和互联网用户的活动必须遵守国内法规，以保护其基础设施和用户免受网络安全威胁。网络主权对外表现为国家在网络空间的独立权、平等权和自卫权，即独立运行本国网络，不受他国制约；对网络系统具有平等管理权，以平等协商

---

① 尹建国：《美国网络信息安全治理机制及其对我国之启示》，《法商研究》2013 年第 2 期，第 140 页。

② 顾华详、安娜：《国外依法保障网络信息安全措施比较与启示》，《上海政法学院学报（法治论丛）》2011 年第 2 期，第 113—119 页。

③ General Assembly of United Nations, Report of the Group of Governmental Experts on Developments in the Field of Information and Telecommunications in the Context of International Security, A/68/98, 24 June 2013, p. 8.

④ 该报告第 20 条规定：“国家主权和源自主权的国际规范和原则适用于国家进行的信通技术活动，以及国家在其领土内对信通技术基础设施的管辖权。”

⑤ ［美］迈克尔·施密特总主编、［爱沙尼亚］丽斯·维芙尔执行主编：《网络行动国际法塔林手册 2.0 版》，黄志雄等译，社会科学文献出版社 2017 年版，第 57—72 页。

⑥ 张新宝、许可：《网络空间主权的治理模式及其制度构建》，《中国社会科学》2016 年第 8 期，第 152—153 页。

的方式进行网络的互联互通；对本国网络的任何攻击进行自我保卫。①

数字贸易依托于互联网，各国对数字贸易的规制是基于网络主权。能够访问互联网并通过互联网被访问是参与数字贸易的基本和必要条件，很多国家通过对互联网的规制来规制数字贸易。网络主权是一国制定数字贸易法律法规的重要原则和依据。各国可以独立自主地对数字贸易进行规制，决定数字贸易市场对外开放的程度和范围，以及在已经承诺开放的市场中对数字贸易采取合理监管措施。根据网络主权原则，规制线下活动的规则应同样适用于在线事务。在各种政策目标的驱使下，有关网络空间活动的政府规制可以采取不同的形式，干预数据流动是一种常用的手段。例如，强制数据本地化，要求将个人身份信息存储在国内服务器中，以保护数据所有者的隐私并保留国内机构对这些数据的访问权。政府还可以直接干预或在互联网服务提供商的协助下干预互联网流量，以过滤在线内容并阻止访问含有不道德或非法内容的某些网站。②

网络主权的实现程度受到各国信息技术水平的限制，技术水平决定了网络主权的维护能力。数字鸿沟的存在使得不同国家能够实现的网络主权差距较大。网络空间实际上被网络中心国家所控制，③ 美国在一段时间内事实上单独控制着支撑全球网络空间正常运行的关键资源。④ 非洲集团在 2017 年向 WTO 提交的一份电子商务文

---

① 方滨兴、王军等：《网络主权：一个不容回避的议题》，《人民日报》2014 年 6 月 23 日第 23 版，第 3 页。

② Work Programme on Electronic Commerce, Removing Cyberspace Trade Barriers: Towards a Digital Trade Environment with Reciprocally Equal Access, Non-Paper from the Separate Customs Territory of Taiwan, Penghu, Kinmen and Matsu, JOB/GC/170, JOB/CTG/12, JOB/SERV/277, JOB/IP/29, JOB/DEV/53, 16 February 2018, para. 1. 3.

③ 张新宝、许可：《网络空间主权的治理模式及其制度构建》，《中国社会科学》2016 年第 8 期，第 147 页。

④ 沈逸：《全球网络空间治理原则之争与中国的战略选择》，《外交评论（外交学院学报）》2015 年第 2 期，第 65 页。

件指出，国际带宽分配不均，大多数发展中国家和最不发达国家继续远远落后。根据国际电信联盟（ITU）的数据，非洲有75%的人口没有使用互联网。[①] 网络基础技术发展的差距导致了不同国家主张的网络主权内容的差异，以及数字贸易规制重点的不同。发达国家往往强调互联网自由、数字贸易自由化或跨境数据自由流动，而发展中国家更强调国内产业保护、网络安全或国家安全。非洲集团在前述电子商务文件中指出，发展中国家需要通过“智能产业政策工具”或“强大的贸易保护主义工具”来创造、培育和发展国内产业，如数据本地化要求、互联网过滤和技术转让要求（即披露源代码）。[②]

（二）数字贸易规制的多元目标

国际经济法具有包容性，国际经济法体系应协调不同的价值目标。[③] 数字贸易规制也是基于多元目标的考量。数字贸易作为一种新兴产业，数字贸易规制需要首先进行产业利益的协调。各国数字贸易的发展状况和比较优势不同，为保护其国内产业利益而主张的规则也存在很大差异。例如，美国在数字产品和数字服务领域享有产业优势，因而在WTO和FTA中主张为新兴的数字产品和数字服务贸易设定高标准的贸易自由化规则，以维护其国内互联网公司的产业利益。美国主张的数字贸易议题更关注数字贸易的“数字”属性，涉及数字贸易新议题。中国在数字贸易中的产业优势在于网络购物，因而中国在向WTO提交的电子商务探索性文件中建议，现阶段的讨

---

① General Council, Work Programme on Electronic Commerce, Report of Panel Discussion on "Digital Industrial Policy and Development", Communication from the African Group, JOB/GC/133, 21 July 2017, para. 1. 3.

② General Council, Work Programme on Electronic Commerce, Report of Panel Discussion on "Digital Industrial Policy and Development", Communication from the African Group, JOB/GC/133, 21 July 2017, para. 1. 7.

③ 车丕照：《包容也是一种公平——国际经济法的包容性及其实现》，《国际经济法学刊》2018年第1期，第17页。

论重点是促进和便利由互联网驱动的跨境货物贸易，以及直接支持该货物贸易的服务贸易。在国际经贸规则框架下，各国在数字贸易议题上试图解决的首要问题就是产业利益的协调。

数字贸易规制还需要考虑一系列非贸易关切。中性的通信和互联网技术并非绝对安全，数字贸易的发展也不总是安全、有序和理性的。数字贸易中的文化产品贸易可能对一国的文化安全构成冲击。数字贸易的自由化发展还可能对公共道德与公共秩序、隐私安全和国家安全产生威胁。因此，数字贸易规制至少需要协调产业利益和文化安全、公共道德与公共秩序、隐私保护以及国家安全这几项重要的价值目标。

文化安全是数字贸易规制不可忽视的目标。在互联网时代，很多文化服务和文化货物（即文化产品）都可以通过互联网传输方式实现进出口。很多数字产品就是文化产品。文化产品具有经济和文化的双重属性，一方面具有商业价值，另一方面也作为文化价值观的载体。例如，文化产品中的视听服务在传播文化价值和理念中发挥了重要作用，反映了一种国家和文化的身份认同。① 在一些宗教信仰浓厚的国家，文化产品的特殊性就更为凸显。例如，沙特阿拉伯在加入 WTO 的谈判中坚持“伊斯兰文化例外”，其入世条款中没有要求沙特进口与宗教信仰抵触的商品。② 大规模的文化产品国际贸易会对进口国保护和促进自身文化身份的政策目标造成不同程度的冲击。③ 因此，数字贸易规制需要考虑文化安全目标。

维护公共道德和公共秩序是数字贸易规制的重要目标。通过互联网这种“隐形空间”进行的数字贸易存在监管不足的问题。一些

---

① 樊婧：《文化产业补贴的国际法问题研究》，中国社会科学出版社 2021 年版，第 31 页。

② 吴毅宏：《沙特阿拉伯：在贸易谈判中坚持“伊斯兰文化例外”》，《红旗文稿》2014 年第 19 期，第 36—37 页。

③ 陈卫东、石静霞：《WTO 体制下文化政策措施的困境与出路——基于“中美出版物和视听产品案”的思考》，《法商研究》2010 年第 4 期，第 52—53 页。

数字产品或数字服务可能涉及淫秽、色情、暴力、恐怖等危害青少年群体的信息，还有一些信息可能涉及损害国家荣誉和利益、破坏民族团结、煽动扰乱社会秩序等。此类违背公共道德和公共秩序的信息在传统贸易中也容易出现，不过随着互联网技术的发展，此类信息在数字贸易中更易出现，而且更加隐蔽，给贸易监管带来很大挑战。各国实施的互联网审查制度很大程度上是为了维护公共道德和公共秩序，通过互联网屏蔽和过滤措施来阻止某些互联网内容进入其网络空间。

隐私保护也是数字贸易规制的目标之一。数字贸易依赖于数据流动，而个人数据的收集、存储、传输都可能对个人隐私构成侵犯。尊重隐私和对个人数据的保护，是确保稳定、安全和有竞争力的全球商业流程的条件。2018 年 5 月生效的欧盟《通用数据保护条例》（下文简称 GDPR）倡导高标准的隐私保护，并力求在欧盟范围之外认可该标准。美国和欧盟的隐私保护立法大相径庭。美国隐私法的重点是救济消费者的损害，并通过有效的商业交易来平衡隐私。而在欧盟，隐私被誉为一项基本权利，可以超越其他利益。

维护国家安全也是数字贸易规制的关键目标。在信息时代，贸易自由化与国家安全之间的紧张关系变得越来越复杂，在数字贸易领域也面临国家安全威胁。数字贸易过程中传输的数据量级庞大，经聚合分析可以挖掘到数据集背后隐藏的安全情报甚至涉密信息，很可能直接威胁到国家安全。① 很多国家的军事设施都已经数字化，数字服务成为各国国防部门不可或缺的一部分。对一国关键基础设施或军事设施的网络攻击将危及一国的国家安全。在信息技术产品中植入“后门”或病毒，也可以达到攻击一国网络系统的目的。很多国家都基于维护国家安全的理由出台了限制数字贸易的措施或法规，如对网络产品和服务进行网络安全审查。

---

① 张子琳、彭德雷：《CPTPP 核心数字贸易规则与中国加入谈判因应——基于与 RCEP 的对比分析》，《上海对外经贸大学学报》2024 年第 2 期，第 73 页。

数字贸易的勃兴得益于信息技术的发展，数字贸易规制也要处理好与促进技术进步的关系。很多发展中国家在国际经贸治理中依赖于“市场换技术”的战略，如要求企业披露软件源代码或算法作为在国内市场提供服务的条件。一些国家还要求强制使用特定技术或技术标准作为外资准入的门槛。这些限制措施很有可能构成贸易壁垒，也不利于技术的发展。为了在数字贸易规制中促进技术进步，国际经贸协定作出了有效回应。近年来，很多 FTA 的知识产权章纳入了“超 TRIPS”（TRIPS - plus）和“TRIPS 额外”（TRIPS - extra）条款，知识产权保护的力度和水平在稳步提高。[①]

数字贸易规制还应注重人权保护。有学者提出了“数字人权”的概念，主张数字科技必须以人为本，把人的权利和尊严作为其最高目的，杜绝数字科技对人权的侵害。[②] 数字人权的内涵与前述隐私保护的内涵存在一定重合。联合国人权理事会于 2016 年 6 月 27 日通过的《在互联网上促进、保护和享有人权》决议所主张的人权除了隐私权以外，还包括表达自由、结社自由等政治权利。[③] 对互联网内容的任意屏蔽和过滤以及对网上个人信息的过度监控都可能构成对数字人权的侵害。

在某些情况下，实现合法政策目标可以增强人们对互联网作为经商场所的信心，从而增强互联网对国际贸易的推动力。例如，消费者由于担心第三国对其个人隐私保护不力而不愿提供个人数据，可能会破坏互联网作为商业平台的使用和有效性。因此，执行数据保护法或解决网络犯罪可以增强人们对数字贸易的信心。

上述价值目标是各国在贸易规制中通常需要考虑的，其中的非

---

① Mira Burri, “The Regulation of Data Flows through Trade Agreements”, *Georgetown Journal of International Law*, Vol. 48, No. 2, 2017, p. 422.

② 张文显：《无数字　不人权》，《北京日报》2019 年 9 月 2 日第 15 版，第 1—2 页。

③ Human Rights Council, The Promotion, Protection and Enjoyment of Human Rights on the Internet, A/HRC/32/L. 20, 27 June 2016.

贸易关切大部分被嵌入国际经贸协定的规则中，尤其是协定的例外条款中。例外条款成为协调贸易价值和非贸易价值的重要工具，本书将在第五章结合数字规制的具体措施进行深入分析。一国基于合法政策目标对数字贸易实施的限制措施仍要遵守该国承担的国际义务。数字贸易规制措施不得构成贸易壁垒，如果一国的规制措施违反了该国对外承担的贸易自由化义务，在援引例外条款抗辩时只有满足例外条款的适用要求才能免于承担责任。在数字贸易规制中，政府基于合法政策目标享有一定的规制空间，但其措施应最大程度地减少对国际贸易的限制性影响。

（三）数字贸易的规制方式

根据不同的分类标准，数字贸易的规制方式可以分为不同类别。从法律渊源来看，数字贸易规制包括国内法规制和国际法规制。在国内法规制层面，由于数字产品和数字服务具有无形性，各国目前很难通过关税或海关措施对其进行规制，而主要借助各国的国内法规和措施对数字贸易的要素进行管理。在具体规制方式上，对数字贸易的规制通常包括对数字贸易及相关贸易部门的立法，以及影响数字贸易的相关法律法规和措施，如互联网审查和对跨境数据流动的规制。很多国家都制定了专门的电子商务法，并对电信服务、互联网信息服务、视听服务等数字贸易部门制定了相关法规。数字贸易的国际法规制，主要是指一国在对外签订的国际经贸协定中对数字贸易所作的承诺，典型的是在 WTO 或 FTA 中对数字贸易作出的承诺。数字贸易的国际法规制本质上是在国内法规制基础上的国际协调。一国对数字贸易的国内法规制不得与国际法规制相冲突。

从贸易规制的一般流程来看，对数字贸易的规制可以分为准入阶段的规制和准入后规制。对数字服务提供者颁发营业执照属于准入阶段的规制，而对于提供服务过程中可能进行的网络安全审查、反垄断审查则属于准入后规制。上述数字贸易规制方式的内涵存在交叉。从技术角度来看，各国对数字贸易的规制主要包括互联网审查和对跨境数据流动的规制。

从规制对象来看，数字贸易规制包括对数字贸易的主体、客体/内容、行为/效果的规制。外国的互联网服务提供者要在一国境内提供服务，通常要获得该国的互联网信息服务执照。这属于对数字贸易主体（提供者）的规制。对互联网内容的屏蔽和过滤审查，以及对网络产品和服务的网络安全审查，属于对数字贸易客体的规制。当然，对数字贸易客体的规制必然也对主体的行为提出要求，如互联网服务提供者有义务配合进行服务内容的网络安全审查。一些大型互联网企业在进行数字贸易的过程中可能存在垄断行为，通过非正常竞争手段取得市场支配地位，这可能使得互联网企业面临反垄断审查。这也属于典型的对数字贸易行为的规制。

对互联网的规制属于对数字贸易主体和行为的规制。互联网规制措施可以通过限制产品或服务的跨境提供，限制或禁止企业的外资股权，不授予必要贸易权或不让分销合作伙伴处理其产品或服务来严格限制外资服务的分销等方式，影响数字贸易的正常进行。① 互联网屏蔽和过滤审查措施影响了很多的网络内容供应商，包括新闻、视频和社交媒体服务等，有可能改变数据的流向，增加供应商的市场营销、交易和管理成本。在极端情况下，受到干预的供应商很难将其产品或服务信息正确传达给潜在客户，甚至很难被那些客户认可。最终，供应商可能与任何潜在客户完全隔离。②

对跨境数据流动的规制属于对数字贸易行为的规制。跨境数据流动对技术产业和传统产业都至关重要。不同国家对于跨境数据流

---

① Fredrik Erixon, Brian Hindley and Hosuk Lee-Makiyama, *Protectionism Online: Internet Censorship and International Trade Law*, ECIPE Working Paper, No. 12, 2009, p. 7.

② Work Programme on Electronic Commerce, Removing Cyberspace Trade Barriers: Towards a Digital Trade Environment with Reciprocally Equal Access, Non-Paper from the Separate Customs Territory of Taiwan, Penghu, Kinmen and Matsu, JOB/GC/170, JOB/CTG/12, JOB/SERV/277, JOB/IP/29, JOB/DEV/53, 16 February 2018, paras. 1. 4-1. 5.

动的规制持有不同立场，美国原则上主张跨境数据自由流动，欧盟强调数据的监管和保护，而很多发展中国家则基于公共秩序、国家安全等政策目标对跨境数据流动进行限制。过分限制跨境数据流动将阻碍数字贸易的进行。如何协调跨境数据流动规则，是数字贸易国际规则谈判的焦点问题。

互联网审查和跨境数据流动规制的内涵存在一定重叠，因为互联网审查措施（如互联网屏蔽和过滤）也导致对跨境数据流动的限制。不过二者也存在一些差别，当前各国在跨境数据流动问题上的争议主要涉及是否允许一国境内的数据自由流向“境外”，而互联网屏蔽或过滤主要影响境外的互联网内容/数据能否流向“境内”。

随着信息技术的发展，可以通过互联网进行贸易的对象将会越来越多，数字贸易规制涉及的内容也会越来越丰富。美国新近 FTA 中的很多数字贸易议题是互联网时代特有的，与传统货物贸易并无直接关系。数字贸易规制对象的复杂性使得数字贸易中要探讨的规则比传统的货物和服务贸易规则更广泛、更复杂、更具不确定性。

第二节　数字贸易规制的国际经贸规则架构

虽然与 WTO 成立时的高光时刻相比，当前的 WTO 可谓光环不再、问题多多，区域性的自由贸易安排冲击了 WTO 多边贸易机制的核心地位，[①] 但被誉为“经济联合国”的 WTO 为国际经贸治理提供了一套规范体系，仍是遏制单边贸易保护措施的重要机制，其地位和作用不容忽视。探讨数字贸易的国际法规制，多边贸易

---

① 韩立余:《世界贸易组织的一般国际法考察》,《清华法学》2023 年第 6 期，第 145 页。

规则应是起点。在乌拉圭回合谈判之时，国际贸易以货物贸易为主，服务贸易刚刚起步，大规模的数字贸易还没有出现，因而WTO框架中没有专门涉及数字贸易的条款。WTO成立后，总理事会通过了《电子商务工作计划》，试图对数字贸易议题作出回应。WTO成员在工作计划框架下对数字贸易议题进行了一些讨论，但未达成任何共识。形成于前互联网时代的WTO规则没有考虑到数字贸易的复杂性，多边贸易规则对数字贸易的适用性需要经过分析论证。

本书中的“国际经贸规则”涵盖了以WTO为代表的多边贸易规则、已生效或签署的区域性FTA（如CPTPP、USMCA）和双边FTA、谈判中的FTA［如《跨大西洋贸易与投资伙伴关系协定》（下文简称TTIP）、《国际服务贸易协定》（下文简称TISA）］。WTO数字贸易规则的缺失是FTA推动数字贸易谈判的动因，数字贸易成为新近FTA中的重要议题。不同国家主张的数字贸易规则存在很大差别，不同FTA的数字贸易规则呈现出类型化的特点。为交代本书的研究背景并明确研究对象，有必要对FTA数字贸易规则作类型化分析。对比FTA数字贸易规则和WTO规则可以发现，FTA数字贸易规则继承了WTO规则的内容，又在WTO的基础上向前发展。把握数字贸易规则的这一动态发展趋势，可以为未来在更广范围内的数字贸易规则协调和构建提供启发和参考。

数字贸易规制的法律渊源除了国际经贸规则外还有其他渊源，如UNCITRAL的《电子商务示范法》和《电子签名示范法》，这两部示范法主要解决数据电文和电子签名的法律效力问题，不涉及贸易自由化。这些文件被很多国家普遍接受，其部分内容也被纳入FTA的数字贸易规则中，WTO成员之间对此基本没有争议，因此本书也不作专门探讨。

一　多边贸易规则对数字贸易的有限规制

多边进程是推动全球贸易和投资自由化和便利化的最佳渠道。

中国在2023年4月向联合国提交的《中国关于全球数字治理有关问题的立场》中指出："面对数字化带来的机遇和挑战，各方应坚持多边主义，坚守公平正义，统筹发展和安全，深化对话合作，完善全球数字治理体系，构建网络空间命运共同体。"① 探讨多边贸易规则对数字贸易的规制，需要首先分析既有多边贸易规则对数字贸易的适用性以及与数字贸易有关的主要规则，之后在此基础上回顾WTO制定数字贸易规则的路径选择。

（一）既有多边贸易规则对数字贸易的适用性分析

随着技术的融合以及数字产品内容在不同技术（如电视、互联网）中变得越来越便携，货物和服务之间的界限以及软件、电信和视听服务之间的界限日益模糊，这使得当前的贸易规则对数字贸易的适用充满了不确定性。② WTO规则和成员的入世承诺在时代的变迁中可能无法满足时代发展的需要，在WTO框架下进行的电子商务谈判也未解决WTO规则对数字贸易的适用性问题。WTO没有数字贸易的专门规则，但WTO早已察觉数字贸易对国际贸易和经济全球化的重要性，在历届部长级会议上均提及数字贸易问题。形成于前互联网时代的多边贸易规则是否适用于数字贸易？

数字贸易涉及无形的数字产品和数字服务，因而多边贸易规则中可能与数字贸易联系最紧密的是《服务贸易总协定》（下文简称GATS）。GATS尚未预见到互联网及其相关产业对整个国际贸易的影响。GATS的义务和承诺是否适用于数字产品和数字服务？迄今为止，WTO成员尚未就WTO规则对数字贸易的适用性作出基本的肯定。印度曾提出，鉴于GATS自下而上的路径，现有的GATS承

---

① 《中国关于全球数字治理有关问题的立场》，中国外交部官网，https://www.mfa.gov.cn/web/wjb_673085/zzjg_673183/jks_674633/zclc_674645/qt_674659/202305/t20230525_11083602.shtml，最后访问时间：2024年5月1日。

② Sacha Wunsch-Vincent, *The WTO, the Internet and Trade in Digital Products: EC-US Perspectives*, Hart Publishing, 2006, p.6.

诺不适用于通过新技术交付的新服务，这些服务的承诺需要重新进行谈判。[①] 印度尼西亚和新加坡指出："由于电子商务是一项相对较新的技术创新，大多数国家在乌拉圭回合谈判期间安排 GATS 承诺时都未将其考虑在内。因此，可能需要评估电子商务与现有 GATS 承诺之间的关系，因为电子交付可以在任何模式下进行。进行这种评估的指导原则是不得回溯 WTO 成员的现有承诺。如有必要，WTO 成员甚至应该承担额外的承诺，特别是考虑到以前不存在而可能在未来出现的新型服务。"[②]

美国指出，根据技术中立原则，市场准入和国民待遇的现有承诺毫无疑问涵盖了通过电子方式交付的服务。美国要求 WTO 积极重申 GATS 承诺表中的任何服务都可以通过互联网提供。[③] 美国也建议，由于电子商务将对广泛的服务产生影响，对于 WTO 成员来说，审查其 GATS 承诺表涵盖电子商务相关服务的程度很有必要。[④] 服务贸易理事会在 1999 年向总理事会提交的临时报告指出，WTO 成员似乎对以下观点达成了共识，即 GATS 的所有条款，无论涉及一般义务还是具体承诺，均适用于通过电子方式提供的服务；该协议的技术中立原则也意味着，除非另有说明，否则具体承诺涵盖了以电子方式提供的服务。[⑤] 报告还指出，有必要考虑在电子商务中可能出

---

① Committee on Trade in Financial Services, Report of the Meeting Held on 9 May 2001, Note by the Secretariat, S/FIN/M/31, 1 June 2001, para. 11.

② General Council, Preparations for the 1999 Ministerial Conference, Work Programme on Electronic Commerce, Communication from Indonesia and Singapore, WT/GC/W/247, 9 July 1999, paras. 17-18.

③ Council for Trade in Services, Communication from the United States, Clarification of the Relationship between Existing Services Commitments and the Internet, S/C/W/130, 14 October 1999, para. 2.

④ Work Programme on Electronic Commerce, Submission by the United States, WT/GC/16, 12 February 1999, p. 3.

⑤ Council for Trade in Services, Interim Report to the General Council, Work Programme on Electronic Commerce, S/C/8, 31 March 1999, para. 4.

现的新服务的分类和承诺表。[①] GATS 涵盖了数字服务，但有一些新的与电子商务相关的服务未在现有的承诺表中列出，这些新服务可以在今后开放承诺的承诺表上列为新服务。[②]

要回答多边贸易规则能否适用于数字贸易就涉及条约解释。从条约缔结到条约需要作出解释这段时间，国际情势可能发生一系列变化，如技术的变革或政治、社会、历史、法律背景的变化。WTO 争端解决机构在解释 WTO 规则时考虑了这些变化，采取了演化解释（evolutive interpretation）的条约解释方法。[③] 尤其在对一般例外条款中的逐项政策目标进行审查时，争端解决机构采取了动态、灵活的方法，以平衡贸易和非贸易价值。关于演化解释的一个著名案例是“美国虾案”中有关《1994 年关税与贸易总协定》（下文简称 GATT 1994）第 20（g）条“可用尽自然资源”的解释。上诉机构将可用尽自然资源广泛地解释为包括了濒临灭绝的生物资源（如海龟），而不限于缔约当时理解的非生物资源（如原材料或矿物质）。[④]

演化解释的基础是条约的目的和宗旨。为考虑技术的变化，条约文本本身的范围和含义可能会演变，以维护条约的最初目的和宗旨。[⑤] 上诉机构在解释 WTO 规则和成员的承诺时，都考虑了争端发生时国际社会对当初所采用概念的现实理解。WTO 已经有关于数字贸易

---

① Council for Trade in Services, Interim Report to the General Council, Work Programme on Electronic Commerce, S/C/8, 31 March 1999, para. 5.

② Emad Tinawi, Judson O. Berkey, E-Services and the WTO: The Adequacy of the GATS Classification Framework, 16 March 2000, p. 4, https://www.iatp.org/sites/default/files/E-Services_and_the_WTO_The_Adequacy_of_the_GAT.pdf, last visited 1 May 2024.

③ Gabrielle Marceau, "Evolutive Interpretation by the WTO Adjudicator", *Journal of International Economic Law*, Vol. 21, No. 4, 2018, p. 791.

④ United States-Import Prohibition of Certain Shrimp and Shrimp Products, WT/DS58/AB/R, 12 October 1998, paras. 129-130.

⑤ Gabrielle Marceau, "Evolutive Interpretation by the WTO Adjudicator", *Journal of International Economic Law*, Vol. 21, No. 4, 2018, p. 812.

的案例，如“美国赌博案”“中国音像制品案”“中国电子支付服务案”。“美国赌博案”的裁决具有开创性，该案是 WTO 框架下审查跨境数字服务贸易的第一案。[①] 专家组和上诉机构毫不犹豫地将 GATS 规则适用于跨境电子服务交付，裁定美国 GATS 承诺表中的具体分部门包括了对通过互联网提供的赌博服务的具体承诺。[②] 专家组和上诉机构将网络赌博服务认定为跨境交付（模式 1），并适用了非常严格的非歧视标准，阐明了 GATS 第 14 条一般例外条款的适用性。这在一定程度上缓解了 WTO 法对数字贸易适用的不确定性。在“中国音像制品案”中，尽管中国对录音分销服务作出承诺时在线分销并非主流，专家组和上诉机构都认为录音制品的分销包括在线分销形式。在“中国电子支付服务案”中，专家组裁定，中国对“支付和汇款服务”的承诺包括电子支付服务，电子支付服务是某些支付服务的组成部分。[③]

WTO 尚未建立起具有前瞻性的专门的数字贸易规则，仅有一些协定涉及数字贸易的部分领域。只要数字贸易争端进入到 WTO 争端解决程序，专家组和上诉机构就会采用演化解释的方法对 WTO 规则作出适合当前贸易发展状况的解释，使 WTO 规则能够涵盖数字贸易问题，并能解决相关争端。[④] 可能影响数字贸易的 WTO 纪律范围很广，涉及服务、知识产权、货物、政府采购和技术贸易壁垒（标准）等。WTO 通过准司法的争端解决实践澄清了部分 WTO 规则对

---

① Usman Ahmed, Brian Bieron and Gary Horlick, “Mode 1, Mode 2, or Mode 10: How Should Internet Services Be Classified in the Global Agreement on Trade in Service?”, *Boston University International Law Journal*, 2015, p. 4.

② Sacha Wunsch-Vincent, “The Internet, Cross-Border Trade in Services, and the GATS: Lessons from US-Gambling”, *World Trade Review*, Vol. 5, No. 3, 2006, p. 323.

③ China-Certain Measures Affecting Electronic Payment Services, WT/DS413/R, 16 July 2012, paras. 7. 180, 7. 182.

④ 吴峻：《网络中立理论及其对世界贸易组织架构下互联网政策的影响》，《国际法研究》2015 年第 2 期，第 108—109 页。

数字贸易的适用，甚至奉行了“司法能动主义”。[①] 当然，WTO 规则可以适用于数字贸易并不意味着 WTO 成员的贸易承诺可以自动拓展到所有的数字贸易部门，新型数字产品和数字服务可能难以被成员的 GATS 承诺表所涵盖，这些部门的市场开放需要经过成员重新谈判并作出承诺。

WTO 对数字贸易的适应性调整对于日新月异的数字贸易来说并不充分。与数字贸易有关的 WTO 规则是零散的，无法实现足够的法律确定性。数字贸易的归类困境生动地揭示了贸易规则与贸易实践的脱节。在 WTO《电子商务工作计划》框架下讨论的很多其他问题都没有得到解决甚至无法澄清。WTO 未能跟上数字贸易发展的步伐，它无法解决阻碍数字贸易谈判的很多有争议的问题，因为它们源于更根本的政策和文化差异。[②] 因此，多边贸易规则对数字贸易的规制是有限的。

（二）与数字贸易有关的主要规则

WTO 规则是探讨数字贸易的国际法规制的起点，FTA 中的数字贸易规则也从 WTO 继承和发展而来。本书每一章的论证都会涉及部分 WTO 规则的法律解释或案例实践，因此本小节仅对与数字贸易有关的主要多边贸易规则作简要交代，进一步的分析将在后续章节中展开。

在 WTO 电子商务总体工作计划下，服务贸易理事会注意到，大多数在线贸易都是由服务构成。服务贸易理事会于 1999 年 7 月就《电子商务工作计划》所作进度报告指出，通常认为，电子交付的服务属于 GATS 的范围，因为该协议适用于通过所有方式交付的服务，

---

① Shin-yi Peng, “Regulating New Services through Litigation? Electronic Commerce as a Case Study on the Evaluation of ‘Judicial Activism’ in the WTO”, *Journal of World Trade*, Vol. 48, No. 6, 2014, p. 1189.

② Mira Burri, “The Governance of Data and Data Flows in Trade Agreements: The Pitfalls of Legal Adaptation”, *University of California, Davis Law Review*, Vol. 51, No. 1, 2017, p. 98.

电子交付可以在4种模式中的任何一种下进行。影响服务电子交付的措施是影响GATS第1条意义上的服务贸易的措施，因而受到GATS义务的约束。[①] 但这一观点并未得到WTO成员的一致接受。尽管尚未得出最终结论，服务贸易理事会还观察到，GATS定义的服务提供模式并不区别交付所涉及的技术。如果该观点可以正式达成，那就意味着GATS的现有义务和承诺适用于数字贸易中的服务。[②]

根据GATS第1.1条，该协定适用于各成员影响服务贸易的措施。一国对数字贸易的规制措施是否构成“影响服务贸易的措施”取决于如何理解“影响”一词。“欧共体香蕉Ⅲ案”的专家组指出，GATS第1.1条中“影响”一词的通常含义并未将GATS的范围限定为某些类型的措施或特定的监管领域。相反，第1.1条指的是措施的效果，可以是任何类型的措施或涉及任何监管领域。[③]

GATS谈判为服务贸易确立了国际法和多边承诺的第一个框架，服务贸易可以在该框架内安全地进行。[④] GATS将服务贸易分为4种模式，分别为“跨境交付”（模式1）、“境外消费”（模式2）、“商业存在”（模式3）和“自然人存在”（模式4）。这4种模式在本质上应被视为WTO成员对服务贸易作出承诺的框架，并且定义了成员采取特定措施的自由。GATS包括涵盖所有服务部门的非歧视和透明度义务。但GATS下的市场准入和国民待遇义务是建立在“正面清单”的基础上，只有当WTO成员在其《服务贸易具体承诺减让表》中对特定服务部门作出承诺后，才需承担相关的服务业开放义务。

---

① Trade in Services, Work Programme on Electronic Commerce, Progress Report to the General Council, S/L/74, 27 July 1999, para. 4.

② Committee on Trade and Development, Note of the Meeting of 25 April 2002, WT/COMTD/M/40, 26 June 2002, para. 147.

③ European Communities-Regime for the Importation, Sale and Distribution of Bananas, WT/DS27/R/ECU, 22 May 1997, para. 7.280.

④ General Council, WTO Agreements and Electronic Commerce, WT/GC/W/90, 14 July 1998, para. 1.

鉴于 GATS 的正面清单方法，各成员承诺开放的服务部门范围各不相同。在 GATS 谈判时，许多更新的数字产品和服务并不存在。广播、电视和互联网技术的相互融合催生了许多新型服务，不同服务之间的界限也日益模糊。GATS 没有反映信息和通信技术对服务贸易的需求。社交网站、搜索引擎等新型商业模式是跨服务行业的经营，而现有的 GATS 则采用分行业的正面出价模式。

作为数字贸易/跨境数据流动的基础条件的信息技术产品（如电缆、服务器、路由器）属于货物，因而数字贸易也涉及 GATT 1994 的适用。成员达成的 ITA 旨在分阶段将信息技术产品的关税削减至零。很多新一代信息技术产品（如智能手机、音乐播放器或视频游戏）内在地包含某种支持内容、持续维护内容或新内容，这些内容更容易被归入服务类别中。[①] 因而，这类信息技术产品贸易也可能同时涉及货物和服务的交易。上诉机构在“欧共体香蕉Ⅲ案”中已经确认，同一贸易措施可能同时适用 GATT 1994 和 GATS。[②] 因此，GATT 1994 和 GATS 有可能在同一数字贸易活动中同时适用。

《技术性贸易壁垒协定》（下文简称 TBT）也和数字贸易有关。TBT 包括最惠国待遇义务和国民待遇义务，以及将国内技术法规以现有国际标准为基础的承诺。技术标准将对数字贸易产生广泛影响，包括宽带网络标准，加密、隐私和数据存储的国内法规等领域。有效保护和执行知识产权是数字贸易的重要促成要素，《与贸易有关的知识产权协定》（下文简称 TRIPS 协定）也可以适用于数字贸易。《与贸易有关的投资措施协定》（下文简称 TRIMS）和《贸易便利化协定》（下文简称 TFA）虽然在 WTO 框架下属于货物贸易多边协

---

① Mira Burri, *The International Economic Law Framework for Digital Trade*, Swiss National Centre of Competence in Research, Working Paper No. 2015/08, May 2015, p. 9.

② European Communities-Regime for the Importation, Sale and Distribution of Bananas, WT/DS27/AB/R, 9 September 1997, para. 221.

定，但这些协定的内容也可以发展成为数字贸易规制的纪律。例如，很多 FTA 数字贸易章有关无纸贸易的规定，实际上是以 TFA 第 10 条第 2. 1 项为蓝本。[①]

（三）WTO 制定数字贸易规则的路径选择

1998 年的 WTO 第 2 届部长级会议通过了《全球电子商务宣言》[②]，电子商务成为正式议题。《全球电子商务宣言》旨在敦促总理事会制定一个全面的工作计划以审查所有与贸易有关的电子商务问题。《全球电子商务宣言》还包括一项政治声明，呼吁 WTO 成员“维持不对电子传输征收关税的现行做法”。总理事会将在下一届部长级会议时以协商一致的方式决定宣言的延期问题。宣言的上述内容也被称为“WTO 电子传输零关税延期宣言”（下文简称延期宣言）。延期宣言是 WTO 考虑基于规则的贸易体制应如何适用于电子商务的重要的第一步。[③]

WTO 秘书处发布了一项背景说明，讨论《WTO 协定》如何与电子商务相关，以协助成员根据《全球电子商务宣言》审议与贸易有关的全球电子商务问题。[④] 总理事会在 1998 年 9 月通过了《电子商务工作计划》，由于电子商务涉及许多不同领域，总理事会指示 4 个“附属机构”——WTO 服务贸易理事会、货物贸易理事会、TRIPS 理事会以及贸易与发展委员会负责执行该工作计划，以探讨

---

① TFA 第 10 条第 2. 1 项规定：“每一成员应酌情努力接受进口、出口或过境手续所要求的证明单证的纸质或电子副本。”

② Ministerial Conference, Declaration on Global Electronic Commerce, Adopted on 20 May 1998, WT/MIN (98) /DEC/2, 25 May 1998.

③ Sacha Wunsch - Vincent, *WTO, E - commerce, and Information Technologies: From the Uruguay Round through the Doha Development Agenda*, A Report for the UNICT Task Force, 19 November 2004, p. 140.

④ General Council, WTO Agreements and Electronic Commerce, WT/GC/W/90, 14 July 1998.

既有《WTO 协定》与电子商务的关系。[①] 总理事会还确定了每个机构应审查问题的清单，部长们也定期在 WTO 的部长级会议上审议该计划。这些附属机构必须定期向总理事会报告其进展情况。总理事会将在整个过程中发挥核心作用，并通过其议程上的一个常设项目对工作计划进行定期审查。此外，总理事会还负责审查与贸易有关的任何跨领域问题，以及有关对电子传输征收关税的工作计划的各个方面。这些机构在执行其工作时，还需要考虑其他政府间组织以及相关的非政府组织的工作。

随着《电子商务工作计划》的确立，WTO 在电子商务规则制定上的努力由此正式启动。[②]《电子商务工作计划》公布后，WTO 秘书处编写了当 WTO 成员提交文件时，4 个附属机构各自应审议问题的背景文件。[③] 4 个附属机构在 1999 年 7 月向总理事会报告了各自工作的进展，之后 WTO 成员在各个机构中就电子商务议题进行了一些讨论，如 WTO 规则对数字贸易的适用问题、数字贸易的关税问题、数字贸易的归类问题、发展问题等。在 2001 年的多哈部长级会议上，电子商务正式成为多哈发展议程的一部分。[④] 在“一揽子承诺”决策机制下，WTO 成员能否在多哈回合项下对电子商务进行规则谈判，将取决于整个谈判回合的进展。随后的部长级会议均就电子商

---

① General Council, Work Programme on Electronic Commerce, Adopted by the General Council on 25 September 1998, WT/L/274, 30 September 1998.

② 钟英通：《论 WTO 电子商务规则制定的路径选择与中国因应》，《网络信息法学研究》2019 年第 2 期，第 156 页。

③ Council for Trade in Services, The Work Programme on Electronic Commerce, S/C/W/68, 16 November 1998; Council for Trade in Goods, Work Programme on Electronic Commerce, G/C/W/128, 5 November 1998; Council for Trade for TRIPS, The Work Programme on Electronic Commerce, IP/C/W/128, 10 February 1999; Committee on Trade and Development, Development Implications of Electronic Commerce, WT/COMTD/W/51, 23 November 1998.

④ Ministerial Conference Fourth Session, Ministerial Declaration, WT/MIN (01)/DEC/1, Adopted on 14 November 2001, 20 November 2001, para. 34.

务作出了相关规定，但均未脱离“议题审议”和讨论的阶段。相较于多哈回合的其他议题，电子商务规则尚处于未启动谈判的阶段，这深受多哈回合僵局的影响。① 作为一个非谈判论坛，具有探索性质的《电子商务工作计划》并未被授权进行规则制定。WTO 成员在数字贸易规制的原则性问题上存在严重分歧，这也从根本上决定了《电子商务工作计划》项下的讨论无法取得实质性成果。WTO 成员进入经济全球化和融入全球价值链体系的程度不同，导致不同成员在贸易自由化方面的诉求存在差异。美国、欧盟等发达成员与发展中成员之间存在“数字鸿沟”，在数字贸易国际规则方面的诉求重点不同，发达国家的诉求偏重于服务贸易，而发展中国家则偏重于货物贸易。② 作为发达经济体的美国和欧盟，由于它们在数字贸易领域的比较优势不同，在文化传统、民族心理等方面也存在显著差异，因而在数字贸易领域的规则主张也存在很大差别。③

自 2016 年起，数字贸易议题重新引起 WTO 成员的广泛关注，成员纷纷向 WTO 提交电子商务谈判的探索性文件以阐明立场。2017 年召开的第 11 届部长级会议上，71 个 WTO 成员共同发表《电子商务联合声明》，④ 使得 WTO 框架内有关电子商务诸边谈判的工作得以启动。2019 年 1 月 25 日，在瑞士达沃斯举行的 WTO 电子商务非正式部长级会议上，包括中国、欧盟、美国在内的 76 个成员发表第二份《电子商务联合声明》。⑤ 声明提到，将在尽可能多的 WTO 成员的参与下，以现有的《WTO 协定》和框架为基础，启动与贸易有

---

① 钟英通：《论 WTO 电子商务规则制定的路径选择与中国因应》，《网络信息法学研究》2019 年第 2 期，第 156 页。

② 张莉：《中国引领跨境电商国际规则制定前景》，《今日中国》2016 年第 10 期，第 56 页。

③ 周念利、李玉昊：《全球数字贸易治理体系构建过程中的美欧分歧》，《理论视野》2017 年第 9 期，第 76 页。

④ Ministerial Conference, Work Programme on Electronic Commerce, Ministerial Decision on 13 December 2017, WT/MIN (17) /65, 18 December 2017.

⑤ Joint Statement on Electronic Commerce, WT/L/1056, 25 January 2019.

关的电子商务谈判，以寻求达成高标准的成果。声明还强调，将充分认识并考虑 WTO 成员在电子商务领域面临的独特机遇和挑战，继续鼓励所有成员参加谈判。自此，WTO 电子商务谈判实现多边与诸边路径并行的模式。2020 年 12 月，联合声明全体成员内部散发了电子商务谈判现阶段形成的合并案文，宣布电子商务谈判取得重大进展。[①] 合并案文包括 6 个领域的议题，即促进电子商务、开放与电子商务、信任与电子商务、交叉议题、电信、市场准入，以及附件中的“范围和一般条款”。

2024 年的 WTO 第 13 届部长级会议达成了《关于〈电子商务工作计划〉的部长决定》。[②] 决定指出，我们同意继续根据 WT/L/274 号文件[③]中所规定的授权，特别是根据授权的发展方面，重振《电子商务工作计划》下的工作，同时考虑发展中国家和最不发达国家成员的经济、金融和发展需要。我们欢迎在专门讨论中的建设性参与，其中包括就若干电子商务相关议题交流经验和提案，并同意在以往专题讨论的工作基础上，就成员确定的电子商务相关议题深化此种讨论。2024 年 7 月 26 日，WTO 公布了初步达成的电子商务联合声明倡议文本——《电子商务协定》。[④] 该协定主体内容包括促进电子商务，开放与电子商务，信任与电子商务，透明度、合作与发展，电信 5 个方面。不过，该协定未涉及跨境数据流动和数字产品非歧视待遇等数字贸易新议题，是一个仍处于谈判中的协定。

---

① WTO Electronic Commerce Negotiations Consolidated Negotiating Text-December 2020, INF/ECOM/62/Rev. 1, 14 December 2020, https: //www. bilaterals. org/IMG/pdf/wto_plurilateral_ecommerce_draft_consolidated_text. pdf, last visited 1 May 2024.

② Ministerial Conference Thirteenth Session, Work Programme on Electronic Commerce, Ministerial Decision, Adopted on 2 March 2024, WT/MIN (24) /38, 4 March 2024.

③ 即 WTO 总理事会在 1998 年 9 月通过的《电子商务工作计划》。

④ Joint Statement on Electronic Commerce, INF/ECOM/87, 26 July 2024.

二 自由贸易协定对数字贸易的碎片化规制

自 WTO 成立后，FTA 呈现“遍地开花”之势。FTA 旨在推进缔约方之间的经济一体化和贸易自由化，但本质上仍是一种优惠贸易协定，是对 WTO 最惠国待遇原则的背离。为了防止 FTA 对多边贸易体制可能造成的侵蚀，以 GATT 1994 第 24 条和 GATS 第 5 条为基础的 FTA 审查机制规定了订立 FTA 时应遵守的程序性和实体性规则，以确保不提高其他 WTO 成员与 FTA 成员之间的贸易壁垒，不减损非 FTA 成员的现有贸易利益。[①] 不过 WTO 对 FTA 的监管存在严重缺陷。FTA 审查标准和程序本身存在的规定不明等问题导致 GATT 1994 第 24 条在实践中的纪律是最宽松的，WTO 只要求成员将签署的 FTA 通知到 WTO 即可，并无实质性的审查。

FTA 为 WTO 规则所允许，具有 WTO 法上的正当性。FTA 与 WTO 多边贸易体制之间不是异质的对立关系，而是包容的共生关系。[②] 从规则谈判实践来看，WTO 未完成的谈判议题成为 FTA 谈判的新议题，如投资、竞争、环境、劳工、数字贸易等，这些新议题是乌拉圭回合和多哈回合谈判议题的自然延续。[③] FTA 涉及的国家少，利益相对具体，相互之间经济互补性强，也可能有共同的政治和安全利益或相似的历史文化传统，从而更容易对谈判的议题达成共识。但 FTA 也会对多边贸易体制构成冲击。[④]

WTO 数字贸易规则的缺失是 FTA 推动数字贸易谈判的动因，FTA 成为数字贸易国际规则谈判的重要场所。DEPA 是专门的数字

---

① 陈立虎：《论区域贸易协定的审查机制》，《国际法研究》2015 年第 1 期，第 40 页。

② 韩立余：《自由贸易协定基本关系论》，《吉林大学社会科学学报》2015 年第 5 期，第 58 页。

③ 韩立余：《自由贸易协定新议题辨析》，《国际法研究》2015 年第 5 期，第 85 页。

④ 曾令良：《区域贸易协定的最新趋势及其对多哈发展议程的负面影响》，《法学研究》2004 年第 5 期，第 122—127 页。

经济协定。TISA 专门针对服务贸易，而 TTIP、CPTPP 和 USMCA 涵盖了贸易和投资，属于综合性的经贸协定。TISA 和 TTIP 的谈判方均包括美国和欧盟，双方在跨境数据流动方面的对立立场影响了协定的最终达成。美国主导的 FTA 在数字贸易规制方面有很多突破性规定，对数字贸易的监管环境产生了重大影响。人们普遍认为，每一份“有雄心”的 21 世纪贸易协定都需要一个电子商务章。[①] FTA 对数字贸易的规制在一定程度上缓解了 WTO 数字贸易规则供给不足带来的不确定性，但也导致了数字贸易规则的碎片化。

（一）自由贸易协定数字贸易规则的类型

不同国家在数字能力建设方面存在很大差别，在全球数字贸易中处于不同的分工角色和发展阶段，具有各自的利益诉求，因而各国/经济体主张的数字贸易议题和规则也存在很大差别。由于数字贸易要受到跨境服务贸易、金融服务、投资等相关规则的约束，FTA 中的数字贸易规则除了独立的数字贸易/电子商务章或条款以外，还包括与数字贸易有关的服务贸易规则和投资规则。比较不同 FTA 可以发现，其中的数字贸易规则呈现出类型化的特点。比较典型的是以美国 FTA 为代表的美式数字贸易规则，以欧盟 FTA 为代表的欧式数字贸易规则，以及除美式和欧式规则以外其中一缔约方为发展中国家的 FTA 中的数字贸易规则。

1. 美式数字贸易规则

美国早期的双边 FTA 即在积极探索数字贸易的规制模式。2001 年美国和约旦签署的 FTA 开始涉及电子商务，但规定的内容较为简单，只规定了不得对电子传输征收关税和设置不必要的障碍，以及影响电子商务的法律、法规和要求的透明度要求。[②] 《美国约旦

---

① Merit E. Janow, Petros C. Mavroidis, “Digital Trade, E-Commerce, the WTO and Regional Frameworks”, *World Trade Review*, Vol. 18, No. S1, 2019, p. s5.

② Art. 7 of the US-Jordan FTA.

FTA》形成了美式数字贸易规则的雏形。自从与约旦达成 FTA 以来，美国在已签署的每个 FTA 中都包括了电子商务/数字贸易章节，以规范数字贸易的关键方面。2003 年美国和智利签署的 FTA 形成了美国数字贸易规则的 2.0 版本，明确了数字产品的定义、零关税和非歧视待遇，并规定了缔约方应在数据隐私、消费者信心、网络安全、电子签名、知识产权等方面加强合作。2012 年美国和韩国签署的 FTA 形成了美国数字贸易规则的 3.0 版本，在规定数字产品非歧视待遇的基础上，首次提出了数字贸易中的跨境数据流动以及互联网访问和使用的原则。①

与之前的美国 FTA 相比，《跨太平洋伙伴关系协定》（下文简称 TPP）为数字贸易设定了更先进的规则，被美国贸易代表办公室（下文简称 USTR）誉为“有史以来为互联网和电子商务设计的最雄心勃勃的贸易政策”。美国于 2017 年 1 月宣布退出 TPP 后，启动 TPP 谈判的其余 11 国于 2017 年 11 月决定将 TPP 改名为《全面与进步跨太平洋伙伴关系协定》（CPTPP）。2018 年 12 月 30 日，CPTPP 正式生效。尽管特朗普总统退出了 TPP，该协定仍对美国贸易政策的未来方向提供重要参考。

由于美国是数字产品和服务的全球领导者，而亚太地区是世界上增长最快的数字贸易市场，对美国科技公司极具吸引力，因而美国在 TPP 数字贸易规则谈判中积极发挥主导作用。② TPP 是世界上第一个对数字贸易中的政策问题进行全面规定的贸易协定。从 TPP 到 CPTPP，其中的数字贸易规则并未发生变化。CPTPP 中的电子商务章在广度和深度上都超过了先前的 FTA。CPTPP 之前最全面的电子商务章包含在《美韩 FTA》中，共有 9 个条款。CPTPP 包括 18 个

① 沈玉良等：《全球数字贸易规则研究》，复旦大学出版社 2018 年版，第 101—102 页。

② Neha Mishra, “The Role of the Trans-Pacific Partnership Agreement In the Internet Ecosystem: Uneasy Liaison or Synergistic Alliance?”, *Journal of International Economic Law*, Vol. 20, No. 1, 2017, p. 33.

条款，不仅包括美国传统 FTA 中的关键要素，还包含反映美国贸易政策未来方向的新议题。2019 年 9 月，美国和日本还达成了专门的《美日数字贸易协定》。① 美国一直在寻求实现其所谓的“数字议程”，通过 FTA 制定其在数字贸易领域的广泛目标。

美式数字贸易规则采取了亲市场的自由主义原则。就总体监管理念而言，早期的美国 FTA 主要关注“贸易”方面，将数字贸易纳入 WTO 的现有框架并大量借鉴 WTO 规则。CPTPP 已开始意识到数字贸易的独特性并试图制定符合数字贸易“数字”性质的新规则。这种努力体现在 CPTPP 有关源代码备案、计算设施本地化等议题的规则中，这些议题是由数字产品和数字服务的无形性和无边界性引发的。早期的美国 FTA 对数字贸易的“数字本质”关注不够，只是遵循了传统的 WTO 规制路径，将重点放在国家政府的监管上。CPTPP 采取了不同的路径，将监管负担转移给了私人公司，因为它们实际上是数字领域的创造者。② USMCA 的数字贸易的规则很大程度上延续了 CPTPP。美式数字贸易规则文本呈现出规律性的演变轨迹，已经具备成熟且完备的规范体系。③ 美国的数字贸易规则模板已经影响和扩散到美国 FTA“伙伴”与其他国家签署的 FTA 中。④

2. 欧式数字贸易规则

2002 年达成的《欧盟智利 FTA》是欧盟第一个包含实质性电子商务条款的 FTA。但该协定有关电子商务规则的措辞非常谨慎，仅限于软性的合作保证条款。⑤ 2010 年签署的《欧韩 FTA》电子商务

① The Agreement between the US and Japan Concerning Digital Trade.

② Henry Gao, “Regulation of Digital Trade in US Free Trade Agreements: From Trade Regulation to Digital Regulation”, *Legal Issues of Economic Integration*, Vol. 45, No. 1, 2018, p. 69.

③ 周念利、陈寰琦：《数字贸易规则“欧式模板”的典型特征及发展趋向》，《国际经贸探索》2018 年第 3 期，第 98 页。

④ 如《新加坡澳大利亚 FTA》《泰国澳大利亚 FTA》《新西兰新加坡 FTA》《印度新加坡 FTA》《日本新加坡 FTA》《韩国新加坡 FTA》和《秘鲁澳大利亚 FTA》等。

⑤ Art. 104 of the EU-Chile FTA.

规则的措辞更加具体和具有约束力。它借鉴了美式数字贸易规则的某些规定，确认《WTO 协定》适用于影响电子商务的措施，并同意对电子传输永久免征关税。欧盟特别坚持数据保护政策，寻求其 FTA 伙伴承诺遵守数据保护的国际标准。[①] 电子商务合作的框架越来越具体，包括相互承认电子签名证书，就互联网服务提供商的责任进行协调，保护消费者以及无纸贸易。[②]

2016 年签署的《欧加 CETA》中的数字贸易规则又往前走了一步。《欧加 CETA》规定的承诺确保（a）国内监管框架的清晰、透明和可预测；（b）促进电子商务的互操作性、创新性和竞争性；以及（c）促进中小企业使用电子商务。[③] 欧盟增加了对隐私保护的承诺。《欧加 CETA》第 16.4 条讨论了对电子商务的信任和信心，规定当事方有义务根据数据保护的国际标准，采取或维持法律、法规或行政措施，以保护从事电子商务用户的个人信息。

2018 年签署的《欧盟日本经济伙伴关系协定》（下文简称《欧日 EPA》）第 F 节规定了电子商务。其包含了数字贸易的一般规范，例如"缔约方承认电子商务中技术中立原则的重要性"，[④] 以及明确承诺"不对电子传输征收关税"；[⑤] 也规定了例外情形，如"本节不适用于赌博和博彩服务、广播服务、视听服务、公证服务或同等服务以及法律代理服务"。[⑥]《欧日 EPA》禁止要求强制转让或获取软件源代码。[⑦] 和以前的欧盟 FTA 相比，《欧日 EPA》有关电子合同、电子认证和电子签名、消费者保护和垃圾邮件的规则得到了

---

① Art. 7. 48 of the EU-Korea FTA.

② Art. 7. 49 of the EU-Korea FTA.

③ Art. 16. 5 of the Canada-EU CETA.

④ Art. 8. 70. 3 of the EU-Japan EPA.

⑤ Art. 8. 72 of the EU-Japan EPA.

⑥ Art. 8. 70. 5 of the EU-Japan EPA.

⑦ Art. 8. 73 of the EU-Japan EPA.

更好的发展。①

2019年签署的《欧盟越南FTA》第F节规定了电子商务，确认了缔约方不得对电子传输征收关税。除此以外，《欧盟越南FTA》仅规定了有关电子商务规制合作的"软条款"，涉及电子签名、中介服务提供商的责任、未经请求的商业电子信息、消费者保护等方面。

在文本结构上，欧盟FTA中的数字贸易规则通常作为其中的一节或一章，与服务贸易、投资等并列在一起。例如，《欧韩FTA》第7章的标题为"服务贸易、机构和电子商务"，"电子商务"作为其中的第F节；《欧盟与哥伦比亚、秘鲁FTA》第4编的标题为"服务贸易、机构和电子商务"，"电子商务"作为其中的第6章；《欧日EPA》第8章的标题为"服务贸易、投资自由化和电子商务"，"电子商务"作为其中的第F节。《欧加CETA》第16章首次引入了独立的电子商务章。在内容上，相较于美式FTA中的数字贸易规则，欧盟FTA中的数字贸易规则涵盖的内容较少，尤其是未对跨境数据流动议题设定有约束力的规则，而强调数字贸易的合作和监管。

3. 其他数字贸易规则

相较于美国和欧盟FTA，很多发展中国家缔结的FTA要么没有解决数字贸易议题，要么仅仅在一两个条款中简要提及了数字贸易/电子商务。"其他数字贸易规则"是指除美式和欧式规则以外其中一缔约方为发展中国家的FTA中的数字贸易规则。这类数字贸易规则虽然有的也采取单独章节的立法模式，但内容主要涉及关税、电子签名、消费者保护、无纸贸易、电子商务合作等基础性条款，属于数字贸易的旧议题范畴，主要解决贸易便利化问题。② 在数字贸易的便利化和消费者权益保护方面，国家之间的分歧较少，因为这不涉

---

① Arts. 8.76, 8.77, 8.78, 8.79 of the EU-Japan EPA.

② 《电子商务协定》B节规定了电子交易框架、电子认证和电子签名、电子合同、电子发票、无纸贸易等与贸易便利化相关的条款。

及国家主权性问题，并且在国际和国内层面这些领域已经有较为成熟的实践。[①]《中韩 FTA》和《中澳 FTA》电子商务章中的数字贸易规则是“其他数字贸易规则”的代表。这类数字贸易规则未明确规定数字产品贸易问题，通常也不涉及跨境数据流动问题，相对而言，数字贸易的自由化程度比较低，约束性条款比较少。[②]

不同类型的数字贸易规则反映了不同国家/经济体在全球数字贸易市场中的产业利益格局差异。在以上 3 类数字贸易规则中，美式数字贸易规则的内容最丰富，为数字贸易中的很多新议题设定了高标准的规则且在不断发展，堪称数字贸易规则的典范。因此，本书的分析也主要以美式数字贸易规则为文本基础。

（二）自由贸易协定对多边贸易规则的继承和发展

多边贸易规则在规制数字贸易方面未能适应时代发展的需要，FTA 中的数字贸易规则弥补了 WTO 在数字贸易规则谈判中的进展不足以及随之产生的法律不确定性。FTA 中的数字贸易规则有部分是建立在现有的 WTO 规则基础之上，而其他规则解决了严格来说不属于“贸易”问题的全新问题，如消费者保护、数据自由流动。FTA 为数字贸易创建了量身定制的制度，增加了新的承诺。[③] FTA 中的数字贸易规则可以分为两类，一类是从 WTO 现有义务转换而来的规则，另一类是超越了现有 WTO 义务的规则。FTA 在规制数字贸易方面，对多边贸易规则进行了继承和发展。

基于前文的分析可以发现，WTO 规则适用于数字贸易，但成员并未对此达成普遍共识。为解决 WTO 法的适用性问题，很多 FTA 规定：“缔约方认识到《WTO 协定》对影响电子商务的措施

---

① 贺小勇、黄琳琳：《WTO 电子商务规则提案比较及中国之应对》，《上海政法学院学报（法治论丛）》2020 年第 1 期，第 107 页。

② 沈玉良等：《全球数字贸易规则研究》，复旦大学出版社 2018 年版，第 98 页。

③ Mira Burri, “The Regulation of Data Flows through Trade Agreements”, *Georgetown Journal of International Law*, Vol. 48, No. 2, 2017, p. 443.

的适用性。"[①]"认识到"的措辞意味着 FTA 缔约方没有义务自动将所有 WTO 规则适用于电子商务。FTA 承认 WTO 规则对数字贸易的适用性，既可以说是对多边贸易规则的继承，也可以说是对多边贸易规则的发展，因为 WTO《电子商务工作计划》从未对此进行过确认。

FTA 在总体上确认了 WTO 规则对数字贸易的适用性之后，继续纳入 WTO 的若干具体原则。这些规则根据需要进行了修改，以适应数字贸易的独特性质。第一个是非歧视原则。作为多边贸易体制最基本的原则之一，非歧视原则在 WTO 法律框架中发挥着关键作用，具体体现在最惠国待遇原则和国民待遇原则中。所有美国 FTA 都确认了数字产品的非歧视待遇。[②] 第二个是 WTO 核心原则之一的透明度原则。透明度原则涵盖了法规的发布、政策制定过程以及向 WTO 通报的拟议措施和最终措施方面的要求。数字贸易规制涉及复杂的监管领域，透明度对于确保法规有效实施以及各缔约方理解相关要求至关重要，透明度也有助于增进消费者对数字贸易的信心。透明度原则出现在很多 FTA 的数字贸易规则中。[③]

除了适用 GATT 1994 和 GATS 中的一般原则外，FTA 还吸收了最新《WTO 协定》中的规定。例如，很多 FTA 借鉴了 TFA 有关无纸贸易的规定。[④] 此外，FTA 还对 WTO 框架内某些尚未发生法律效力的政治宣言进行了确认，如大部分 FTA 都将《全球电子商务宣言》中有关对电子传输暂停征收关税的要求确定为一项法律义务。

---

① Art. 14. 1 of the Singapore-US FTA, Art. 7. 48. 1 of the EU-Korea FTA, Art. 12. 1 of the China-Australia FTA.

② Art. 15. 3 of the Korea-US FTA, Art. 14. 3 of the Singapore-US FTA, Art. 16. 4 of the Australia-US FTA, Art. 15. 4 of the Chile-US FTA, Art. 14. 4 of CPTPP, Art. 19. 4 of USMCA.

③ Art. 15. 4 of the Colombia-US FTA, Art. 15. 4 of the Peru-US FTA, Art. 12. 4 of the China-Australia FTA.

④ Art. 15. 6 of the Korea-US FTA; Art. 19. 9 of USMCA; Art. 165 of the EU-Colombia, Peru FTA; Art. 12. 9 of the China-Australia FTA.

FTA 直接或间接地解决了在 WTO《电子商务工作计划》中已经讨论但仍未解决的很多问题。除了纳入《WTO 协定》中的现有义务，FTA 数字贸易章还纳入了 WTO 之外的规则。这些规则涵盖了信息技术政策领域中的广泛议题，如电子认证和电子签名、个人信息保护、对互联网的访问和使用、跨境数据流动、计算设施本地化、非应邀商业电子信息、网络安全、源代码等。

第二章

数字贸易的归类

在线交付的数字产品和数字服务都是无形的，数字贸易过程以数字方式完成，实现了交易的无纸化和虚拟化。无形的数字化内容可以被存储和反复使用，不会被磨损和消耗。此类数字贸易的无形性直接导致了数字产品和数字服务的归类难题。数字贸易范围的不断扩展加剧了归类困境。[①] WTO 成员尚未对数字贸易的归类问题达成共识。从争端解决实践的视角来看，数字贸易的归类直接影响数字贸易的规则适用，进而影响到数字贸易自由化的水平，但 WTO 框架下的现有归类系统未能适应数字贸易的特点，无法清晰地解决数字贸易归类问题。从国际规则谈判的视角来看，数字贸易归类与数字贸易市场开放密切相关。一国在对外作出数字贸易市场开放承诺时，通常需要基于数字贸易部门的具体类别，此时归类问题就成为一个首先需要解决的问题。

在国际贸易法视域下，数字贸易的归类难题突出地体现在服务贸易模式的认定、电子传输的数字产品的归类以及数字服务的归类中。发达成员和发展中成员围绕这几个关键问题的分歧巨大。发达成员之间由于在数字贸易比较优势、历史、文化等方面的差异，对于数字贸易归类的某些问题也持有不同立场。本章将结合

① 本章仅讨论数字产品和数字服务的归类。

WTO 官方文件、WTO 案例报告以及成员提交的电子商务提案、FTA 最新文本等材料，与时俱进地探讨数字贸易归类问题的解决。

第一节　数字贸易的归类困境

一　归类问题直接影响数字贸易的规则适用

数字贸易的归类直接影响数字贸易的规则适用，进而影响各 WTO 成员的市场开放义务和国内规制的政策空间。在此意义上，数字贸易归类问题本质上是为了确定数字贸易的市场准入义务。服务贸易模式的认定问题是数字贸易归类中的门槛性法律问题，WTO 成员对服务贸易的承诺正是根据服务提供的模式作出的。WTO 成员现有具体承诺的“质量”随交付模式的不同而大不相同，成员可能对某一种模式不作承诺，而对另一种模式没有任何限制或只有轻微限制。服务贸易模式的认定决定了 WTO 成员在 GATS 项下承担的义务，以及服务贸易自由化的水平。

在数字贸易中区分服务模式的真正功能是对 WTO 成员减让表中的具体承诺进行归类。一项交易涉及的服务模式区分问题只有在下列情况下才变得重要，即对于成员所采取的影响交易的措施的合法性存在异议时，在这种情况下，该措施将根据成员的承诺表进行裁判。如果 WTO 成员已在模式 1 下针对特定服务承诺了“没有限制”，则任何限制外国提供商跨境提供服务的能力的措施都是违法的；如果成员在模式 2 下对特定服务承诺了“没有限制”，则任何限制国内消费者在国外购买服务的能力的措施都是违法的。①

模式 1 和模式 2 下的归类问题也可能决定数字服务交付适用哪个国家的法律体系，即供应商所在国家还是消费者所在国家。有观

---

① Council for Trade in Services, The Work Programme on Electronic Commerce, S/C/W/68, 16 November 1998, para. 8.

点认为，在模式 1 下，应适用消费者所在地的国家法律体系，因为供应商在该地区开展业务；在模式 2 下，则适用供应商所在地国家的法律体系。如果一国想保护消费者的利益，则可能会倾向于将服务交付认定为模式 1。① 也有观点认为，GATS 不涉及管辖权问题。② 在总理事会关于电子商务的第二次专题讨论中，一些成员表示管辖权问题很重要，应在将来的专门讨论中将其作为一个单独的项目，但最终并没有进行实质性讨论。③

电子传输的数字产品的定性问题是整个 WTO《电子商务工作计划》中最困难和最敏感的问题之一，它将决定数字产品贸易制度的性质，还关涉关税、如何处理国内税的潜在差异等问题。④ 如果将数字产品定性为货物，将适用 GATT 1994；如果将数字产品定性为服务，将适用 GATS。GATT 1994 和 GATS 的贸易自由化水平，无论在一般义务还是具体承诺方面都是非常不同的。GATT 1994 项下的货物贸易受到边境措施的约束，但这些措施受到一系列规制关税约束、国民待遇、配额、补贴、保障措施等既定义务和协定的限制。WTO 成员在 GATT 1994 项下可能采取的歧视性贸易措施的空间比较有限。

GATS 未就补贴、倾销、保障措施等议题制定纪律。在 GATS 项下，WTO 成员仅根据其服务贸易具体承诺保证数字产品的国民待遇和市场准入，成员可以自主决定在哪些部门作出承诺，这些承诺可能包括重大限制。如果成员未对某项特定类型数字产品的

---

① Arvind Panagariya, "E-commerce, WTO and Developing Countries", *The World Economy*, Vol. 23, No. 8, 2000, p. 965.

② Sacha Wunsch-Vincent, *WTO, E-commerce, and Information Technologies: From the Uruguay Round through the Doha Development Agenda*, A Report for the UNICT Task Force, 19 November 2004, p. 86.

③ General Council, Second Dedicated Discussion on Electronic Commerce under the Auspices of the General Council on 6 May 2002, Summary by the Secretariat of the Issues Raised, WT/GC/W/475, 20 June 2002, p. 5.

④ Committee on Trade and Development, Note of the Meeting of 25 April 2002, WT/COMTD/M/40, 26 June 2002, para. 146.

服务作出承诺，则该成员可以自由拒绝给予这些数字产品市场准入或国民待遇。[①] GATT 1994 项下的国民待遇是强制性的，但 GATS 项下的国民待遇是逐步实施的。GATT 1994 中的最惠国待遇没有规定单独的豁免，但 GATS 允许成员豁免部分最惠国待遇义务。成员即便作出了 GATS 承诺，其承诺力度也可能因保留的限制而被削弱或被最惠国待遇豁免所规避。可见，一项数字产品被定性为货物还是服务，其获得的贸易待遇将相差悬殊。

WTO 成员在《电子商务工作计划》项下对数字产品定性问题进行过讨论，但未达成共识。如果将数字产品定性为货物，根据《全球电子商务宣言》确立的电子传输零关税要求，数字产品贸易将可能实现高度的自由化。如果将数字产品定性为服务，接下来要解决的问题是确定数字产品在 WTO 成员 GATS《服务贸易具体承诺减让表》中对应的服务类型。GATS 项下的数字产品归类与数字服务归类一样，都影响数字贸易的具体规则适用。

GATS 遵循正面清单的市场开放模式，WTO 成员对服务贸易的市场开放承诺是根据服务贸易的具体类别分别作出。数字产品和数字服务在 GATS 框架下的归类，直接影响 WTO 成员对该类数字服务贸易的市场开放义务。成员对不同部门的服务和提供方式的承诺水平可以分为三种。一是全面的承诺，保证无限制的市场准入机会，在减让表中对某一具体的交付方式以“没有限制”（None）表示。二是“部分承诺”，指在某种程度上受到限制的市场准入。三是“不作承诺”（Unbound）。[②] WTO 成员可以通过在市场准入和国民待遇栏中作出从“没有限制”到“不作承诺”的承诺来选择不同程度

① Sacha Wunsch-Vincent, *WTO, E-commerce, and Information Technologies: From the Uruguay Round through the Doha Development Agenda*, A Report for the UNICT Task Force, 19 November 2004, pp. 146-147.

② 世界贸易组织秘书处编著：《电子商务与 WTO 的作用；贸易、金融和金融危机；金融服务自由化和〈服务贸易总协定〉》，对外贸易经济合作部世界贸易组织司译，法律出版社 2002 年版，第 110 页。

的自由化。各成员对其他成员的服务和服务提供者授予的待遇，不得低于其在减让表中作出的承诺。因此，数字产品和数字服务的归类直接影响 WTO 成员在数字贸易中的特定义务。

正面清单模式的替代路径是负面清单模式，负面清单中仅列出特定义务未涵盖的要素，清单未明确排除的部门即被具体承诺所涵盖。在采取负面清单承诺模式的国际贸易协定中，原则上几乎所有服务（包括新型服务或不可预见的服务）都应被自由化义务所涵盖，因而数字贸易归类问题可能出现的不确定性将被降到最低，但也不能完全消除。① 负面清单模式不能排除数字贸易归类问题的必要性，因为希望将某些数字产品或数字服务排除在具体承诺范围之外的国家仍需要确定相关的服务部门。②

二　现有归类系统未能适应数字贸易的特点

WTO 框架下有关货物和服务的归类系统是为了规范货物和服务贸易，以及谈判货物和服务部门的自由化，但现有归类系统未能适应数字贸易的特点，无法清晰地解决数字贸易归类问题。

GATS 规定了 4 种服务提供模式，这些模式基本上是根据服务提供者和消费者的来源以及他们在提供服务时所具有的领土存在程度和类型来定义的。③ 数字产品和数字服务的在线提供使得供应商和消费者之间的距离变得无关紧要，这让人很自然地想到模式 1，但以电子方式交付服务可以通过任何一种模式来进行。例如，在当地设立的外国银行可以通过电子方式向消费者提供服务，在当地存在的外

① Lee Tuthill, Martin Roy, "GATS Classification Issues for Information and Communication Technology Services", in Mira Burri and Thomas Cottier, eds., *Trade Governance in the Digital Age: World Trade Forum*, Cambridge University Press, 2012, p. 159.

② Ines Willemyns, "GATS Classification of Digital Services-Does 'The Cloud' Have a Silver Lining?", *Journal of World Trade*, Vol. 53, No. 1, 2019, pp. 66-67.

③ Committee on Specific Commitments, Revision of Scheduling Guidelines, Note by the Secretariat, MTN. GNS/W/164 and 164/Add. 1, S/CSC/W/19, 5 March 1999, p. 14.

国自然人也可以使用电子方式提供咨询服务。在“中国电子支付服务案”中，中国对模式 3 的承诺也涵盖了电子支付服务的交付。互联网的发展使得数字服务几乎可以在世界上的任何一个地方进行交付，加上互联网通常不涉及商业实体或自然人的实际存在，在数字贸易中要区分服务贸易的模式 1 和模式 2 是一个难题。

电子传输的数字产品到底属于货物还是服务？长期以来，人们认为服务是不可贸易的，因为很多服务的本质是服务的供应和消费同时进行，并且要求生产者和消费者之间的物理邻近和互动。在监管方面，与货物不同，服务不能在边境停靠，因此重要的不是关税的征收，而是国内监管。① 按照一般的分类标准，服务的生产和消费通常是同时进行的，而货物的生产与消费不同步；服务无法储存，而货物可以；服务是无形的，而货物通常是有形的。② 电子传输的数字产品既有服务的无形性，也有货物的生产消费不同步性和可储存性。上述标准并不能为数字产品的定性提供有效、实用和明确的判断依据。

根据 GATS 第 3.3 条（b）款，GATS 项下的“服务”包括任何部门的任何服务，但在行使政府职权时提供的服务除外。GATS 并未直接定义“服务”，GATT 也没有“产品”或“货物”的定义。③ GATT 1994 对货物的分类遵循世界海关组织主持制定的《商品名称及编码协调制度》（The Harmonized Commodity Description and Coding System，下文简称 HS）。HS 为产品的归类提供通用术语，协助关税的征收，以及贸易统计数据的收集和比较。HS 由 97 章组成，通常

---

① Mira Burri, *The International Economic Law Framework for Digital Trade*, Swiss National Centre of Competence in Research, Working Paper No. 2015/08, May 2015, p. 16.

② General Council, Fifth Dedicated Discussion on Electronic Commerce under the Auspices of the General Council on 16 May and 11 July 2003, Summary by the Secretariat of the Issues Raised, WT/GC/W/509, 31 July 2003, p. 6.

③ Definitions in the Draft General Agreement on Trade in Services, Note by the Secretariat, MTN. GNS/W/139, 15 October 1991, para. 8.

根据物理特性而非最终用途对产品进行分类。97 章进一步分为品目和子目，最后是 6 位 HS 编码。除了电力以外，在 GATT 1994 项下具有物理特性的货物都是有形的。

根据 HS 起草者的设想，任何符合条件的商品都可以根据其物理特性在 HS 项下进行分类。但 HS 从未涵盖任何数字化为比特并通过电信网络直接从供应商发送到客户的信息。如果某些形式的数据被定性为货物，则 HS 可能无法对可电子交易的数字化信息进行归类。虽然 HS 区分空的承载介质和含有内容的承载介质，但它没有针对内容本身的分类。例如，HS 无法解决在线交付的计算机软件的归类问题，因为其不具有实物载体。[①] 总之，现有的货物分类系统不足以解决在线交易的数字产品的定性问题。ITA 也仅仅通过将软件承载介质的约束关税削减至零来间接适用于软件。"软件" 这个词本身未出现在 ITA 的承诺表中，而是通过承载介质的 HS 编码出现。

GATS 通常依据《服务业部门分类表》（Services Sectoral Classification List，下文简称 W/120）[②] 对服务进行分类，WTO 成员关于服务贸易的具体承诺通常基于 W/120 作出。W/120 于 1991 年由 GATT 秘书处根据《联合国临时核心产品分类目录》（*United Nations Provisional Central Product Classification*，下文简称 CPC prov）发布，包含了 GATS 涵盖的所有服务部门和子部门的完整列表，其目的是促进乌拉圭回合谈判，以确保各国所作承诺的兼容性和一致性。CPC prov 是联合国统计署制定的一部涵盖货物和服务的完整的产品分类国际标准。W/120 由两个栏目的表格组成，其左边栏目为 "部门和分部门"（Sectors and Subsectors），所有服务被分为 12 个部门和 160 个分部门。右边栏目为 "相应的核心产品分类"，W/120 中的每个

① Council for Trade in Goods, Work Programme on Electronic Commerce, Background Note by the Secretariat, G/C/W/128, 5 November 1998, paras. 2.1-2.2.

② WTO, Services Sectoral Classification List, Note by the Secretariat, MTN.GNS/W/120, 10 July 1991.

部门和 CPC prov 编码相对应。[①] W/120 是 CPC prov 的简化版本，其对部门和分部门的描述不及 CPC prov 全面。因此，W/120 应被视为用于贸易谈判目的的可选择的服务业分类系统，而非统计学意义上的分类系统。[②]

电子传输的数字产品在 W/120 中的归类也不明确。GATS 的分部门“1Bb”（对应 CPC prov 842）仅指与软件“开发和实施”相关的“咨询”服务，并不涉及软件本身。软件和服务之间的界限划分出现了一些不确定性。假设打包软件（或标准化软件）被视为货物，那么生产打包软件的公司雇用的顾问或其他专业人员能否被 GATS 模式 4 的承诺所涵盖？当打包软件完全在线提供时，它是否为一种服务？[③]

数字服务在 WTO 框架下的归类也是一个难题。在线交付的传统服务如何归类？新型数字服务如何归类？W/120 是一个静态目录，尚未赶上现代娱乐产品和现代交付形式的发展。WTO 成员在 GATT 1994 和 GATS 项下用于作出贸易承诺的术语并未明确涵盖数字内容本身。因此，在 WTO 成员的服务贸易承诺减让表框架下对数字服务进行归类时可能产生歧义，这方面的典型例子是“美国赌博案”和“中国音像制品案”。诸如 HS 和 CPC 的产业分类体系并未定义“内容生产产业”或“内容”本身，这些分类系统早在互联网出现之前就已形成。

---

① 但在结构上，W/120 与 CPC prov 并不能完全一一对应，某些分类存在互相重叠的情形。例如，在线信息处理和数据处理在 CPC prov 下共享相同的编码，但分别被归类到电信服务和计算机服务项下。

② Rolf H. Weber，Mira Burri，*Classification of Services in the Digital Economy*，Springer，2012，p. 17.

③ Council for Trade in Services，Computer and Related Services，Background Note by the Secretariat，S/C/W/45，14 July 1998，para. 9.

第二节 数字贸易中服务贸易模式的认定

根据 GATS 第 1.2 条，跨境交付是指“自一成员领土向任何其他成员领土提供服务”，境外消费是指“在一成员领土内向任何其他成员的服务消费者提供服务”。为明确服务贸易不同模式所涵盖的服务范围，WTO 秘书处作出了相应解释。国际运输、通过电信或邮件提供服务以及包含在出口货物（如计算机软盘或图纸）中的服务都是模式 1 的示例，因为服务提供者不在交付服务的成员境内。模式 2 通常也被称为“消费者流动”，这种模式的基本特征是，服务在作出承诺的成员领土之外交付。通常，在旅游服务中，消费者的实际流动是必要的。但模式 2 并不意味着消费者自身的转移。诸如在国外修理船舶的活动，其中只涉及消费者财产的“流动”或位于国外，也被涵盖在模式 2 中，因为服务是在财产所在地而不是在消费者所在地消费的。①

一 服务贸易模式认定的困境

在模式 1 和模式 2 中，服务提供者都不在消费者所属的成员境内。传统上模式 1 和模式 2 的区别取决于服务是从另一成员向消费者所属的成员境内提供，还是完全在消费者所属的成员境外提供。② 当电子交付使交易能够在提供者或消费者不移动的情况下进行时，上述区分标准很难实际发挥作用。③

---

① Committee on Specific Commitments, Revision of Scheduling Guidelines, Note by the Secretariat, MTN. GNS/W/164 and 164/Add. 1, S/CSC/W/19, 5 March 1999, p. 15.

② 世界贸易组织秘书处编著:《电子商务与 WTO 的作用；贸易、金融和金融危机；金融服务自由化和〈服务贸易总协定〉》，对外贸易经济合作部世界贸易组织司译，法律出版社 2002 年版，第 109 页。

③ 例如，对于消费者在本地网站下载电影或玩在线娱乐游戏的情形，当消费者下载其内容时，这是属于服务提供商向国际出口（模式 1），还是消费者在“国外”消费内容服务（模式 2），并不容易确定。

WTO 成员当前的市场准入承诺水平表明，在许多服务类别中，大多数成员已同意不对模式 2 进行任何限制，对模式 2 下的市场准入和国民待遇作出了完全的承诺，但保留对模式 1 进行限制的权利。将数字服务归为模式 2 意味着很多 WTO 成员有义务不对数字服务施加任何市场准入限制。随着货物不断被数字化以及越来越多的服务可以通过电子方式交付，各成员将发现其市场准入承诺已超出其最初同意的范围。尽管有些成员可能会认为这种市场准入的扩展是一个可喜的发展，并符合 GATS 第 19 条规定的连续自由化谈判的目标，但数字服务归类的自由化待遇将出现问题。这将改变各成员在乌拉圭回合谈判及随后的加入谈判中作出的 GATS 承诺。这些承诺至少在理论上是互利互惠谈判的结果，各成员在谈判中作出了市场准入承诺以换取其他成员的某些让步和利益。一方面，将数字服务归为模式 2 等于在没有经过进一步贸易谈判的情况下改变了成员之间达成的协议。另一方面，如果将数字服务归为模式 1，则可能会减少数字服务贸易增长的潜在利益，因为成员在模式 1 下对“没有限制”的承诺明显少于模式 2。模式 1 中“没有限制”的承诺的缺乏意味着 WTO 成员将有能力对数字服务施加监管障碍，不利于数字贸易的自由化发展。①

在 WTO《电子商务工作计划》中，成员纷纷提交提案试图解决电子商务模式 1 和模式 2 的区分难题。日本在 1999 年向服务贸易理事会提交的一份文件指出，关于模式 1 和模式 2 的区别，我们已将通过电话或传真进行的跨境服务提供归为模式 1。如果要以此作为电子商务的类比，即用计算机网络代替“电话或传真”，通过电子商务形式进行的跨境服务提供也应被视为模式 1。但如果出现了电子提供的新型服务，则模式 1 和模式 2 之间的区别可能会变得困难。当发

---

① Emad Tinawi, Judson O. Berkey, “E-Services and the WTO: The Adequacy of the GATS Classification Framework”, 16 March 2000, pp. 5-7, https://www.iatp.org/sites/default/files/E-Services_and_the_WTO_The_Adequacy_of_the_GAT.pdf, last visited 1 May 2024.

生这种情况时，必须充分考虑这个问题。[①]

澳大利亚提出，根据服务的最终消费国来确定模式认定问题。对于模式 1 和模式 2，外国服务提供者都位于接受服务的成员领土之外，但模式 2 的服务是在（接受服务的）成员领土外交付的。澳大利亚建议，根据最终消费地来认定交付地点，最终消费地就是消费者所在地。如果消费发生在（接受服务的）成员领土内，则将其归类为模式 1；如果消费发生在（接受服务的）成员领土外，则属于模式 2。澳大利亚认为，关键问题可能是，在某些情况下这是关于最终消费地的程度的问题。当发生消费者的实体移动时，这显然属于模式 2。但由于消费者财产的移动也被模式 2 涵盖（如在国外修理船舶），因此在解释承诺表时会遇到困难，这种区分方法并不总能得到明确的答案。[②]

美国提交的文件谨慎地避免了将数字服务归为模式 1 或模式 2，但要求 WTO 考虑将电子交付的服务归为模式 2 的影响。美国指出，鉴于消费者可以通过电子方式访问外国网站并在这些网站上发起交易的事实，如果将以电子方式跨境交付的服务归为模式 2 将产生什么影响？将涉及访问外国网站的电子商务服务归为模式 2 是否有何不利之处？鉴于根据网站的位置来限制消费者对网站的访问是不可行或不切实际的，因此根据 GATS 第 6 条（国内法规）对此类访问的限制是否有意义？[③] 相较于模式 1，WTO 成员在模式 2 下的具体承诺更多、限制更少。美国寻求最高水平的贸易自由化，因而提出是否应将数字服务归为模式 2。

“墨西哥电信服务案”是 WTO 服务贸易第一案，其中也涉及服

---

① Council for Trade in Services, Communication from Japan, Work Programme on Electronic Commerce, S/C/W/104, 25 March 1999, paras. 14-15.

② Council for Trade in Services, Work Programme on Electronic Commerce, Communication from Australia, S/C/W/108, 18 May 1999, paras. 3-4.

③ Work Programme on Electronic Commerce, Submission by the United States, WT/GC/16, 12 February 1999, p. 4.

务交付模式认定问题。起诉方美国认为，争议的服务属于 GATS 定义的模式 1。[①] 被诉方墨西哥认为，本案争议的服务本质上是客户数据的传输。为了将客户数据“从”一个成员跨境传输“到”另一成员，供应商必须自己在该另一成员的领土内传输客户数据。墨西哥认为，运营商仅仅在边境将通信量“交接”给另一运营商并不构成 GATS 模式 1。在边境交接的通信量相当于电信服务的“半路”提供；只有同一运营商的“全回路”或“端对端”提供才构成 GATS 模式 1。[②] 专家组否定了墨西哥的观点，认为 GATS 模式 1 并不要求同一供应商在边境两端运作或以某种方式存在。[③] 专家组最终裁定，争议中的服务是美国供应商在其边境将网络与墨西哥境内的供应商的终端网络连接起来，美国供应商没有在墨西哥经营或以某种方式出现在墨西哥，这种服务是以 GATS 模式 1 的方式提供的。[④]

“美国赌博案”的裁决为哪种 GATS 模式和相关承诺适用于跨境数字服务贸易提供了一定的法律确定性，至少为 WTO 成员在数字贸易规则适用方面达成相关谅解提供了一个很好的起点。[⑤] 在该案中，争议的服务是安提瓜通过远程通信的方式向美国境内提供。专家组根据 GATS 第 16 条进行的分析限于市场准入栏中的模式 1，并明确指出这一争议涉及 GATS 规定的 4 种交付模式之一，即赌博和博彩

---

① Mexico - Measures Affecting Telecommunications Services, WT/DS204/R, 2 April 2004, para. 7. 25.

② Mexico - Measures Affecting Telecommunications Services, WT/DS204/R, 2 April 2004, para. 7. 27.

③ Mexico - Measures Affecting Telecommunications Services, WT/DS204/R, 2 April 2004, para. 7. 35.

④ Mexico - Measures Affecting Telecommunications Services, WT/DS204/R, 2 April 2004, para. 7. 45.

⑤ Sacha Wunsch - Vincent, “The Internet, Cross - Border Trade in Services, and the GATS: Lessons from US-Gambling”, *World Trade Review*, Vol. 5, No. 3, 2006, p. 324.

服务的跨境交付。[①] 上诉机构遵循了这一论点，仅评估了美国在 GATS 模式 1 中的承诺。[②] “美国赌博案”的裁决在一定程度上缓解了 GATS 模式适用的不确定性。但由于美国对赌博和博彩服务在模式 1 和模式 2 下的承诺都是“没有限制”，专家组和上诉机构都没有被要求对模式 1 和模式 2 的区别发表意见，因此这一重要问题还没有完全解决。在既有的 WTO 争端解决实践中，也没有案例涉及 GATS 模式 1 和模式 2 的区分问题。

模式 1 和模式 2 下的贸易自由化水平存在很大差别，数字贸易中服务贸易模式 1 和模式 2 的区分直接影响到向数字服务提供者保证何种程度的市场准入水平，以及 WTO 成员对该数字服务享有多大程度的规制空间。考虑到越来越多的服务可以通过互联网提供，如果将数字服务归为模式 2，那么等于在各成员的市场准入承诺中打开了一个无形的缺口。大多成员之所以在模式 2 下承诺“没有限制”，是因为在这种模式下，服务消费国无法对境外的服务和服务提供者进行监管。

因此，如果将在线交付的服务贸易归为模式 2，那么在模式 2 下未设限的成员必然要进行具体承诺的重新谈判。在没有经过谈判的情况下将数字服务归为模式 2，将违反“保护合法预期原则”，相当于在没有进一步谈判的情况下改变了成员之间已经达成的协议，无法保证 GATS 规则的可预见性。在现有的 GATS 框架下，如果相关的数字服务争端被提交到 WTO，将数字服务贸易归为模式 1 是较为恰当的选择。

二 服务贸易模式认定困境的解决

在“墨西哥电信案”和“美国赌博案”中，WTO 争端解决机构

① United States – Measures Affecting the Cross – Border Supply of Gambling and Betting Services, WT/DS285/R, 10 November 2004, para. 6. 29.

② United States – Measures Affecting the Cross – Border Supply of Gambling and Betting Services, WT/DS285/AB/R, 7 April 2005, para. 215.

已经把电信服务和网络赌博服务归为模式1。鉴于GATS逐步实现贸易自由化的宗旨，并考虑了发展中国家在服务贸易领域发展不足的现实，笔者也支持将数字服务贸易归为模式1。但WTO成员迄今尚未就跨境电子交付的服务属于模式1还是模式2达成明确的决定。

瑞士在2001年向WTO提交的有关金融服务的文件中指出：

> 为了使承诺表更加协调一致并确保现有和将来承诺的明确性，我们建议成员重新评估其在模式1和模式2下的承诺。特别是在金融服务领域，这些模式之间的区别变得更加模糊。对成员承诺减让表的审查清楚地揭示了在模式1和模式2中所作承诺之间的差异。我们强烈鼓励更大程度的同质化。我们还希望金融服务委员会（CTFS）研究在金融服务领域合并这两种模式的可能性。①

瑞士在2004年向WTO提交的有关GATS承诺表的文件指出，在模式1和模式2之间界限模糊的部门中，可以通过对两种模式作出相同的承诺来克服这种模糊性。在模式1和模式2中，仅在例外情形下才可以使用“由于缺乏技术可行性而不作承诺”的语句，即在这两种模式下无法提供CPC中的任何活动。②

在香港部长级会议之前的谈判中也提到了在模式1和模式2中实现类似承诺水平的主张。③ 为了减少模式1和模式2之间的不平衡

---

① Council for Trade in Services, Communication from Switzerland, GATS 2000: Financial Services, S/CSS/W/71, 4 May 2001, para. 14.

② Council for Trade in Services, Communication from Switzerland, On the Importance of Improving the Scheduling of GATS Commitments, TN/S/W/21, 8 September 2004, para. 8.

③ Council for Trade in Services, Special Session of the Council for Trade in Services, Report by the Chairman to the Trade Negotiations Committee, TN/S/23, 28 November 2005, p. 21.

和不确定性的努力主要集中在，要求 GATS 模式 1 和模式 2 在尽可能多的部门中作出相似的最好是完全相同的承诺，即在大多数情形下将模式 1 的承诺水平提高到模式 2 的水平。[①]《香港部长宣言》建议，在存在模式 1 承诺的情况下作出模式 2 的承诺。[②] 而在 WTO 成员现有的 GATS 承诺表中，通常已经是这种情况了。

WTO 成员之所以对模式 1 和模式 2 下的服务作出不同承诺，是因为他们认为这两种模式属于不同的实践，模式 1 和模式 2 之间的区别具有实际意义。[③] 要求所有 WTO 成员在所有部门中对模式 1 和模式 2 作出相同的承诺并不现实，尤其是对于金融服务等行业，WTO 成员通常基于广泛的监管目标对这些行业的模式 1 作出限制性承诺。因此，主张对两种模式作出相同承诺来消解模式 1 和模式 2 的模糊性不具有现实性。

有学者提出了改革 GATS 服务提供模式的不同方案，如“合并模式 1 和模式 2”“拉平模式 1 和模式 2”“制定模式 5”“重新定义模式 2”。[④] 但对服务贸易模式进行系统性改革的难度较大。在新近 FTA 中，很多国家仍然采纳了 GATS 项下传统的 4 种服务提供模式对服务贸易的市场开放作出具体承诺，如《中韩 FTA》和《中澳 FTA》。还有学者提出，根据互联网的技术结构来解决模式认定难题，即当一项互联网服务是由用户“驱动”（pull）时，其可以被视为模式 2；当一项服务是被“推送”（push）给用户时，其可以被视

① Sacha Wunsch－Vincent, “The Internet, Cross－Border Trade in Services, and the GATS: Lessons from US-Gambling”, *World Trade Review*, Vol. 5, No. 3, 2006, p. 326.

② Annex C of Doha Work Program Ministerial Declaration (Adopted on 18 December 2005), WT/MIN (05) /DEC, 22 December 2005, para. 1 (b) (ii).

③ Usman Ahmed, Brian Bieron and Gary Horlick, “Mode 1, Mode 2, or Mode 10: How Should Internet Services Be Classified in the Global Agreement on Trade in Service?”, *Boston University International Law Journal*, 2015, p. 7.

④ Emad Tinawi, Judson O. Berkey, “E－Services and the WTO: The Adequacy of the GATS Classification Framework”, 16 March 2000, pp. 9－10, https://www.iatp.org/sites/default/files/E-Services_and_the_WTO_The_Adequacy_of_the_GAT.pdf, last visited 1 May 2024.

为模式 1。[①] 这一方案不需要对 GATS 进行全面审查，也不需要对成员的承诺进行重新谈判，就可以在模式 1 和模式 2 之间进行区分，具有一定合理性。但这一方案能否成为 WTO 成员解决服务贸易模式认定难题的有约束力的规则，还是要取决于成员的共识。WTO 成员可以在双边或区域性的服务贸易谈判中尝试解决模式 1 和模式 2 的区分问题，如可以通过附件、双边换文或参考文件的方式对数字贸易中可能涉及的模式 1 和模式 2 的认定难题作出特别约定。

第三节　电子传输的数字产品的归类

数字产品包括含有载体的数字产品以及通过电子传输的数字产品。对于通过载体进行的数字产品贸易，其标的物是有形载体，储存的内容是无形的数字信息。该类数字产品的生产和消费不同步，可以储存，因而符合货物的一般特征。WTO 海关估价委员会在 1995 年通过了《关于对记录数据处理设备用软件的承载介质进行估价的决定》，规定了 WTO 成员对用于信息处理设备的进口软件进行海关估价的两种方法。[②] 海关估价是对进出口货物确定完税价格的程序。可以断定，含有载体的数字产品（如软件）应被定性为货物。HS 根据数字产品的载体来对数字产品进行归类。例如，软件可以附在光盘、磁带或磁盘上，因此可以对应 3 种不同的 HS 编码。电影制品也是根据其载体来归类。但电子传输的数字产品贸易的定性和归类问题仍需要进一步深入探讨。

---

① Usman Ahmed, Brian Bieron and Gary Horlick, "Mode 1, Mode 2, or Mode 10: How Should Internet Services Be Classified in the Global Agreement on Trade in Service?", *Boston University International Law Journal*, 2015, p. 15.

② Committee on Customs Valuation, Decision Concerning the Interpretation and Administration of the Agreement on Implementation of Article Ⅶ of the GATT 1994 (Customs Valuation), G/VAL/5, 13 October 1995.

一 数字产品的定性

货物贸易理事会在1999年7月向总理事会提交的关于在其非正式会议上讨论的电子商务问题的报告就专门提及数字产品定性问题。[①] 有代表认为，电子传输的内容始终应被认为是服务，适用GATS。因为GATS是技术中立的，而且不会在不同交付方式之间构成歧视。但也有代表认为，如此定性没有考虑到互联网的动态和不断发展的本质。[②] 如果通过电子方式提供的数字化内容可以被定性为货物，那么GATT 1994是否可以适用于这些数字化内容？一些电子传输的内容确实类似于或近似货物的替代品。例如，以数字化数据形式从互联网下载的音乐可以替代在商店中购买的实体CD中的音乐；从互联网下载的软件可以替代磁盘或CD上的软件。那么，为何只对实体产品（如果是从国外进口）而不是对下载的数据征收关税？有代表认为，当一国对货物征收关税时，始终涉及跨境贸易交易。对于电子商务，尚不清楚是否存在实际跨越边境的"事物"，这将导致得出结论认为GATT 1994第2条意义上的"进口"并未发生。下载的数据可能不属于进口的范畴，因为并不存在实际跨越边境的"事物"，而GATT 1994第2条提到的关税只适用于进口货物的情形。[③]

取决于所使用的"运输"或交付工具，有些数字产品可以同时进入GATT 1994和GATS项下的市场。在某些情况下，内容相似甚至相同的数字产品由于适用GATT 1994或GATS的不同规则会受到不同待遇。即使这种现状被接受作为一种选择，仍需要进行数字产

---

① Council for Trade in Goods, Work Programme on Electronic Commerce, Information provided to the General Council, G/C/W/158, 26 July 1999.

② Council for Trade in Goods, Work Programme on Electronic Commerce, Information provided to the General Council, G/C/W/158, 26 July 1999, para. 2. 5.

③ Council for Trade in Goods, Work Programme on Electronic Commerce, Information provided to the General Council, G/C/W/158, 26 July 1999, para. 2. 6 and para. 2. 9.

品的定性工作，因为 GATT 1994 和 GATS 的分类表都不能完全或明确地涵盖某些数字产品或内容。[①]

在电子传输的数字产品的定性和规则适用问题上，美国和欧盟之间存在很大分歧。美国事实上采取了双重标准。一方面，美国在国内法中否定了数字产品贸易受货物买卖法规制；另一方面，美国在 WTO 却主张数字产品贸易受 GATT 1994 规制。美国的数字产品生产和出口具有很强的比较优势，其在 WTO 主张数字产品贸易适用 GATT 1994 是为了寻求最大限度的贸易自由化，为本国的数字产业争取更大的世界市场。[②] 欧盟却指出，GATT 1994 只适用于具有实物载体的数字产品进口，任何以电子方式交付的数字产品属于服务，应被 GATS 涵盖。[③]

WTO 框架下的货物和服务归类系统都无法解决电子传输的数字产品的定性和规则适用问题。数字产品贸易应适用 GATT 1994 还是 GATS，需要根据这两个协定的目的和宗旨来确定。[④] GATT 1994 的序言规定，国际贸易“应以提高生活水平、保证充分就业、保证实际收入和有效需求的大幅稳定增长、实现世界资源的充分利用以及扩大货物的生产和交换为目的”。GATT 1994 序言继续明确指出，这些目标将“通过达成互惠互利安排，以实质性削减关税和其他贸易壁垒，消除国际贸易中的歧视待遇”来实现。如此，GATT 1994 不仅规定了该协定的目的，还规定了实现这些目的的适当手段，即贸易自由化。GATS 序言没有对其目的作出简明的陈述，但强调了该协

---

① Committee on Trade and Development, Note of the Meeting of 25 April 2002, WT/COMTD/M/40, 26 June 2002, para. 151.

② 郭鹏：《信息产品数字化交易的法律规制：美国的双重标准》，《武汉大学学报》（哲学社会科学版）2010 年第 1 期，第 65—68 页。

③ Work Programme on Electronic Commerce, Classification Issue, Submission from the European Communities, WT/GC/W/497, 9 May 2003, para. 24.

④ Sam Fleuter, “The Role of Digital Products under the WTO: A New Framework for GATT and GATS Classification”, *Chicago Journal of International Law*, Vol. 17, No. 1, 2016, p. 169.

定的双重目标，即将贸易自由化扩大到服务业，同时也保护发展中国家的国家利益。①

比较 GATT 1994 和 GATS 的序言可以发现，这两个协定都包含促进国际贸易自由化的共同目标。但 WTO 认识到，发展中国家在没有提供比其国内货物市场更高保护的情况下，其培育国内服务市场的能力比较低。数字产品的国际贸易应同时考虑促进贸易自由化和保护发展中国家的服务提供者。发达国家和发展中国家存在数字鸿沟，发展中国家由于基础设施欠发达等因素，在数字产品市场上存在系统性劣势。由于 GATS 承认这种“不平衡”，考虑到 WTO 的基本目标，处于货物和服务之间灰色地带的数字产品应受 GATS 规制。GATS 项下的市场准入和国民待遇义务是基于“正面清单”模式而承担的，服务也不受配额、补贴、保障措施、TBT、SPS 等既定义务和协定的约束，因而如果将电子传输的数字产品定性为服务而适用 GATS，WTO 成员将对数字产品贸易享有更多的规制空间。

从数字贸易规制的技术手段来看，电子传输的数字产品适用 GATT 1994 也不具有现实性。关税是影响货物贸易的主要国内措施，全球关税制度旨在处理实体货物。GATT 1994 的制度设计只针对实体产品贸易，ITA 也只适用于具有载体的信息技术产品。电子传输的数字产品具有无形性，根本无法在 GATT 1994 框架下受到有效规制。因此，数字产品贸易适用 GATS 是更为现实和恰当的选择。

有观点指出，在数字产品定性问题上可采取“混合解决方案”，即数字产品贸易适用GATS，同时确保 GATT 1994 项下的市场准入水平。② 这一方案意在模糊 GATS 和 GATT 1994 之间的差别，但数字产品定性问题的产生正是因为 GATS 和 GATT 1994 在贸易自由化水平

---

① GATS 序言特别提到：“认识到各成员为实现国家政策目标，有权对其领土内的服务提供进行管理和采用新的法规，同时认识到由于不同国家服务法规发展程度方面存在的不平衡，发展中国家特别需要行使此权利。”

② Sacha Wunsch-Vincent, *The WTO, the Internet and Trade in Digital Products: EC-US Perspectives*, Hart Publishing, 2006, p. 61.

和纪律方面存在客观差别，该方案实际上是在回避问题而非解决问题。况且，要求所有成员对数字产品的市场开放作出类似于 GATT 1994 项下的全面承诺，基本不具有现实性。此外，一些成员还提出，是否可以将数字产品贸易视为知识产权贸易（非货物或服务贸易）而适用 TRIPS 协定?① 货物贸易和服务贸易都要受到 TRIPS 协定的约束，TRIPS 协定提供了与贸易有关的知识产权保护的最低标准，从而支持了相关货物和服务贸易的自由化。但 TRIPS 协定未对贸易自由化本身设定规则，因而无法保证市场准入或任何其他形式的贸易自由化。TRIPS 协定虽然可以适用于数字贸易，但却不能成为数字贸易的多边框架。② 因此，将数字产品定性为知识产权并不合理。

二 自由贸易协定对数字产品归类问题的回应

一方面，为了解决数字产品的归类难题，FTA 采取了务实的态度。很多美式 FTA 回避了对数字产品的定性问题，通常在界定数字产品的概念时在脚注中特别说明："数字产品的定义并不反映缔约方将数字产品贸易归类为服务贸易或货物贸易。"③ 如果将数字产品归类为货物，则可能面临缴纳关税。FTA 通过继承和发展 WTO《全球电子商务宣言》中确立的对电子传输暂停征收关税的做法来解决这一问题。

另一方面，对于那些可以归类为服务贸易的数字贸易活动，美

① General Council, Preparations for the 1999 Ministerial Conference, Work Programme on Electronic Commerce, Communication from Indonesia and Singapore, WT/GC/W/247, 9 July 1999, para. 12.

② Sacha Wunsch-Vincent, *The WTO, the Internet and Trade in Digital Products: EC-US Perspectives*, Hart Publishing, 2006, p. 61.

③ Footnote 16-4 of Chapter 16 of the Australia-US FTA; Footnote 3 of Chapter 15 of the Chile-US FTA; Footnote 4 of Chapter 15 of the Korea-US FTA; Footnote 1 of Chapter 19 of USMCA.

式FTA还确认FTA相关章节（诸如投资、跨境服务贸易、金融服务）中所述的义务适用于影响通过电子方式交付或提供服务的措施，协定中载明的适用于该等义务的任何例外情况或不符措施除外。[①] 数字贸易涉及的服务领域包括基于数据的服务、电信服务、金融服务、视听服务、计算机及相关服务。[②] 因此，如果一项数字产品被定性为服务，则数字产品贸易要受到前述相关服务领域的义务的约束。

对于数字产品的归类，FTA采取了“两条腿走路”的处理方式。这种有意的模糊使它们可以从GATT 1994和GATS中进行选择，以弥补任何潜在的漏洞。[③] 就数字产品贸易而言，用户是对数字产品中提取的信息（如软件、电影、音乐）感兴趣，因而数字产品通常具有服务属性，但W/120并没有为作为服务的数字产品提供具体的归类标准。各国对数字产品的正确归类尚无共识，期望达成一个通用的归类标准也不现实。[④] FTA对数字产品归类问题的回应也未从根本上解决归类问题。对于可归类为服务的数字产品，其在WTO或FTA的承诺减让表中应被归入何种服务类别，仍然是不确定的。

---

① 例如，CPTPP第14.2.5条规定：“第14.4条（数字产品的非歧视待遇）、第14.11条（以电子方式进行的跨境信息传输）、第14.13条（计算设施的位置）和第14.17条（源代码）所含的义务：（a）受第9章（投资）、第10章（跨境服务贸易）、第11章（金融服务）相关条款、例外和不符措施的约束；以及（b）应结合本协定中的其他相关条款解读。”

② Joshua P. Meltzer, “Governing Digital Trade”, *World Trade Review*, Vol. 18, No. S1, 2019, p. s38.

③ Henry Gao, “Regulation of Digital Trade in US Free Trade Agreements: From Trade Regulation to Digital Regulation”, *Legal Issues of Economic Integration*, Vol. 45, No. 1, 2018, p. 58.

④ Rolf H. Weber, Mira Burri, *Classification of Services in the Digital Economy*, Springer, 2012, p. 37.

第四节 数字服务的归类

数字贸易通常与无形产品的交易有关，当前的国际贸易具有“服务化”的趋势，即服务的使用、生产和销售都在不断增加。数字服务贸易是数字贸易中的重要内容，数字服务涵盖的范围也随着互联网技术的发展而不断扩展。广义上讲，通过互联网提供的所有服务都可以被认为是数字服务，如社交媒体、搜索引擎、信息技术服务和通信服务等。基于上文的分析，笔者将电子传输的数字产品也定性为服务，但数字产品与数字服务应属于两类不同的数字贸易类型。数字产品的概念在部分 FTA 中得到了清晰界定，数字产品贸易的规制已经具备相关的制度实践，而数字服务在国际经贸规则中则缺乏专门的规则。为了判断一国对数字服务的规制措施是否与国际经贸规则相符，需要首先对数字服务进行归类，确定该数字服务属于哪个部门或子部门，进而判断该数字服务是否为各个国家的承诺减让表所涵盖。探讨数字服务贸易的归类问题涉及两种类型的数字服务。第一种是传统上通过线下交付而如今通过互联网在线交付的服务，第二种是正在兴起的新型数字服务。

一 在线交付的传统服务的归类实践

随着互联网技术的发展，传统上通过线下交付的很多服务现在都可以通过在线方式提供。在线交付的传统服务如何归类？其是否可以归入到传统服务的相应类别中？换言之，WTO 成员对线下交付的服务的承诺是否可以拓展到在线方式提供的服务？为回应该问题，WTO 争端解决实践中发展出了技术中立原则。服务贸易理事会在一份关于《电子商务工作计划》的报告指出：“通常认为，GATS 在技术上是中立的，因为它并未区分提供服务的不同技术手段。”服务贸易理事会有关技术中立原则的这一观点并未得到所有 WTO 成员的一致同意，“一些代表团认为该问题需要进一步审查”①。

最早将技术中立原则引入 WTO 争端解决的是“美国赌博案”。在该案中，针对美国禁止网络赌博活动的措施是否违反市场准入义务问题，专家组指出，GATS 模式 1 的市场准入承诺意味着其他成员的供应商有权通过所有交付方式提供服务，无论是通过邮件、电话、互联网等，除非成员的减让表中另有规定。这符合 WTO 成员在很大程度上认同的技术中立原则。因此，在已经对“模式 1”作出完全市场准入承诺的情况下，对该“模式 1”中的一种、几种或所有交付方式的禁止将是对该模式的市场准入的限制。② 该案专家组支持将成员对线下传统服务的承诺扩展至在线交付的传统服务。专家组报告提及了服务贸易理事会有关技术中立原则的前述声明，但上诉机构关于该案的裁决报告却未提及该声明。

技术中立原则再次引发广泛关注的是“中国音像制品案”，该案的争议措施之一是中国对录音分销服务的承诺是否涵盖录音制品的无形分销。中美双方围绕技术中立原则的适用问题展开了激烈争辩，专家组也作出了相关分析。美国依据技术中立原则指出，录音制品的有形分销和无形分销仅仅是交付方式的不同，并不影响 GATS 承诺范围的解释，除非成员的承诺表另有规定。③ 中国认为，WTO 成员从未正式接受技术中立原则。即使该原则被接受，它也只适用于提供相同服务所使用的不同技术，而非该案中录音制品无形分销和有形分销的情形。对于中国而言，该案中争议的在非实体媒介上分

---

① Trade in Services, Work Programme on Electronic Commerce, Progress Report to the General Council, S/L/74, 27 July 1999, para. 4.

② United States-Measures Affecting the Cross-Border Supply of Gambling and Betting Services, WT/DS285/R, 10 November 2004, para. 6. 285.

③ China-Measures Affecting Trading Rights and Distribution Services for Certain Publications and Audiovisual Entertainment Products, WT/DS363/R, 12 August 2009, para. 7. 1248.

销的服务是“网络音乐服务”，而非“录音分销服务”。[①] 网络音乐服务与传统的录音分销服务之间的差异类似于电子邮件服务和邮政服务之间的差异。即使传递的是相同的消息，电子邮件服务在WTO成员的GATS减让表中也被公认为是与传统邮政服务不同的服务。[②] 在驳回了该案中有关技术中立原则的地位和相关性之后，中国认为有必要审查这两项服务活动的一些相关“因素”，以确定它们是否构成相同或者不同的服务。这些因素因具体情况而异，没有哪一项因素是具有决定性的。中国在该案中提出了4项重要因素：“基本运作特征”“终端用户的感觉”“国际分类”以及适用的“国际上认可的法律框架”。中国认为，适用于该案争议中的服务的这些因素充分体现了录音制品的无形分销不同于有形分销。因此，中国认为，该案争议中的服务涉及非实体媒介的使用，不属于中国对录音分销服务的承诺范围。“网络音乐服务”不同于“录音分销服务”，因此技术中立原则不适用。[③]

专家组指出，在确定中国对“录音分销服务”的承诺范围时，应适用《维也纳条约法公约》第31条和第32条所规定的解释国际公法的习惯规则。专家组审查了中国承诺条款的通常含义，认为中国承诺表中包含了“录音分销服务”，但中国没有进一步限定音频内容分销的媒介。[④] WTO成员在作出承诺时可以自由选择是否通过对承诺条款进行限定来增加其承诺表的精确度，更高的精确度可以在

① China-Measures Affecting Trading Rights and Distribution Services for Certain Publications and Audiovisual Entertainment Products, WT/DS363/R, 12 August 2009, para. 7. 1249.

② China-Measures Affecting Trading Rights and Distribution Services for Certain Publications and Audiovisual Entertainment Products, WT/DS363/R, 12 August 2009, para. 4. 269.

③ China-Measures Affecting Trading Rights and Distribution Services for Certain Publications and Audiovisual Entertainment Products, WT/DS363/R, 12 August 2009, para. 7. 1250.

④ China-Measures Affecting Trading Rights and Distribution Services for Certain Publications and Audiovisual Entertainment Products, WT/DS363/R, 12 August 2009, para. 7. 1253.

广泛的属性方面限定服务的范围。[①] 专家组援引了上诉机构在“美国赌博案”中的观点，对中国有关“录音分销服务”的承诺的核心含义解释为涵盖了音频内容的无形分销。[②] 专家组最终裁定，中国提出的“因素分析”对于解决本案的争议问题没有什么启示。对于技术中立原则，无论其在 WTO 中的地位如何，在恰当解释中国有关录音分销服务的承诺时并不需要。[③]

WTO 争端解决实践表明，争端解决机构倾向于依据技术中立原则，将在线交付的传统服务归入传统服务的相应部门中。“美国赌博案”专家组裁决的部分依据正是技术中立原则。上诉机构在“中国音像制品案”中明确表示，分销既包括实体交付也包括在线交付（除非另有说明），[④] 虽然没有引用技术中立原则，却也反映了 GATS 项下的技术中立立场。根据技术中立原则，对于在互联网出现之前已经通过传统渠道提供的数字贸易活动，应将其归类到原始的部门中，除非它们的性质已经被在线交付改变了。例如，在线银行服务应被归类为银行服务，在线大学应被归类为教育服务。

依据技术中立原则对数字服务进行归类会带来法律上的不确定性。在 WTO 的任何领域中，都没有根据不同交付技术设定不同的规则。换言之，这并非 GATS 的专有特点。技术中立原则如何适用于数字贸易的现有承诺和某些新服务是不清晰的。[⑤] WTO 成员并未对

---

① China-Measures Affecting Trading Rights and Distribution Services for Certain Publications and Audiovisual Entertainment Products, WT/DS363/R, 12 August 2009, para. 7. 1254.

② China-Measures Affecting Trading Rights and Distribution Services for Certain Publications and Audiovisual Entertainment Products, WT/DS363/R, 12 August 2009, para. 7. 1255.

③ China-Measures Affecting Trading Rights and Distribution Services for Certain Publications and Audiovisual Entertainment Products, WT/DS363/R, 12 August 2009, para. 7. 1264.

④ China-Measures Affecting Trading Rights and Distribution Services for Certain Publications and Audiovisual Entertainment Products, WT/DS363/AB/R, 21 December 2009, para. 412.

⑤ Farrokh Farrokhnia, Cameron Richards, “E-Commerce Products Under the World Trade Organization Agreements: Goods, Services, Both or Neither?”, *Journal of World Trade*, Vol. 50, No. 5, 2016, p. 807.

技术中立原则的法律地位达成共识。从法律渊源来看，技术中立原则至少不能成为一项习惯国际法。中国认为，关于技术中立原则的地位，WTO 成员仍在考虑之中，“美国赌博案”专家组对技术中立原则的解释并未得到上诉机构的确认。此外，遵循美国的逻辑不经过任何谈判而将新服务引入 WTO 成员的 GATS 减让表，将违反 GATS 原则，包括“正面清单路径”和“请求/出价路径”。[①]

技术中立原则在数字贸易归类中的引入符合贸易自由化的宗旨，但贸易自由化的实现需要保障权利和义务的总体平衡。[②] 根据 DSU 第 3.2 条和第 19.2 条，争端解决机构的建议和裁决不能增加或减少适用协定所规定的权利和义务，这旨在为多边贸易体制提供可靠性和可预测性。技术中立原则将给那些无法把握相关技术走向的 WTO 成员带来很大的不确定性。[③] 技术中立原则在数字贸易争端中的引入，将导致各成员的承诺减让表大大超出其原先承诺的范围，事实上在未经重新谈判的情况下增加了成员对某些数字贸易部门的市场准入义务，对相关成员的市场规制权构成冲击。

为了妥当地解决在线交付的传统数字服务的归类问题，避免在将来因归类问题产生争端，各国在 WTO 和 FTA 中谈判数字服务的市场开放问题时应谨慎应对技术中立原则。《欧日 EPA》针对电子商务引入了技术中立原则，其第 8.70.3 条规定：“缔约方认识到技术中立原则在电子商务中的重要性。”但《欧日 EPA》并未定义技术中立原则的内涵，以及在电子商务中的具体适用。技术中立原则已经在 WTO 有关数字贸易的争端中形成了判例实践，从“中国音像制品案”专家组的裁判逻辑来看，一国如果想要保留对以在线方式

---

① China-Measures Affecting Trading Rights and Distribution Services for Certain Publications and Audiovisual Entertainment Products, WT/DS363/R, 12 August 2009, para. 4.477.

② 王海峰：《GATS 框架下的互联网服务管理权限问题研究——兼论我国的应对之策》，《法商研究》2013 年第 5 期，第 27 页。

③ 胡加祥：《技术中立原则与中国的服务贸易承诺——兼评美国诉中国出版物及视听制品案》，《河南省政法管理干部学院学报》2011 年第 2 期，第 54 页。

交付的某些服务的限制，则应在谈判的减让表中对该类服务作出明确的排除说明，新的减让表应该务求内容准确。各国在谈判 FTA 的电子商务/数字贸易规则时，如果对方提出纳入技术中立原则，则应充分考虑该原则的引入对数字贸易各部门市场开放的影响，以免在未经同意的情况下增加数字贸易的市场开放义务而在将来产生争端。

二 新型数字服务归类问题的解决

从“美国赌博案”专家组对技术中立原则的分析可以看出，技术中立原则的适用前提是通过不同方式交付同种服务。相较于 GATS 的现有服务种类，在新型数字服务中，不仅互联网这一提供方式是新兴产物，其服务属性和内容本身也非传统服务所能完全涵盖。云计算、社交媒体、搜索引擎、在线视频或在线游戏等新型数字服务的归类问题非常棘手。数字贸易实现了商业模式创新和产业融合发展，很多数字服务越来越多地将电信服务与其他服务捆绑在一起。这些数字服务的功能具有多样化，通过各种形式的服务来提供全面的数字平台。例如，微信和谷歌融合了通信、支付、社交网络和云计算等服务。但在成员的承诺减让表中，对服务部门的承诺具有排他性，一项特定的数字服务不可能同时归类到计算机和相关服务、电信服务和广告服务等服务部门中。①

在 GATS 项下，服务通常根据 W/120 进行归类，而 W/120 是根据 CPC prov 作出。CPC prov 发布于互联网处于起步阶段的 20 世纪 90 年代，很多新型数字服务并未在 W/120 和 CPC prov 中被提及。那么，新型数字服务或数字产品是否可以归入 W/120 的特定部门中？对此，发达成员和发展中成员持有不同立场。美国指出，CPC prov 涵盖了所有服务，无法归入 CPC prov 特定类别的服务，应被归

① Andrew D. Mitchell, Neha Mishra, “Data at the Docks: Modernizing International Trade Law for the Digital Economy”, *Vanderbilt Journal of Entertainment and Technology Law*, Vol. 20, No. 4, 2018, p. 1090.

入与其最相似的适当类别中。[①] 南非认为，由于 W/120 的大部分服务部门都包括了“其他服务”，因此，W/120 未明确规定的新服务可以归入到“其他服务”中。这些“其他服务”可以在不进行重大结构更改的情况下容纳现有归类系统未充分涵盖的“新服务”。[②] 但非洲集团却指出，成员在乌拉圭回合谈判中作出的承诺不能自动适用于 3D 打印、机器人技术、无人机交付或人工智能等新技术。成员在谈判承诺表时尚不存在的新服务不能事后适用，这些服务超出了 W/120 的涵盖范围。[③] 同样，巴西也指出，将成员在 20 世纪 90 年代初所作的承诺自动扩展到基于数字环境的全新商业模式是不合理的。为避免不确定的争论，宜将新的承诺和旧的承诺进行区分。[④] 按照正面清单的逻辑，GATS 不会自动涵盖新型数字服务，新义务的纳入需要成员进行积极协商并更新承诺。因此，新型数字服务和数字产品不能直接归入 W/120 或 CPC prov 中。

由于 CPC 已经进行了多次更新，[⑤] 其最新版本包含了很多新型数字服务，因此在对数字服务进行归类时，很容易将 W/120 中引用的 CPC prov 编码自动替换为新版本中的相应编码。但这种归类方法并不合理。首先，W/120 不是强制适用的，并非每个 WTO 成员都使用它或在其承诺表中明确引用 CPC 编码。例如，美国就没有在其分类系统中使用 CPC 编码。其次，即使对于那些确实使用 CPC prov 的

---

① Committee on Specific Commitments, Report of the Meeting Held on 18 September 2014, Note by the Secretariat, S/CSC/M/71, 15 October 2014, para. 1. 5.

② Committee on Specific Commitments, Report of the Meeting Held on 18 September 2014, Note by the Secretariat, S/CSC/M/71, 15 October 2014, para. 1. 11.

③ General Council, The Work Programme on Electronic Commerce, Statement by the African Group, JOB/GC/144, 20 October 2017, paras. 2. 3–2. 4.

④ Exploratory Work on Electronic Commerce, Non-Paper from Brazil, INF/ECOM/3, 25 March 2019, para. 4. 4.

⑤ CPC 目前的版本除了 CPC prov 以外，还有 CPC 1. 0、CPC 1. 1、CPC 2. 0 和 CPC 2. 1。

成员，也不能简单地使用新的 CPC 版本来更新其承诺表。[①] 因为 W/120 引用的仅仅是 CPC prov，并未在分类表中接受 CPC 版本的自动更新，成员也未同意更新各自的承诺表以反映新版 CPC。很多 FTA 中的服务贸易具体承诺减让表仍然坚持 CPC prov 的分类标准，如《中韩 FTA》。

信息技术的发展日新月异，WTO 现有的归类系统无法解决新型数字服务的归类问题。数字贸易的归类直接影响政府对数字贸易的规制空间，稳定的归类方案通常有助于确保承诺的可预期性以及合法权利和义务的可靠性。[②] 要求 WTO 成员针对新型数字服务或新服务谈判一个专门的归类体系可能不够现实，但如果成员能对 WTO 既有的归类系统（如 W/120）进行更新谈判，将在很大程度上降低数字贸易归类问题的不确定性，将为成员更好地确定要开放的部门和保持监管自主权的部门提供明确的依据。鉴于 CPC 的新版本不仅更详细地涵盖了现有服务，还包括了新型数字服务，考虑了数字贸易和信息技术不断发展的现实，有学者指出，CPC 2.1 将成为更新 W/120 的足够先进的版本。[③]

数字贸易的归类是为了确定相关国家对数字贸易的市场开放承诺。WTO 成员在 GATS 项下对服务贸易作出承诺时，如果确定无法通过特定的交付模式提供服务，便列出“由于技术上的不可行而不作承诺”（Unbound due to technical infeasibility）。根据 WTO 的承诺表，当这些服务的提供变得可行时，则这些承诺应恢复为

① Henry Gao, “Regulation of Digital Trade in US Free Trade Agreements: From Trade Regulation to Digital Regulation”, *Legal Issues of Economic Integration*, Vol. 45, No. 1, 2018, pp. 53-54.

② Rolf H. Weber, Mira Burri, *Classification of Services in the Digital Economy*, Springer, 2012, p. 49.

③ Nivedita Sen, “Understanding the Role of the WTO in International Data Flows: Taking the Liberalization or the Regulatory Autonomy Path?”, *Journal of International Economic Law*, Vol. 21, No. 2, 2018, pp. 341-342.

"不作承诺"。[①] 很多国家在 FTA 中对服务贸易作出承诺时，采取了负面清单的开放模式，将"新服务"明确排除在承诺范围之外。有些规定了"新服务"的定义，而有一些则没有。不同国家在 FTA 中对"新服务"的各种定义或对"新服务"的广泛保留，表明各国对与"新服务"相关的不确定性的关切。在一些 FTA 中，"新服务"是指在作出承诺时未得到认可或在技术上不可行的服务，在当前适用的分类系统（如 CPC prov）中明确列出的服务被认为是"被认可的"。例如，日本就在其 FTA（《日本智利 FTA》《日本墨西哥 FTA》《日本瑞士 FTA》）中对新服务作出了保留。很多国家对与电信服务、计算机有关的服务和视听服务有关的新型数字服务作出了保留。这些国家将"新服务"定义为市场上当前尚未交付的服务，包括与现有或新产品有关的服务，或与产品或服务的提供方式有关的服务。[②] 可见，很多国家对新型服务的市场开放采取了非常保守的态度。

基于部分 FTA 的实践，对新型数字服务的市场开放作出特殊承诺，或以附件的方式作出专门约定是回应新型数字服务归类难题的现实选择。例如，《欧加 CETA》的服务章附有一个附件，规定了缔约方对不能被归入 CPC prov 中的新服务的谅解。[③] 对于不能被归入 CPC prov 的新服务，CETA 承诺不适用于与该类服务有关的任何措施。缔约双方有义务应一方的要求，将这种新服务通知另一方，并进行谈判以将新服务纳入协定范围。《欧加 CETA》对新服务的市场开放作出了保留，阻止了涵盖范围的自动适用。

---

① Emad Tinawi, Judson O. Berkey, "E-Services and the WTO: The Adequacy of the GATS Classification Framework", 16 March 2000, p. 8, https://www.iatp.org/sites/default/files/E-Services_and_the_WTO_The_Adequacy_of_the_GAT.pdf, last visited 1 May 2024.

② Ruosi Zhang, *Covered or not Covered: That is the Question-Services Classification and Its Implications for Specific Commitments under the GATS*, WTO Staff Working Paper, No. ERSD-2015-11, 7 December 2015, pp. 16-17.

③ Annex 9-B of the Canada-EU CETA.

第三章

数字贸易中的跨境数据流动规制

数据和信息这两个概念的内涵存在交叉或重合。通常意义上，“数据”是仅能被机器识别的字符或数字，而“信息”则强调人类对于字符或数字所传达“事实”的认知。[①] CPTPP 和 USMCA 中的电子商务/数字贸易章都将“信息”作为规制对象，同时在对“个人信息”的概念进行界定时均规定“信息”包括“数据”。[②] 数据作为记录信息的载体，数据的流动也意味着信息的流动。为研究便利，本书不严格区分数据和信息，统一用数据来指代。

数据跨境中的“境”指的是司法管辖区域的界限。跨境数据流动通常意味着对跨越国界/司法管辖区域的数据进行读取、存储和处理，包括数据的出境和入境两个方面。对数据入境的规制主要涉及互联网审查，包括互联网屏蔽和互联网过滤审查。数据入境多对接收国有益，因为数据作为新的生产要素，能够像土地、资本、技术和人才等传统的生产要素一样促进本国经济发展。管制数据入境的目的主要是维护国家安全。数据出境不仅有国家安全方面的考量，还关涉国家经济发展和公民个人信息保护，其所涉及的利益面要远

---

① 李思羽：《数据跨境流动规制的演进与对策》，《信息安全与通信保密》2016 年第 1 期，第 100 页。

② Art. 14. 1 of CPTPP，Art. 19. 1 of USMCA.

宽于数据入境。因此，数据跨境虽然包含数据的双向流动，但它主要管制的还是数据出境。[①] 本书探讨的跨境数据流动，主要指数据出境。根据全国信息安全标准化技术委员会发布的《信息安全技术　数据出境安全评估指南（征求意见稿）》第 3.7 条，数据出境是指“网络运营者通过网络等方式，将其在中华人民共和国境内运营中收集和产生的个人信息和重要数据，通过直接提供或开展业务、提供服务、产品等方式提供给境外的机构、组织或个人的一次性活动或连续性活动”。该指南第 3.7 条还特别注明，

> 以下情形属于数据出境：(a) 向本国境内，但不属于本国司法管辖或未在境内注册的主体提供个人信息和重要数据；(b) 数据未转移存储至本国以外的地方，但被境外的机构、组织、个人访问查看的（公开信息、网页访问除外）；(c) 网络运营者集团内部数据由境内转移至境外，涉及其在境内运营中收集和产生的个人信息和重要数据的。

OECD 在 1980 年发布的《关于隐私保护与个人数据跨境流动的指南》中首次提出了跨境数据流动的概念，但其中的数据仅指个人数据。[②] 随着数字技术的发展，数据的种类越来越丰富。根据承载的内容，数据可大致分为商业数据、个人数据和政府数据。不同数据类型的范围可能存在重叠，如微信之类的社交媒体应用程序收集的个人数据也可能成为商业数据。跨境流动的数据类型不同，需要法律予以调整的问题也不同。[③] 商业数据的跨境流动通常涉及知识产权保护，个人数据涉及隐私保护，而政府数据涉及

---

① 李爱君、王艺：《数据出境法学原理与实务》，法律出版社 2023 年版，第 10—11 页。

② 《关于隐私保护与个人数据跨境流动的指南》在 2013 年进行了更新。

③ 李思羽：《数据跨境流动规制的演进与对策》，《信息安全与通信保密》2016 年第 1 期，第 97 页。

公共安全。跨境流动的数据正成为贯穿数字贸易新业态新模式的关键纽带和基础底座。[①]

跨境数据流动是进行数字贸易的前提，但各国对于跨境数据流动的规制持有不同立场。通信技术服务和信息技术产品的贸易自由化对于跨境数据流动具有基础性作用。在过去的数十年中，FTA 成为讨论数据治理问题的中心场所。FTA 帮助克服了 WTO 多边体制的一些问题和矛盾，为数字贸易新议题制定了新规则，塑造了跨境数据流动的监管环境。[②] CPTPP 和 USMCA 的电子商务/数字贸易章中的跨境数据流动规则代表了 FTA 数据治理规则的最新发展。

本章将从 WTO 规则出发，结合新近国际经贸协定中的数字贸易规则，探讨跨境数据流动与数字贸易的关联及规制分歧、国际经贸协定对数字贸易中跨境数据流动的规制模式，并在此基础上尝试探讨跨境数据流动规则的协调路径。

第一节　跨境数据流动与数字贸易的关联及规制分歧

本书的题目是“国际经贸规则对数字贸易的规制”，核心词是“国际经贸规则”和“数字贸易”。那么，本书为何需要探讨跨境数据流动问题？部分国家认为，跨境数据流动不属于贸易问题，不应通过国际经贸协定制定规则。之所以对跨境数据流动采取回

① 中国商务部：《中国数字贸易发展报告（2022）》，2023 年 12 月 5 日，第 5 页，http：//images. mofcom. gov. cn/fms/202312/20231205112658867. pdf，最后访问时间：2024 年 5 月 1 日。

② Mira Burri，“The Regulation of Data Flows through Trade Agreements”，*Georgetown Journal of International Law*，Vol. 48，No. 2，2017，p. 407.

避立场，是因为相关国家在国内基础设施和制度建设上还不完善。[①] 数字贸易的一大特点是依赖于数据传输，跨境数据流动是进行数字贸易的前提，国际经贸协定可以成为规制跨境数据流动的规则框架。不同国家基于一系列国内政策目标的考量，对跨境数据流动持有不同立场。对跨境数据流动的规制措施直接影响数字贸易的发展，不合理的限制措施（如数据本地化措施）将构成数字贸易壁垒。因此，跨境数据流动问题理应成为数字贸易规制中的重要议题。

一　跨境数据流动与数字贸易的关联

人们通过挖掘数据来获取信息、指导实践，数据成为了一种重要的生产要素。某些数据甚至成为一国出口管制的对象。[②] 跨境数据流动对于数字贸易至关重要，是进行数字贸易的前提。企业和客户依赖不间断的数据流动来交付数字产品和数字服务，甚至传统制造业和物流行业也都依靠数据自由流动来优化其运营并提高其生产力。跨境数据流动使企业能够实时沟通客户订单，作出有关生产计划的快速决策，并根据消费者需求的变化迅速调整设计。[③] 从石油和天然气公司到制造业和零售公司的众多传统产业，都依赖于其在全球各地的数据来进行日常决策。现代经济中几乎每个部门的公司都依靠数据驱动的创新来开展业务，各种规模的公司都在共享数据创新的好处。如今，对于在一个以上的国家中拥有业务、供应商或客户的公司而言，可能没有一家公司不依赖于跨境数据传输，无论是为了

---

① 徐程锦：《国际经贸协定中网络空间治理议题的新发展》，《区域与全球发展》2018 年第 3 期，第 93—94 页。

② 例如，中国《出口管制法》第 2 条把与管制物项相关的技术资料等数据纳入管制物项的范畴。该规定有利于加强中国对核心技术和产品的保护和控制。

③ Joshua Paul Meltzer, "The Internet, Cross - Border Data Flows and International Trade", *Asia and the Pacific Policy Studies*, Vol. 2, No. 1, 2015, p. 92.

获得竞争优势还是作为正常业务运营的一部分。[①]

既然跨境数据流动是进行数字贸易的前提，那么，跨境数据流动议题是否应被纳入国际经贸协定？在20世纪80年代，包括美国和日本在内的一些国家的官员希望在贸易协定中纳入规制数据自由流动的条款。但其他国家出于主权的考虑，希望保留对跨境数据流动进行限制的权利，以保护隐私或国家安全。[②] 当这些官员无法达成协议时，OECD起草了自愿性原则，以平衡隐私、安全和数据自由流动。[③] 随着数字贸易、移动电话和云技术的兴起，跨境数据流动问题再次引起广泛争议。

有学者认为，贸易决策过程与互联网治理过程完全不同，考虑到WTO和FTA等国际经贸规则谈判的保密性、缓慢、自上而下和封闭的特点，国际经贸协定并非规制跨境数据流动的主要场所。此外，国际经贸协定也不可能为隐私保护规定全面框架，因而也无权敦促缔约方为保护这些权利提供有利的监管环境。因此，贸易谈判的外交官不能轻易地在贸易协定中纳入诸如数据流动与隐私保护和监管之间关系的条款。[④]

国际经贸协定旨在为国际经贸治理提供一套规范体系，不可能为非贸易关切（如公共道德和公共秩序、隐私保护、国家安全）提供全面保护。很多国家基于国内政策目标而采取的贸易限制措施很可能构成贸易壁垒，因此，国际经贸协定需要对贸易价值和非贸易

---

① Daniel Castro, Alan Mcquinn, "Cross-Border Data Flows Enable Growth in All Industries", The Information Technology and Innovation Foundation, February 2015, pp. 1-2.

② Susan Ariel Aaronson, "Why Trade Agreements are not Setting Information Free: The Lost History and Reinvigorated Debate over Cross-Border Data Flows, Human Rights, and National Security", *World Trade Review*, Vol. 14, No. 4, 2015, p. 672.

③ OECD Council, Recommendation on Principles for Internet Policy Making, December 2011.

④ Susan Ariel Aaronson, "Why Trade Agreements are not Setting Information Free: The Lost History and Reinvigorated Debate over Cross-Border Data Flows, Human Rights, and National Security", *World Trade Review*, Vol. 14, No. 4, 2015, pp. 678-679.

价值的协调作出回应。国际经贸协定成为价值协调的工具，当贸易价值和非贸易价值产生冲突时，非贸易价值优先，但须满足一定条件。而对于如何保障非贸易价值，最终还是回到“上帝的归上帝，恺撒的归恺撒”。由于跨境数据流动对于数字贸易具有特殊重要性，而限制跨境数据流动的措施又很可能构成贸易壁垒，跨境数据流动议题应被纳入国际经贸协定中。

二 跨境数据流动的规制分歧

各国对于跨境数据流动的规制持有不同立场，各国的跨境数据流动政策在出台目的、适用范围和严格程度方面存在较大差异。美国未在法律层面对数据跨境传输作出限制性规定，对数据流动的规制长期依赖行业自律机制。美国在 2018 年 4 月向 WTO 提交的电子商务文件特别提到跨境数据自由流动的主张，指出：

> 贸易规则应当确保消费者和公司都能跨境移动数据而不受任意或歧视性限制；贸易规则应当确保公司无须在其服务的每个司法管辖区中建立或使用独特的、资本密集型的数字基础设施，从而可以更好地为客户提供服务；贸易规则，包括确保访问网络的规则，应当确保政府不会任意屏蔽或过滤在线内容，也不会要求互联网中间商这样做。①

美国之所以坚持跨境数据自由流动的主张，一方面是因为美国的互联网企业具有先发和主导优势，另一方面是因为美国能够对本国数据实现有效管控。② 美国云计算企业在全球的巨大市场份额，赋

---

① General Council, Joint Statement on Electronic Commerce, Communication from the United States, JOB/GC/178, 12 April 2018, para. 2. 1.

② 杨莜敏：《全球跨境数据流动国际规则及立法趋势观察和思考》，2019 年 9 月 17 日，CAICT 互联网法律研究中心网站：https://www.secrss.com/articles/13744，最后访问时间：2020 年 4 月 30 日。

予美国对全球数据的巨大控制权和管理权，而无须担心本国会有数据大规模转移到国外的情形。[①] 日本也对跨境数据流动持有相同立场，其在 2018 年 4 月向 WTO 提交的电子商务提案也主张跨境数据自由流动和禁止数据本地化。[②] 不过，美国在跨境数据流动议题上的立场发生了巨大转变。2023 年 10 月，美国贸易代表表示："包括美国在内的许多国家正在评估其获取数据和源代码的方法，以及贸易规则对这些领域的影响。为了给这些辩论的展开提供足够的政策空间，美国不再支持可能损害或阻碍这些国内政策考量的提案。"[③] 基于上述表态，美国宣布撤回对跨境数据流动、数据本地化和源代码提案的支持。2024 年 2 月 28 日，美国总统发布《关于防止受关注国家获取美国人大量敏感个人数据和美国政府相关数据的行政命令》。[④] 命令指出，某些受关注国家（countries of concern）继续努力获取美国人的敏感个人数据和美国政府相关数据，这对美国的国家安全和外交政策构成了不同寻常的威胁。为应对这一威胁，美国的政策是限制受关注国家访问美国人的大量敏感个人数据和美国政府相关数据，如果这种访问会对美国的国家安全构成不可接受的风险。

欧盟对完全的跨境数据自由流动持保留态度，认为数据应该在安全的前提下流动，强调数据的监管和保护。个人数据的流动关涉

---

① 何波：《中国参与数据跨境流动国际规则的挑战与因应》，《行政法学研究》2022 年第 4 期，第 96 页。

② General Council, Joint Statement on Electronic Commerce Initiative, Proposal for the Exploratory Work by Japan, JOB/GC/177, 12 April 2018, paras. 3. 6–3. 8.

③ USTR, "USTR Statement on WTO E-Commerce Negotiations", 24 October 2023, https://ustr.gov/about-us/policy-offices/press-office/press-releases/2023/october/ustr-statement-wto-e-commerce-negotiations, last visited 1 May 2024.

④ The White House, "Executive Order on Preventing Access to Americans' Bulk Sensitive Personal Data and United States Government-Related Data by Countries of Concern", 28 February 2024, https://www.whitehouse.gov/briefing-room/presidential-actions/2024/02/28/executive-order-on-preventing-access-to-americans-bulk-sensitive-personal-data-and-united-states-government-related-data-by-countries-of-concern/, last visited 1 May 2024.

个人隐私，个人隐私在欧洲被视为一项至关重要的人权。在跨境数据流动问题上，欧盟极力主张国际统一标准模式。[①] 2016 年 4 月，欧洲议会通过了 GDPR，该条例堪称是史上最严厉、最为翔实的一部保护用户个人数据安全的法律，把个人信息保护和监管提高到了一个前所未有的高度。2018 年 10 月，欧洲议会通过了《非个人数据自由流动条例》，旨在消除欧盟内的数据本地化措施，促进非个人数据的自由流动。[②] 欧盟在 2019 年 4 月向 WTO 提交的电子商务提案主张，在坚持保护个人数据和隐私的前提下，要求限制数据本地化措施，积极推动跨境数据流动。[③] 不过，欧盟主张的跨境数据流动规则还是要让位于个人数据保护措施。个人数据保护在位阶上优先于其他主体的经济权利。除欧盟外，还有很多国家都有因保护个人数据而限制跨境数据自由流动的国内立法，如澳大利亚、巴西、法国、印度、俄罗斯等。[④] 很多国家的数据保护体系都受到 GDPR 的影响，GDPR 事实上在数据保护模式方面发挥着规则引领作用。

对跨境数据流动的限制除了出于保护个人隐私的目的，还涉及金融、电信、国家安全等领域。对数据流动的限制措施可大致分为以下 4 类：(1) 禁止将数据传输到国外（数据永远不会离开所在国

---

① 彭岳：《贸易规制视域下数据隐私保护的冲突与解决》，《比较法研究》2018 年第 4 期，第 187 页。

② Regulation (EU) 2018/1807 of the European Parliament and of the Council of 14 November 2018 on a Framework for the Free Flow of Non-personal Data in the European Union.

③ 欧盟在提案中提出了 4 项要求：(a) 不得要求使用成员境内的计算设施或网络元素进行数据处理，包括强制使用在成员境内认证或批准的计算设施或网络元素；(b) 不得要求在成员境内对数据进行本地化存储或处理；(c) 不得禁止在其他成员境内存储或处理数据；(d) 不得要求数据的跨境传输取决于在成员境内使用计算设施或网络元素或在成员境内的本地化要求。See Joint Statement on Electronic Commerce, EU Proposal for WTO Disciplines and Commitments Relating to Electronic Commerce, Communication from the European Union, INF/ECOM/22, 26 April 2019, para. 2.7.1.

④ UNCTAD, *Data Protection Regulations and International Data Flows: Implications for Trade and Development*, April 2016, pp. 43-46.

家)；(2) 本地处理要求 (数据可以离开该国，但主要处理必须在本地进行)；(3) 本地存储要求 (数据副本必须存储在本地)；(4) 有条件的流动制度 (数据只能在某些条件下才能被传输到国外，如数据主体同意)。[①]

有条件的数据流动制度往往是根据保护数据隐私原则实施的，如要求数据出境前征得数据主体同意的隐私法规，或要求对数据进行评估，达到要求后才允许出境。本地存储要求通常旨在促进执法时访问某些数据 (如会计数据或元数据的情形)。在这种情况下，只要将数据副本保存在本地，数据就可以自由流出境外。要求在本地处理数据或完全禁止任何数据传输的更严格的措施，通常是基于国家安全的理由。还有其他一些影响跨境数据流动的措施，如对在线内容的屏蔽和过滤。这些互联网审查措施通常适用于特定网站、在线服务或政治内容，旨在审查某些信息和维护公共秩序，或者在其他情况下保护本地公司。[②] 对跨境数据流动的限制一方面有利于国家对数据进行监管，保障其国内政策目标，但另一方面也会限制企业在特定国家中可以进行交易或提供服务的类型，可能构成贸易壁垒。严格限制跨境数据流动也可能导致国内市场被孤立，相关的国内企业难以参与国际竞争。

第二节　跨境数据流动规制的多边法治环境

WTO 没有规制跨境数据流动的专门规则，而通过规范以数据为

---

① Martina Francesca Ferracane, "Data Flows and National Security: A Conceptual Framework to Assess Restrictions on Data Flows under GATS Security Exception", *Digital Policy, Regulation and Governance*, Vol. 21, No. 1, 2019, p. 47.

② Martina Francesca Ferracane, "Data Flows and National Security: A Conceptual Framework to Assess Restrictions on Data Flows under GATS Security Exception", *Digital Policy, Regulation and Governance*, Vol. 21, No. 1, 2019, p. 47.

基础的服务的提供来间接规范数据，如数据处理和其他计算机服务。[①] 但 WTO 通过推动通信技术服务和信息技术产品的贸易自由化促进了跨境数据流动。

一　通信技术服务的贸易自由化

通信技术服务的贸易自由化对跨境数据流动具有基础性作用。GATS 框架内有《基础电信协议》和《关于电信服务的附件》。《基础电信协议》也被称为《〈服务贸易总协定〉第四议定书》，只规定了生效时间等程序性事项，但其后所附的 WTO 成员关于基础电信的具体承诺减让表和 GATS 第 2 条豁免清单，则是该协议的主要内容。[②]《基础电信协议》要求 WTO 成员在客观公正的基础上非歧视地向其他成员开放国内的基础电信服务市场。《关于电信服务的附件》独立于各成员对电信服务市场作出的具体承诺，重点是要求所有 WTO 成员保证“以合理和非歧视的条款和条件”接入和使用其公共电信传输网络和服务。《关于电信服务的附件》规定了服务提供商访问和使用公共电信传输网络和服务的基本权利，但其仅适用于成员已经作出承诺的部门，在很多对数字贸易发展至关重要的部门中承诺有限或没有承诺。[③] 为确保《关于电信服务的附件》在各国国内法中得到遵守，以美国为主导的谈判专家提出了《电信服务参考文件》，为电信监管提出了基本的参考原则，其核心是竞争原则。但

---

① 虽然 WTO 没有专门的规则规制跨境数据流动，但如果某些成员对跨境数据流动的规制措施影响了相关数字服务的提供，违反了其在 WTO 框架下作出的承诺（如市场准入和国民待遇），则该类措施也要受到 WTO 服务贸易规则的约束。在此意义上，多边贸易规则对跨境数据流动的规制措施仍然具有硬约束。

② Trade in Service，Fourth Protocol to the General Agreement on Trade in Services，S/L/20，30 April 1996.

③ Farrokh Farrokhnia，Cameron Richards，“E – Commerce Products Under the World Trade Organization Agreements：Goods，Services，Both or Neither?”，*Journal of World Trade*，Vol. 50，No. 5，2016，p. 806.

WTO 成员对于《电信服务参考文件》并未达成共识，它没有成为 WTO 的正式法律文件。

受到《关于电信服务的附件》和《电信服务参考文件》的纪律的影响，特别是有关访问和使用公共电信传输网络和服务以及竞争性保障的规定的影响，很多 FTA 的电子商务/数字贸易章纳入“为电子商务而接入和使用互联网的原则”，如《美韩 FTA》第 15.7 条。[①]《美韩 FTA》第 15.7 条继承了前述协定中的原则，并将其修改以考虑到数字贸易的特性，其适用范围不仅包括互联网的硬件基础设施，还包括软件环境。该规定所带来的利益不仅扩展到网络提供商，还扩展到应用程序提供商、服务提供商和内容提供商。CPTPP 和 USMCA 也有类似规定。[②]

美国向 WTO 提交的电子商务文件指出，实现竞争性的电信市场是任何国家克服数字鸿沟必不可少的第一步，《电信服务参考文件》仍准确地描述了进入市场的垫脚石，即多个公司在该市场进行投资并竞争以向消费者提供最佳服务。[③] 欧盟特别强调了关于进一步开放电信服务市场的规则和承诺，并主张修改《电信服务参考文件》。[④] 如

---

① 《美韩 FTA》第 15.7 条规定：“为支持电子商务的发展和增长，缔约各方认识到其领土内的消费者应能够：(a) 访问和使用他们选择的服务和数字产品，除非该缔约方的法律禁止；(b) 在符合执法机关要求的情况下运行他们所选择的应用程序和服务；(c) 将他们选择的设备连接到互联网，前提是此类设备不会危害互联网且未被该缔约方的法律所禁止；以及 (d) 从网络提供商、应用程序和服务提供商以及内容提供商之间的竞争中受益。”

② Art. 14.10 of CPTPP, Art. 19.10 of USMCA.

③ General Council, Joint Statement on Electronic Commerce, Communication from the United States, JOB/GC/178, 12 April 2018, para. 7.1.

④ Joint Statement on Electronic Commerce, EU Proposal for WTO Disciplines and Commitments Relating to Electronic Commerce, Communication from the European Union, INF/ECOM/22, 26 April 2019, paras. 3.1–3.11; Joint Statement on Electronic Commerce, Communication from the European Union, EU Proposal for WTO Disciplines and Commitments Relating to Electronic Commerce: Revision of Disciplines Relating to Telecommunications Services, INF/ECOM/43, 15 October 2019.

果外国的互联网服务提供商无法访问国内的互联网基础设施，则很难实现自由的跨境数据流动。CPTPP 建议其缔约方，允许寻求国际互联网连接的服务提供商在商业基础上与其他缔约方的服务提供商协商费用分摊。[①]

二　信息技术产品的贸易自由化

跨境数据流动要大规模发展的另一个重要基本条件是信息传输所必需的硬件设施，因而信息技术产品的贸易自由化对跨境数据流动的发展也有关键作用。ITA 旨在分阶段将信息技术产品的关税削减至零。ITA 的最初版本是 1996 年新加坡部长级会议通过的《关于信息技术产品贸易的部长宣言》，该宣言的产品范围涵盖了大量高技术产品，如自动数据处理设备、半导体制造与测试设备及其部件、计算机、网络设备等。[②] ITA 的最终达成在很大程度上与美国信息技术行业施加的压力有关。作为 WTO 框架下诸边协定的新类型，ITA 的成果在最惠国待遇原则的基础上适用于所有成员，每个成员都可以从 ITA 缔约方的市场准入承诺中受益。

ITA 在 2015 年完成了扩围谈判，达成了《关于扩大信息技术产品贸易的部长宣言》，新增了 201 项产品。[③] 扩围谈判的成功使 ITA 适应了技术发展的现实，扩围后的 ITA 涵盖了尖端技术产品，如医疗磁共振成像机、高端半导体、激光技术等。信息技术产品贸易的主要成员几乎都加入了该协定。ITA 扩大了作为数字贸易基础的技术产品贸易，但 ITA 的规制局限于信息技术产品的关税削减机制，

---

① Art. 14. 12 of CPTPP.

② Ministerial Conference, Ministerial Declaration on Trade in Information Technology Products, WT/MIN (96) /16, 13 December 1996.

③ Ministerial Conference, Ministerial Declaration on the Expansion of Trade in Information Technology Products, WT/MIN (15) /25, 16 December 2015.

不包含任何形式的非关税壁垒的有约束力的承诺。[①] 数字贸易壁垒更多涉及边境后的非关税措施，但ITA委员会在2003年通过的《非关税措施工作计划》[②] 至今仍未取得成果。尽管如此，ITA为与信息技术相关的硬件贸易提供了非常自由的体制，极大地推动了信息技术在全球的普及和运用，促进了跨境数据流动。

第三节　新近自由贸易协定中跨境数据流动的规制模式

由于USMCA的数字贸易规则大部分移植了CPTPP的规则，而DEPA的跨境数据流动规则也和CPTPP基本相同，因此，本章主要以CPTPP为分析对象。

一　跨境数据流动“原则+例外”的立法模式

CPTPP和USMCA的电子商务/数字贸易章为跨境数据流动规定了“原则+例外”的立法模式。跨境数据流动是一项原则性要求，这项义务的适用范围本身也有一定的限定条件。早期的美国FTA也有要求跨境数据流动的条款，但直到CPTPP时期才上升为一项有约束力的法律义务。跨境数据流动的例外包括“监管要求”例外和“合法公共政策目标”例外，后者部分借鉴了WTO一般例外条款的文本。

（一）原则上要求跨境数据自由流动

美国是世界上最早考虑在国际经贸协定中纳入跨境数据流动规

① Congressional Research Service, *Digital Trade and U. S. Trade Policy*, 11 May 2018, p. 31.

② Committee of Participants on the Expansion of Trade in Information Technology Products, The Non-Tariff Measures Work Programme, Compilation of the Submissions by the Secretariat, G/IT/SPEC/Q2/11/Rev. 1, 14 April 2003.

则的国家。[①]《美韩 FTA》是世界上首个在电子商务章中纳入数据自由流动规则的 FTA。[②] 该协定第 15.8 条规定："各方应努力避免对跨境电子信息流动施加或维持不必要的障碍。"但该条款并未定义什么是必要的障碍或不必要的障碍，也未禁止使用此类障碍，并且未澄清信息自由流动的合法例外是否必要。一缔约方是否可以依据该款规定来质疑另一缔约方对此类壁垒的使用是不明确的，该条款不具有可诉性。

CPTPP 跨境数据流动规则的措辞从《美韩 FTA》中使用的"努力"改成了具有法律约束力的"应当"，从而加强了义务。CPTPP 第 14.11.2 条规定："当以电子方式进行跨境信息传输的活动是为了涵盖人的商业行为时，每一缔约方应当允许以电子方式进行跨境信息传输，包括个人信息。"这一条款的主要目的是削弱很多国家有关诸如数据本地化、保护本地技术以及阻止外国数字服务的政策。USMCA 第 19.11.1 条的跨境数据流动规则使用了更强硬的否定陈述句，即"任何缔约方不得禁止或限制跨境信息传输"。

CPTPP 第 14.11.2 条确定了跨境数据自由流动的原则性要求，但也要注意这一条款的适用范围。《美韩 FTA》电子商务章中规定的信息并未作任何限定，可以理解为涵盖了所有信息，而 CPTPP 中的信息传输仅指"为了涵盖人的商业行为时"进行的跨境信息传输。根据 CPTPP 第 14.1 条，"涵盖人"是指：(a) 第 9.1 条定义的涵盖投资；(b) 第 9.1 条定义的缔约方的投资者，但不包括投资于金融机构的投资者；或 (c) 第 10.1 条定义的缔约方的服务提供者，但不包括第 11.1 条定义的"金融机构"或"缔约方的跨境金融服务提供者"。由于"涵盖人"的定义仅包括涵盖投资、投资者或服务提

① 张生：《美国跨境数据流动的国际法规制路径与中国的因应》，《经贸法律评论》2019 年第 4 期，第 80 页。

② Susan Ariel Aaronson, *The Digital Trade Imbalance and Its Implications for Internet Governance*, CIGI Working Paper, February 2016, p. 8.

供者，其他当事方不能从该条款中受益。换言之，如果一缔约方选择不向其他缔约方开放某些服务贸易或投资部门，则可以限制该部门中的数据流动。涵盖人的定义排除了金融机构和跨境金融服务提供者，CPTPP 第 11 章（金融服务）附件 11-B 的 B 节规定了单独的数据传输要求。[①] 根据 CPTPP 第 14. 2. 3 条，CPTPP 第 14. 11. 2 条的跨境数据流动要求也不适用于政府采购和政府持有或处理的信息。

根据 CPTPP 第 14. 11. 2 条，涵盖人只能在为了其商业行为的活动中获益。何谓“为了涵盖人的商业行为”？如果广义地理解，大多数通过互联网传输的数据，包括通过社交网站进行的个人通信、电子邮件服务等，都有可能被认为是为了涵盖人的商业行为。“为了”（for）一词至少表明，数据流动（即活动）和涵盖人（即任何数字服务的提供者）的商业行为之间必须存在一定程度的因果关系。在实践中，要在数据传输和所涵盖的商业行为之间确立因果关系，从而将本条款所涵盖的“信息”与互联网流动的“一般数据”区分开来，不仅花费巨大，而且不可行。[②] 如果狭义地解释“为了涵盖人的商业行为”，预售促销活动可能不被涵盖在内。[③]

为限制跨境数据流动而普遍采取的措施是执行数据本地化法规。数据本地化法规通常要求外国或国内服务提供商将一国居民的所有

---

① 即“每一缔约方应允许另一缔约方的金融机构在其日常业务过程中以电子形式或其他形式将信息传输入境或出境，以进行数据处理。本节的任何内容均不限制一缔约方采取或维持以下措施的权利：（a）保护个人数据、个人隐私以及个人记录和账户的机密性；（b）出于审慎考虑，要求金融机构事先获得有关监管机构的授权，以指定特定企业为此类信息的接收者，但前提是该权利不得用作规避该缔约方在本节项下的承诺或义务的手段”。

② Neha Mishra，“The Role of the Trans-Pacific Partnership Agreement In the Internet E-cosystem：Uneasy Liaison or Synergistic Alliance?”，*Journal of International Economic Law*，Vol. 20，No. 1，2017，p. 38.

③ Henry Gao，“Regulation of Digital Trade in US Free Trade Agreements：From Trade Regulation to Digital Regulation”，*Legal Issues of Economic Integration*，Vol. 45，No. 1，2018，p. 68.

信息或某些类别的信息存储在该国境内的服务器中。数据本地化特别不利于云计算的高效增长，云计算的有效增长是以规模经济和全球信息的无缝传输为前提。数据本地化措施严重阻碍信息技术的重大创新，不仅影响云计算，还威胁大数据和物联网的发展前景。

那么，数据本地化措施是否需要专门的规则来规制？有学者指出，通过特定规则来禁止数据本地化要求并非绝对必要，禁止缔约方强加或维持对数据流动的不必要障碍的通用规则可以用作对抗非法数据本地化要求的一种手段。[①] 通过更有针对性的规则规制数据本地化问题并无不妥，关键在于规则的设置能否在数据自由流动与国家规制权之间实现合理平衡。为确保跨境数据自由流动，CPTPP 和 USMCA 都规定了禁止计算设施本地化的规则。CPTPP 第 14.13.2 条规定："任何缔约方不得要求涵盖人使用位于其境内的计算设施，或将计算设施置于其境内，作为在其境内从事商业行为的前提条件。"除非符合协定列明的例外，CPTPP 明确禁止缔约方采取计算设施本地化措施。国际经贸协定中的禁止计算设施本地化条款一方面是为了实现跨境数据自由流动，另一方面也是为了扫除其他国家基于数据管辖权的考虑而实施的其他限制措施。[②]

（二）规定了跨境数据流动的例外情形

推动"跨境数据自由流动"是美式数字贸易规则最关键的诉求，因而美国在 TPP 谈判过程中坚定支持跨境数据自由流动。但其他谈判方则基于各种国内政策目标要求对数据流动实施限制。例如，澳大利亚、新西兰和加拿大希望限制跨境数据传输以解决有关其公民数据的隐私关切；越南主张以国家安全为由限制互联网的使用和数

---

① Mark Wu, *Digital Trade-Related Provisions in Regional Trade Agreements: Existing Models and Lessons for the Multilateral Trade System*, RTA Exchange, International Centre for Trade and Sustainable Development and the Inter-American Development Bank, 2017, p. 24.

② 徐程锦：《WTO 电子商务规则谈判与中国的应对方案》，《国际经济评论》2020 年第 3 期，第 43—44 页。

据传输；新加坡提出以公共道德为由限制数据流动。①

CPTPP 中的跨境数据流动条款本身限定了义务的适用范围，跨境数据流动的例外包括“监管要求”例外和“合法公共政策目标”例外。CPTPP 第 14. 11. 1 条规定：“缔约方承认，每一缔约方可就以电子方式进行的信息传输规定自己的监管要求。”CPTPP 第 14. 13. 1 条也规定：“缔约方承认，每一缔约方可就计算设施的使用制定自己的监管要求，包括为寻求确保通信安全和保密的要求。”这两项规定是对缔约方国家规制权的尊重，允许缔约方独立自主地对跨境数据流动和计算设施进行规制，其基础在于国家主权原则，而合法公共政策目标例外是这种“监管要求”的具体体现。因此，“监管要求”例外和“合法公共政策目标”例外是一个问题的两个方面，二者统一于国家主权的行使。不过，USMCA 第 19. 11 条直接删除了 CPTPP 第 14. 11. 1 条有关监管要求的规定，USMCA 第 19. 12 条有关禁止计算设施本地化的条款也剔除了监管要求的规定。

在合法政策目标例外方面，CPTPP 第 14. 11. 3 条规定：

> 本条规定不得阻止缔约方为实现合法公共政策目标而采取或维持与第 2 款不符的措施，若该措施：（a）之实施并未构成任意或不合理的歧视或构成对贸易的变相限制；及（b）对信息传输所施加的限制并未超过为实现合法目标所必需的限度。

CPTPP 第 14. 13. 3 条也对计算设施的使用和位置设定规定了极为类似的例外。“采用”或“维持”的措辞包括了现有措施和未来措施。CPTPP 电子商务章中的这一例外规定与 GATT 1994 第 20 条和 GATS 第 14 条的一般例外条款在措辞上非常相似，但在编排结构上

---

① Neha Mishra, “The Role of the Trans-Pacific Partnership Agreement In the Internet Ecosystem: Uneasy Liaison or Synergistic Alliance?”, *Journal of International Economic Law*, Vol. 20, No. 1, 2017, p. 37.

互为颠倒。[①] WTO 一般例外条款的序言规定措施的实施方式，子项规定公共政策目标；而 CPTPP 第 14. 11. 3 条和第 14. 13. 3 条的序言规定公共政策目标，子项规定措施的实施方式。一般例外条款序言和子项编排结构的变化将对条款的适用步骤产生一定影响。在 WTO 实践中，争端解决机构在适用一般例外条款时，首先结合具体的公共政策目标对争议措施进行“必需性”（necessity）测试，然后再考察措施的实施方式。而 CPTPP 的上述条款很可能使得争端解决机构在适用该条款时，采取完全颠倒过来的步骤，即先考察措施的实施方式，再进行“必需性”测试。

WTO 一般例外条款列出了一系列公共政策目标，如保护公共道德、公共秩序、人类、动物或植物的生命或健康，但 CPTPP 第 14. 11. 3 条和第 14. 13. 3 条却没有这样的列举，只是提到了“合法公共政策目标”。其缘由在于，CPTPP 缔约方对何为合法公共政策目标未能达成一致。这一规定允许 CPTPP 缔约方对跨境数据流动和计算设施的规制享有更多的监管自主权，但也可能导致缔约方对该例外的滥用以及总体上的法律不确定性。例如，某些政策目标（如互联网审查或言论自由限制）在某些缔约方国内是合法的，而在另一些国家中可能被认为是非法的。

为探究公共政策目标的范围，从法律解释的角度可以结合条约的目的和宗旨来理解。CPTPP 序言规定：

> 承认缔约方固有的规制权，并决心保留缔约方在设定立法和监管优先事项、保障公共福利和保护合法公共福利目标方面的灵活性，如公共健康、安全、可用尽生物或非生物自然资源的保护、金融系统的完整性和稳定性以及公共道德。

---

① 彭岳：《数据本地化措施的贸易规制问题研究》，《环球法律评论》2018 年第 2 期，第 188 页。

可见，序言列举的公共福利目标与 WTO 一般例外条款涵盖的政策目标大体相同，并且 CPTPP 序言的列举并没有穷尽，仅仅是示例性的说明。在对跨境数据流动的规制中，隐私保护、在线消费者保护、公共道德、公共秩序等都有可能构成“合法公共政策目标”。如果发生相关的贸易争端，援引公共政策例外的缔约方负有责任证明其主张的国内政策目标符合上述例外条款的规定。

事实上，GATT 1994 和 GATS 中的一般例外条款在作了必要修改之后已经被纳入 CPTPP 中。① 那么，CPTPP 第 14.11.3 条和第 14.13.3 条中的例外与 CPTPP 一般例外条款是何关系？CPTPP 第 14 章内置的例外条款和一般例外条款为合法公共政策目标的实现提供了双重保障。根据 CPTPP 第 29.1 条（一般例外），第 14 章（电子商务）适用于 GATS 第 14 条的（a）（b）和（c）款，即电子商务章的规则要受到整个协定的一般例外条款的约束。如果一项限制跨境数据流动的措施无法依据 CPTPP 第 14.11.3 条或第 14.13.3 条正当化，还可以依据协定中的一般例外条款进行抗辩。

CPTPP 电子商务章中例外条款非歧视性的条件类似于 GATT 1994 第 20 条和 GATS 第 14 条确定的严格测试，以平衡贸易和非贸易利益。对于何谓“任意或不合理的歧视”或“对国际贸易的变相限制”，WTO 丰富的案例实践可以提供非常有益的参考。在评估限制措施是否“未超过为实现合法目标所必需的限度”时，CPTPP 仲裁庭可以采用类似于 GATT 1994 第 20 条中的“必需性”测试。跨境数据流动的例外条款体现了最小限制原则和比例原则，基于合法政策目标对跨境数据流动的限制应考虑对数据流动影响更小的措施。②

USMCA 第 19.11 条关于合法政策目标例外的规定增加了一个脚注，即“如果一项措施仅仅因为数据传输是跨境的就被授予不同待

① Art. 29.1 of CPTPP.

② 孙益武：《数字贸易与壁垒：文本解读与规则评析——以 USMCA 为对象》，《上海对外经贸大学学报》2019 年第 6 期，第 92 页。

遇，从而改变竞争条件，损害另一缔约方的服务提供者，则不符合本款的条件”。该脚注的规定借鉴了国民待遇原则中“不低于”概念的法律解释，强化了非歧视的概念，特别强调不得因为改变竞争条件而对境外服务提供者造成损害。USMCA 第 19. 12 条有关禁止计算设施本地化的条款把 CPTPP 第 14. 13 条内置的例外条款删除了。但这并不意味着，禁止计算设施本地化是一项绝对的义务而没有例外，它仍然可以适用 USMCA 第 32 章中的一般例外和安全例外条款。

总体而言，CPTPP 第 14. 11 条和第 14. 13 条以及 USMCA 第 19. 11 条和第 19. 12 条通过确立“原则+例外”的立法模式为跨境数据流动构建了一个相对自由的法律框架。CPTPP 和 USMCA 的上述规则可能是跨境数据流动规制合作形式的典范，它将在服务贸易中引发更广泛、更深入的承诺。[①]《区域全面经济伙伴关系协定》（下文简称 RCEP）第 12 章（电子商务）中的数据流动规则也借鉴了上述模式，其中的例外条款还涵盖了国家安全例外的情形。[②] 国家安全可以成为限制跨境数据流动的理由，《关于防止受关注国家获取美国人大量敏感个人数据和美国政府相关数据的行政命令》所宣称的宗旨就是遏制潜在的国家安全风险。

不过，RCEP 对于跨境数据流动自由化的要求明显低于 CPTPP 的要求。RCEP 第 12. 15 条规定的跨境数据流动仅涵盖基于商业行为而开展的数据跨境，未像 CPTPP 第 14. 11. 2 条和 USMCA 第 19. 11. 1 条那样明确规定跨境传输的信息“包括个人信息”。这似乎意味着，RCEP 缔约方可以基于个人信息保护的理由对跨境数据流动采取限制措施。[③] RCEP 第 12. 15. 3 条和第 12. 14. 3 条中的合法公共政策目

---

① Aaditya Mattoo, Joshua P. Meltzer, “International Data Flows and Privacy: The Conflict and Its Resolution”, *Journal of International Economic Law*, Vol. 21, No. 4, 2018, p. 784.

② Art. 12. 14 and Art. 12. 15 of RCEP.

③ 参见何波《中国参与数据跨境流动国际规则的挑战与因应》，《行政法学研究》2022 年第 4 期，第 93 页。

标例外条款剔除了 CPTPP 第 14. 11. 3 条和第 14. 13. 3 条中不对信息传输/计算设施的使用或位置“施加超出实现目标所需限度的限制”的要求，降低了援引该例外条款的门槛。此外，RCEP 对于缔约方援引第 12. 15. 3 条和第 12. 14. 3 条中的合法公共政策目标例外和安全例外条款的条件未施加实质性约束。“缔约方确认实施此类合法公共政策的必要性应当由实施政策的缔约方决定”；当一缔约方就其采取的限制措施援引安全例外[①]时，“其他缔约方不得对此类措施提出异议”。这些规定凸显了对缔约方规制权的强调和尊重，体现了 RCEP 的包容性。[②] 这给缔约方限制跨境数据流动的措施提供了更大的灵活性，但也对跨境数据流动的稳定性和持续性增加了不确定性。[③]

“原则+例外”的立法模式依然存在局限性，其例外条款无法为限制数据流动的合法性提供足够的法律确定性。大量数据在全球范围内的不断流动，越来越多地涉及范围广泛的国内法规。由于缺乏统一的数字贸易治理框架，各国政府只能依赖宽泛的例外条款来限制数据流动。为了满足限制数据流动措施的“必需性测试”要求，通常需要各国在数据治理的国际标准和规制合作方面的共识作为支撑，而这恰恰是各国在数字贸易规制中所缺乏的。[④]

二　特殊数据的专门规则

不同类型数据的跨境流动可能影响的政策目标不同，为了对不

① RCEP 第 12. 15. 3 条和第 12. 14. 3 条中的安全例外条款删除了 GATT 1994 第 21 条（b）款所列举的 3 种国家安全事项。

② 参见费秀艳、韩立余《〈区域全面经济伙伴关系协定〉的包容性分析》，《国际商务研究》2021 年第 5 期。

③ 黄洁：《中国应对〈全面与进步跨太平洋伙伴关系协定〉电子商务和数字贸易运行规则的研究》，对外经济贸易大学出版社 2022 年版，第 66 页。

④ Joshua P. Meltzer，“Governing Digital Trade”，*World Trade Review*，Vol. 18，No. S1，2019，pp. s46-s47.

同国家特定政策目标的维护提供法律确定性，也为了更好地利用数据，促进数字贸易发展，FTA 数字贸易章节除了对跨境数据流动规定了“原则+例外”的总体要求以外，还对特殊数据规定了专门规则。CPTPP、USMCA 和 DEPA 对跨境数据自由流动的要求包括个人数据，① 因为个人数据也可能与涵盖人的商业行为有关，也可以被商业化。但个人数据的跨境流动直接关涉个人隐私保护，因此，CPTPP、USMCA 和 DEPA 还专门规定了个人数据保护条款。那么，个人数据保护和跨境数据流动之间是何关系？一方面，个人数据允许跨境流动，但在流动过程中需要保护个人数据的安全；另一方面，个人数据保护在一定条件下可以构成限制跨境数据流动的正当性理由。在线隐私已在国际社会中日益被视为一项基本人权，因此基于保护隐私而限制数据流动的措施有可能构成 CPTPP 第 14. 11. 3 条和第 14. 13. 3 条中的合法公共政策目标之一。

CPTPP、USMCA 和 DEPA 的跨境数据自由流动要求均不适用于政府持有、处理或收集的数据。② 政府数据通常关涉一国的公共安全或国家安全，因而对政府数据采取本地化措施不受自由流动的义务约束。但政府数据的开放和利用可以促进数字贸易的发展，因此 USMCA 和 DEPA 规定了政府数据开放条款。③ 政府数据开放的范围由缔约方自行决定。前文述及的 CPTPP 的金融数据的单独传输规则亦属于此处的特殊数据的专门规则。④ 美国和英国在 WTO 电子商务提案中针对金融行业跨境数据流动的监管也提出了特殊的规则。⑤

在国际经贸协定中，个人数据保护条款和政府数据开放条款与

① Art. 14. 11. 2 of CPTPP, Art. 19. 11. 1 of USMCA.

② Art. 14. 2. 3 of CPTPP, Art. 19. 2. 3 of USMCA, Art. 1. 1. 2 of DEPA.

③ Art. 19. 18 of USMCA, Art. 9. 5 of DEPA.

④ 相关分析可参见马兰《金融数据跨境流动规制的核心问题和中国因应》，《国际法研究》2020 年第 3 期。

⑤ See WTO Electronic Commerce Negotiations Consolidated Negotiating Text - December 2020, INF/ ECOM/ 62/ Rev. 1, 14 December 2020, pp. 32-34.

跨境数据流动条款在编排结构上是平行关系，因此个人数据保护和政府数据开放不属于跨境数据流动议题本身的内容。但在规制跨境数据流动过程中需要协调贸易价值和非贸易关切，典型的非贸易关切是个人隐私和国家安全，因此探讨跨境数据流动规制必然绕不开个人数据和政府数据的规制。

（一）个人数据保护

有效的数据隐私保护是数字贸易中各国所致力于达成的核心目标之一，各国既致力于探索行之有效的数据隐私保护措施，也应避免由于不必要的数据隐私保护措施而阻碍数字贸易的自由化发展。[①] 数据隐私保护是全球数字贸易规则谈判中的核心议题之一，也是分歧的焦点。

个人数据的流动关涉个人隐私保护。谷歌、脸书等大型互联网公司在提供数字服务的过程中侵犯用户个人隐私的事件时有发生。[②] 由于不同国家在特定文化、宗教和政治背景方面的差异，人们对隐私和数据保护问题的看法往往截然不同，结果导致隐私保护要求在不同法域之间的差异，对于保护在线隐私的最佳方法尚无国际共识。欧盟强烈主张将隐私作为一项基本人权，中国的数据保护法将隐私视为信息安全而非人权问题，美国将隐私视为一项消费者权利，但一些发展中国家尚未制定隐私或数据保护法。[③] 不同国家对个人数据的监管差异通常会增加跨境服务提供商的合规成本，因为他们需要为客户量身定制其网站和数据收集方法等，此类要求还可能影响新技术的采用和使用。复杂的隐私保护要求也将阻止中小微企

---

① 张明：《软法视域下中国推进数字贸易全球治理的国际标准路径》，《上海对外经贸大学学报》2024 年第 1 期，第 101 页。

② 戴龙：《论数字贸易背景下的个人隐私权保护》，《当代法学》2020 年第 1 期，第 154 页。

③ Andrew D. Mitchell, Neha Mishra, "Regulating Cross-Border Data Flows in a Data-Driven World: How WTO Law Can Contribute", *Journal of International Economic Law*, Vol. 22, No. 3, 2019, pp. 392-393.

业从事数字贸易，因为合规要求对他们来说是一种沉重的负担。隐私法规可能成为歧视性贸易壁垒，但在另一方面，完善的隐私法规提高了互联网用户的信心，因为他们的数据被服务提供商安全地收集、使用和存储。① 保护在线隐私日益成为数字贸易的基本要求之一。② 加拿大在 2019 年向 WTO 提交的首轮电子商务提案特别强调隐私保护，以增进人们对数字贸易的信心和信任。③

欧盟将个人数据保护置于优先位置，并坚持其高标准的要求，不容挑战。长期以来，欧盟坚持向国际社会推广 GDPR 设定的个人数据保护标准，美国则认为应以《亚太经济合作组织隐私框架》（下文简称《APEC 隐私框架》）作为个人数据保护的国际指南。欧盟标准远高于《APEC 隐私框架》。④ 为保障欧盟个人数据安全，欧盟和美国于 2000 年签署了《安全港协议》（Safe Harbor），但 2013 年的“棱镜门”事件暴露了《安全港协议》执行中存在的问题。欧盟公民在政府访问其数据时缺乏救济权，因而《安全港协议》无法确保充分的隐私保护。欧洲法院于 2015 年裁定《安全港协议》无效。2016 年 2 月，欧盟和美国就数据传输达成了《隐私盾协议》（Privacy Shield）。根据《隐私盾协议》，美国公司通过行业机构或单独向美国商务部自我证明，他们将保护欧盟公民的个人数据。《隐私盾协议》承诺提供比《安全港协议》更严格的隐私标准，将权利扩

---

① Neha Mishra, "The Role of the Trans-Pacific Partnership Agreement In the Internet Ecosystem: Uneasy Liaison or Synergistic Alliance?", *Journal of International Economic Law*, Vol. 20, No. 1, 2017, p. 41.

② Neha Mishra, "Building Bridges: International Trade Law, Internet Governance, and the Regulation of Data Flows", *Vanderbilt Journal of Transnational Law*, Vol. 52, No. 2, 2019, p. 503.

③ Joint Statement on Electronic Commerce, Communication from Canada, Concept Paper-Building Confidence and Trust in Digital Trade, INF/ECOM/29, 9 May 2019.

④ 孙南翔：《CPTPP 数字贸易规则：制度博弈、规范差异与中国因应》，《学术论坛》2022 年第 5 期，第 47 页。

展到欧盟数据主体，并强化了监督和执法要求。[①] 不过，由于美国的数据保护水平仍然未能达到“与欧盟基本等同”的标准，欧洲法院于2020年7月裁定《隐私盾协议》无效。2023年7月，欧盟委员会通过了欧盟—美国数据隐私框架的充分性决定，个人数据可以安全地从欧盟流向参与该框架的美国公司，而无须采取额外的数据保护措施。美欧重新弥合分歧达成新的数据隐私框架。[②]

GATS 第14（c）（ii）条仅将保护隐私作为一项例外，不能确保所有成员在个人数据保护方面采用统一框架，也没有解决因各国隐私框架的差异而导致的贸易壁垒。自TPP谈判的早期阶段以来，美国就一直希望通过一种灵活的机制来保护个人信息，允许建立用于数据传输的自我认证机制并采用自我监管框架。亚太经济合作组织（下文简称APEC）在2004年通过了类似的隐私框架，但澳大利亚和加拿大等国反对宽松的隐私框架，因为它可能会限制其基于隐私理由限制跨境数据传输的能力。澳大利亚则特别关注如何维护其居民的电子健康记录的隐私。[③]

CPTPP 第14.8.2条要求每一缔约方“采取或维持保护电子商务使用者个人信息的法律框架”。在数字贸易时代，如果一个国家没有个人信息保护方面的国内规则，可能构成贸易壁垒。但该条款并未为法律框架规定任何标准或基准，而是提出了一个更广泛和更普遍的要求，即缔约方应“考虑相关国际机构的原则或指南”。它承认隐私原则或指南正在发展，其他相关的国际机构也在处理这些问题。

---

① Aaditya Mattoo, Joshua P. Meltzer, “International Data Flows and Privacy: The Conflict and Its Resolution”, *Journal of International Economic Law*, Vol. 21, No. 4, 2018, p. 783.

② 中国信息通信研究院：《全球数字经贸规则年度观察报告（2023年）》，第21页，http://www.caict.ac.cn/kxyj/qwfb/bps/202311/P020231212300152281587.pdf，最后访问时间：2024年5月1日。

③ Neha Mishra, “The Role of the Trans-Pacific Partnership Agreement In the Internet Ecosystem: Uneasy Liaison or Synergistic Alliance?”, *Journal of International Economic Law*, Vol. 20, No. 1, 2017, pp. 41-42.

同时，该款的脚注允许缔约方采取自己版本的隐私法规来执行该款规定的义务。但对于个人信息保护问题，在国际上并没有公认的共识。CPTPP 第 14.8.2 条中有关保护个人信息的“法律框架”是否存在最低标准，依然是不确定的。相较于硬法规则的“难产”，数据隐私保护的软法规则已展现出蓬勃的活力。APEC 和 OECD 在该领域制定的软法规则正成为主流标准。USMCA 第 19.8.2 条在提及国际机构的原则或指南时专门列举了《APEC 隐私框架》和《OECD 关于隐私保护与个人数据跨境流动的指南（2013）》。这说明 USMCA 缔约方在规制个人数据出境方面接受 APEC 和 OECD 的相关原则作为统一的保护标准。在硬法难以有效推动数字贸易规则发展的现实背景下，相关的国际软法规范正成为一种现实需求，并在数字贸易全球治理中发挥着日趋重要的作用。①

DEPA 第 4.2.3 条则列举了保护个人信息法律框架应包括的原则：收集限制、数据质量、用途说明、使用限制、安全保障、透明度、个人参与以及责任。这 8 项原则与《OECD 关于隐私保护与个人数据跨境流动的指南（1980）》中的 8 项原则几乎完全对应。OECD 隐私指南中的 8 项原则是公平信息实践的体现，用于为负责任的数据实践建立规则模型，它一方面赋予个体以隐私自我管理的权利，另一方面对信息控制者或处理者施加责任。OECD 隐私指南的 8 项原则只代表了第一代数据隐私标准，DEPA 缔约方只需满足该较低要求，即可要求其他缔约方给予替代合规待遇，实现跨境数据自由流动。② 可见，DEPA 缔约方接受的保护个人信息法律框架的最低标准是 OECD 隐私指南中的 8 项原则。

USMCA 第 19.8.3 条规定，缔约方认识到，根据第 2 款，关键

---

① 张明：《软法视域下中国推进数字贸易全球治理的国际标准路径》，《上海对外经贸大学学报》2024 年第 1 期，第 99 页。

② 彭岳：《贸易规制路径下的数字贸易中国方案》，《郑州大学学报》（哲学社会科学版）2022 年第 4 期，第 37 页。

原则包括收集限制、选择、数据质量、用途说明、使用限制、安全保障、透明度、个人参与以及责任。由此可见，USMCA 第 19.8.3 条设定的个人信息保护法律框架的关键原则移植了 OECD 隐私指南中的 8 项原则，并增加了一项原则——选择。该条还强调对个人信息跨境流动的限制必须是必要的，并且与所面临的风险成比例。

一些国家的数据监管措施忽视了对数据的保护，当个人或企业数据被政府滥用时，缺乏有效的救济途径。CPTPP 第 14.8.3 条规定："缔约方在保护电子商务使用者在其管辖法域中免遭个人信息侵犯行为时，应尽力采取非歧视的做法。"保护互联网用户的隐私有助于建立消费者对互联网服务的信任，但 CPTPP 第 14.8.3 条使用的措辞却是"尽力"，因而不具有强制约束力。CPTPP 第 14.8.4 条规定："缔约方宜公布其向电子商务使用者提供的个人信息保护的信息，包括：（a）个人如何寻求救济；和（b）企业如何遵循相关法律要求。"这一条款体现了透明度原则的要求。

个人数据保护制度的不兼容、不互认将限制跨境数据流动，从而阻碍数字贸易的发展。CPTPP 第 14.8.5 条规定：

> 认识到各缔约方可采用不同方式保护个人信息，每一缔约方宜鼓励建立相应机制，以促进不同体系间的相互协调。这些机制可以包括互认规制结果，无论是自主承认还是通过共同安排承认，或通过更广的国际框架。为此，缔约方应尽力相互交换其管辖范围内适用的相关机制的信息，并探索相应的方法扩大这些机制或其他适当安排以促进机制间相互协调。

USMCA 第 19.8.6 条提到，为实现保护个人信息的同时促进跨境信息传输，APEC 的《跨境隐私规则体系》（CBPR）是有效的机制。上述两个条款是规制合作治理范式的生动体现。各国通过相互承认机制、采纳共同的安排或标准，减少甚至消除彼此的规制差异，以促进个人信息保护制度的趋同，最终实现促进数字贸易自由化与个人信息保护的协调。

《电子商务协定》第 16 条规定了个人数据保护，相关要求涉及个人数据保护的法律框架、个人数据保护的信息公开、个人数据保护机制之间的协调。

（二）政府数据开放

政府通常是数据最大的拥有者，公民的很多信息都被数据化，被政府掌握。政府数据与公众的生产生活息息相关，关涉公共安全甚至国家安全，因而不适用自由流动的原则性要求。大数据建立在开放数据的基础上，开放政府数据供社会利用是实现大数据战略的重要前提。[①] 开放数据不同于公开数据，开放数据往往是结构化、可机读、获得开放授权并得到良好维护的数据，而公开数据通常是非结构化的、混乱的、授权使用要求模糊的数据。[②] 政府数据开放不同于政府信息公开，信息公开强调公众的知情权，而数据开放强调公众利用数据的权利。

政府数据开放有利于消除政府数据的垄断和不对称性，促进数据的运用，从而推动数字贸易的发展。政府数据开放需要满足一定技术条件，政府在行使职能过程中收集的部分数据有可能是非结构化数据，无法机读，这将制约政府数据开放。美国在 2018 年 4 月向 WTO 提交的电子商务文件指出，便利公众获取和使用政府信息可促进经济和社会发展，并鼓励对该信息进行创新利用。贸易规则应鼓励政府以机器可读和开放的格式提供公共信息，并使信息可以被搜索、检索、使用、重复使用和重新分发。[③] 在此意义上，政府数据开放也是透明度原则和贸易便利化的要求。日本在 2018 年 4 月向 WTO

---

① 郑磊：《开放政府数据研究：概念辨析、关键因素及其互动关系》，《中国行政管理》2015 年第 11 期，第 13 页。

② 郑磊：《开放不等于公开、共享和交易：政府数据开放与相近概念的界定与辨析》，《南京社会科学》2018 年第 9 期，第 87 页。

③ General Council, Joint Statement on Electronic Commerce Initiative, Communication from the United States, JOB/GC/178, 12 April 2018, para. 6. 1.

提交的电子商务提案也指出，为了促进电子商务/数字贸易的进一步发展，可以向公众开放由政府收集的数据，如统计信息、公共交通数据和防灾数据。通过将这些数据提供给国内外公司，政府可以增加促进创新的机会。如果只允许国内公司访问此类数据，这将对外国公司构成国民待遇壁垒，使得外国公司无法进入相关市场。因此，各国政府收集的数据应当开放，并应在非歧视的基础上允许广泛获取。[①] 由此可见，非歧视的政府数据开放还是贸易自由化的要求。

USMCA 数字贸易章新增了政府数据开放条款，其第 19.18 条规定：

> 1. 缔约方承认，便利公众获取和使用政府信息可以促进经济和社会发展、竞争和创新。2. 在某一缔约方选择向公众提供政府信息（包括数据）的范围内，应努力确保该信息采用机器可读和开放的格式，并且可以被搜索、检索、使用、重复使用和重新分发。3. 缔约双方应努力合作，以确定各缔约方可以扩大对本方公开的政府信息（包括数据）的访问和使用的方式，以期增加和创造商机，特别是为中小企业创造商机。

需要明确的是，政府数据开放的范围是有限的，USMCA 第 19.18 条规定的政府数据开放限于“某一缔约方选择向公众提供政府信息（包括数据）的范围内”。具体开放多少政府数据，由缔约方自行决定，并可灵活调整。政府数据开放不应当妨害国家安全和公共安全。上述条款并无强制性，仅仅是鼓励性的，没有为缔约方创设有约束力的义务。《美日数字贸易协定》规定了与 USMCA 几乎

---

① General Council, Joint Statement on Electronic Commerce Initiative, Proposal for the Exploratory Work by Japan, JOB/GC/177, 12 April 2018, para. 3. 11.

完全一样的政府数据开放条款。[1] DEPA 第 9.5 条（政府数据开放）亦有类似规定，DEPA 第 9.5.4 条还明确本条下的合作可包括下列活动：

> （a）共同确定可利用开放数据集、特别是具有全球价值的数据集促进技术转让、人才培养和创新的部门；（b）鼓励开发以开放数据集为基础的新产品和服务；以及（c）推动使用和开发通过可在线获得的以标准化公共许可证为形式的开放数据许可模式，此类模式允许任何人出于缔约方各自法律法规所许可的任何目的自由访问、使用、修改和分享开放数据，且此类模式依赖于开放数据格式。

《电子商务协定》第 12 条规定了政府数据开放的要求，但相关条款的措辞仍然用的是“应努力”，不具有约束力。

对特殊数据规定专门规则，是 FTA 规制跨境数据流动议题的一大特点。FTA 对跨境数据自由流动的要求针对的是与涵盖人的商业行为有关的数据，即商业数据。由于跨境数据流动是进行数字贸易的前提，因此 FTA 将跨境数据自由流动上升为一项原则性要求。个人数据的跨境流动可能影响个人隐私，CPTPP、USMCA 和 DEPA 的个人数据保护条款要求缔约方采取保护个人数据的法律框架，考虑相关国际机构的原则或指南，采取非歧视的做法，并促进个人数据保护不同体系间的相互协调。这一规则设置有利于实现个人数据跨境流动与隐私保护之间的平衡，防止隐私规则或隐私执法措施成为数字贸易壁垒。国际经贸协定中的政府数据开放条款将促进政府数据的合理利用和创新，推动数字贸易发展。总体而言，对特殊数据进行专门规制与数字贸易规制的多元目标相契合，是较为合理的规制路径。当然，不同规则之间应注意衔接和协调。例如，个人数据

---

① Art. 20 of the Agreement between the US and Japan Concerning Digital Trade.

保护也可以成为跨境数据流动“例外”中的合法公共政策目标之一，如果发生实际争端，相关条款的适用应防止出现冲突。

第四节 跨境数据流动规则的协调

通信技术服务和信息技术产品的贸易自由化为跨境数据流动奠定了基础。理想的数字贸易规则框架应促进数据自由流动、数字创新以及在全球数字市场中的健康竞争，同时不妨碍一国基于正当理由监管互联网的权力。CPTPP 和 USMCA 在电子商务/数字贸易章为跨境数据流动设定了“原则+例外”的立法模式，并对特殊数据规定了专门规则。不过，鉴于跨境数据流动的规制分歧，目前全球并未形成统一的跨境数据流动监管框架，跨境数据流动规则呈现碎片化特征。不同法域和国家间有关跨境数据流动治理的差异给企业增加了跨境数据流动的合规成本，也给全球营商环境带来挑战，不利于数字贸易的发展。[①] 因此，跨境数据流动规则需要国际协调。

一 在国际经贸协定框架下协调跨境数据流动规则的普遍困境

有很多 FTA（尤其是含发展中国家的 FTA）在处理跨境数据流动问题上仅规定了规制合作条款，要求缔约方“努力保持信息的跨境流动，将其作为营造充满活力的电子商务环境的基本要素”[②]。欧盟当前 FTA 中的数字贸易规则没有为跨境数据流动设定有约束力的

---

① 李俊、赵若锦、范羽晴：《我国数据跨境流动治理成效、问题与完善建议》，《国际商务研究》2023 年第 6 期，第 86—87 页。

② Art. 16. 5 (c) of the Canada - Honduras FTA, Art. 1507. 1 (c) of the Canada - Colombia FTA, Art. 13. 7 (c) of the Canada-Korea FTA, Art. 1508 of the Canada-Peru FTA, Art. 15. 5 (c) of the US-Chile FTA.

义务，有些 FTA 仅强调了个人信息保护和隐私保护。[①]《欧日 EPA》第 8.81 条规定："双方应在本协定生效之日起 3 年内重新评估是否需要将数据自由流动条款纳入本协定。"这表明欧盟对跨境数据流动问题的讨论在不断发展，在未来的 FTA 中可能会有更多的具体行动和承诺。

在国际经贸协定谈判中，跨境数据流动问题往往成为谈判方争议的焦点之一。TISA 谈判中关于数据流动的条款有很多争论。美国、日本和加拿大建议："任何一方都不得阻止另一方的服务提供者在该方领土内或领土外转移、访问、处理或存储包括个人信息在内的信息，前提是此类活动与服务提供者的业务行为有关。"[②] 很多国家或地区考虑了该禁令的例外或条件，以允许更多的国内灵活性。例如，中国香港建议，跨境数据自由流动与保护个人数据之间应保持平衡，推进前者应不损害维护后者的权利。欧洲委员会公布的 TISA 第 21 轮谈判报告显示，有关数据流动和计算设施本地化的条款需要缔约方继续进行深入讨论。[③] 在 TTIP 谈判中，跨境数据流动议题也面临同样的困境。2017 年 1 月发布的《美国欧盟关于 TTIP 进展的联合报告》提到，TTIP 谈判中有关数字贸易的分歧在于如何构建数据流动承诺，以加强美国、欧盟经济关系中必不可少的电子商务和数字基础设施，同时尊重保护隐私的合法关切。[④]

---

① Art. 7.48.2 of the EU-Korea FTA, Art. 16.4 of the Canada-EU CETA, Art. 8.78.3 of the EU-Japan EPA.

② Wikileaks, Trade in Service Agreement (TISA) Annex on Electronic Commerce, 3 June 2015, p. 2.

③ European Commission, *Report of the 21th TISA Negotiation Round*, November 2016, p. 3.

④ Executive Office of the President of the United States & European Commission, US-EU Joint Report on TTIP Progress to Date, 17 January 2017, p. 3.

二　在WTO框架下为数据保护达成基本框架

跨境数据流动的国际规则协调所面临的一个重要分歧是在个人数据方面。为实现跨境数据自由流动，数据来源地国和目的地国都应具有有效的隐私框架。有学者曾在20年前主张在WTO主持下制定一项关于数据保护的国际条约，该条约侧重于建立规范发展的制度过程，旨在短期内促进不同制度的共存，并随着时间的推移促进信息隐私治理标准的统一。将该数据保护条约纳入WTO具有重要意义。首先，WTO框架提供了具有广泛成员资格的制度过程。其次，尽管WTO倾向于市场导向的规范，但将数据保护条约纳入WTO将把社会保护规范移植到贸易领域，将促进治理规范的融合。① 但时至今日，WTO仍未形成这样的数据保护条约。各国如果要在跨境数据流动规制问题上达成综合性条约，需要协调好各主权国家之间在互联网的物理层、逻辑层、应用层和核心层的权力配置关系，以及主权与互联网、主权与人权、主权与多方治理等多维利益平衡和价值协调问题，这在短期来看不具有可行性。②

相较于制定一项数据保护国际条约，在WTO中为数据保护达成一个基本框架的难度更低一些，但什么样的隐私框架可以作为基本的监管框架是个极其复杂的问题。USMCA第19.8.2条列举了《APEC隐私框架》和OECD《关于隐私保护和个人数据跨境流动的指南（2013）》，但在多边体制下将APEC和OECD的原则作为基准可能会引起争议，因为与GDPR及其类似框架相比，这些原则被认

① Joel R. Reidenberg, "Resolving Conflicting International Data Privacy Rules in Cyberspace", *Stanford Law Review*, Vol. 52, No. 5, 2000, pp. 1360-1362.

② 彭岳：《数字贸易治理及其规制路径》，《比较法研究》2021年第4期，第167页。

为是过于宽松的。[①] 欧盟 FTA 在数据保护方面虽然也要求与国际标准兼容，但通常不规定任何具体的数据保护框架。例如，《欧加 FTA》第 16.4 条规定："每一缔约方应采取或维持法律、法规或行政措施，以保护从事电子商务的用户的个人信息，并且在这样做时，适当考虑双方都是成员的相关国际机构的数据保护国际标准。"

三　通过互认机制协调个人数据保护标准

GATS 第 7 条规定了相互承认"服务提供者获得授权、许可或证明的标准或准则"的机制。欧盟和美国签署的《安全港协议》和《隐私盾协议》是通过互认机制来协调个人数据保护标准的典型。GATS 第 7 条允许这种选择性的、针对特定国家的承认协议，但该条要求数据来源国不得在存在类似条件的国家之间构成歧视，并给予其他国家加入该协议的机会。由于数字鸿沟的存在，通过互认机制来协调数据保护标准的实践主要发生在数字贸易大国之间，发展中国家和最不发达国家缺乏实践基础。但这种务实的双边互认机制会产生溢出效应和示范效应，从而影响其他国家之间的跨境数据流动规则协调。

GATS 第 7.5 条规定："只要适当，承认即应以多边议定的准则为依据。在适当的情况下，各成员应与有关政府间组织和非政府组织合作，以制定和采用关于承认的共同国际标准和准则，以及有关服务行业和职业实务的共同国际标准。"该项规定表明，WTO 法有可能促进不同隐私框架的互操作性，从而协调跨境数据流动规则。根据该规定，成员可以通过纳入从事隐私标准和相关问题工作的相关跨国机构或多利益相关方机构，使相互承认的对话（如在服务贸易理事会中的对话）更为有意义。WTO 可以与从事国际合作以制定隐私规则/标准

---

① Andrew D. Mitchell, "Neha Mishra, Regulating Cross-Border Data Flows in a Data-Driven World: How WTO Law Can Contribute", *Journal of International Economic Law*, Vol. 22, No. 3, 2019, p. 409.

和跨辖区隐私执法的机构保持联系，如数据保护与隐私专员国际大会。该机构在采纳有关数据保护最佳做法的国际准则方面发挥着关键作用，并且在进一步制定数字隐私问题的规则和建立国际共识方面可以发挥至关重要的作用。[①]

四　加强与 APEC 或 OECD 的合作

新近 FTA 大都强调了各缔约方在制定个人信息保护法律框架时，应考虑相关国际机构的原则和指南。数字贸易国际标准的衔接和补充作用能够有效增强数字贸易硬法规则的可操作性，促进相关硬法规则的落地。[②]

APEC 和 OECD 在制定通用的隐私标准和原则方面做了很重要的工作。2013 年，OECD 发布了《关于隐私保护和个人数据跨境流动的指南》，对 1980 年版的隐私指南进行了更新。该隐私指南规定了管理个人数据的收集、存储和使用的最低要求，以指导 OECD 成员发展国内隐私保护制度，其中的很多原则都反映在 GDPR 中。关于个人数据流动的规制，OECD 纳入了基于欧盟 GDPR 路径和美国“行业自律”路径的两种方式，要求数据收集者对个人数据负责。[③] APEC 在 2004 年通过的《APEC 隐私框架》类似于 OECD 的隐私指南。《APEC 隐私框架》具有更强的可操作性，可以指导国内隐私法规的发展。APEC 在隐私框架的基础上于 2012 年制定了《跨境隐私规则体系》，以促进 APEC 成员之间的个人数据流动。《跨境隐

---

① Andrew D. Mitchell, “Neha Mishra, Regulating Cross-Border Data Flows in a Data-Driven World: How WTO Law Can Contribute”, *Journal of International Economic Law*, Vol. 22, No. 3, 2019, pp. 411-412.

② 张明：《软法视域下中国推进数字贸易全球治理的国际标准路径》，《上海对外经贸大学学报》2024 年第 1 期，第 101 页。

③ Aaditya Mattoo, Joshua P. Meltzer, “International Data Flows and Privacy: The Conflict and Its Resolution”, *Journal of International Economic Law*, Vol. 21, No. 4, 2018, p. 784.

私规则体系》是一个自愿的、基于问责制的系统，可促进“尊重隐私”的跨境数据流动。《跨境隐私规则体系》并不改变各国有关个人数据的国内立法，它认识到，对于隐私保护，没有一种一刀切式的规制方法，因为不同国家的价值观存在很大差异。鉴于互联网全球分布的特性，每个国家的数据治理机制都必须具有互操作性，以便同时实现隐私保护和数据流动。① WTO 成员可以通过与 APEC 或 OECD 合作，促进成员之间隐私标准的互相承认，从而协调跨境数据流动规则。

2022 年 4 月 21 日，美国、加拿大、日本、韩国、菲律宾、新加坡和中国台湾地区共同发布《全球跨境隐私规则声明》，② 宣布成立全球跨境隐私规则论坛，以促进数据保护和隐私的互操作性并帮助弥合不同监管方式之间的差距。声明的基本目标包括建立基于 APEC、《跨境隐私规则体系》和《处理者隐私识别体系》（*Privacy Recognition for Processors*）的国际认证体系，定期审议成员的数据保护和隐私标准，促进与其他数据保护和隐私框架的互操作性等。声明还规定了其活动范围、运作模式、参与和组织规则。原则上，全球跨境隐私规则论坛旨在向接受本声明所体现的目标和原则的司法管辖区开放，本质上是将《跨境隐私规则体系》转变成一个所有国家或经济体都可以加入的体系。

鉴于不同类型数据的跨境流动涉及的政策目标不同，有学者提出先对数据进行归类，然后对不同类型数据的市场准入和国民待遇分别作出承诺，如对公司数据的开放采取负面清单模式，对个

① Nigel Cory, *Why China Should be Disqualified from Participating in WTO Negotiations on Digital Trade Rules*, Information Technology and Innovation Foundation Working Paper, May 2019, p. 8.

② Global Cross-Border Privacy Rules Declaration, official website of U. S. Department of Commerce, 21 April 2022, https://www. commerce. gov/global-cross-border-privacy-rules-declaration, last visited 1 May 2024.

人数据采取正面清单模式。[①] 还有学者建议，在国际经贸协定谈判过程中，可以在对数据进行分类的基础上，再借鉴服务贸易部门开放或货物贸易关税减让谈判的形式，由谈判方就数据的流动自由进行谈判。[②] 上述学者建议的规制路径借鉴了 WTO 框架下传统服务或货物贸易的市场开放模式。国际经贸协定作为利益博弈的场所，国家在决定数据流动开放程度时需要平衡数字贸易自由化水平与国内政策目标，这一博弈过程有助于实现跨境数据流动的规则协调。上述建议倡导的对跨境数据流动进行分类分级管理的总体思路可行，但在具体操作过程中可能面临一定障碍，因为数据的归类就像数字贸易的归类一样，本身又是一个悬而未决的难题。不同种类数据的范围可能存在重叠，彼此之间并不存在泾渭分明的界限。

---

① Nivedita Sen, "Understanding the Role of the WTO in International Data Flows: Taking the Liberalization or the Regulatory Autonomy Path?", *Journal of International Economic Law*, Vol. 21, No. 2, 2018, p. 347.

② 陈咏梅、张姣：《跨境数据流动国际规制新发展：困境与前路》，《上海对外经贸大学学报》2017 年第 6 期，第 48 页。

第四章

数字贸易的自由化

数字贸易的自由化是数字贸易国际规则谈判的核心内容。贸易自由化是国际经济增长和国际社会进步的最优政策选择，是一种不可阻挡的趋势。WTO 规则和 FTA 规则均以贸易自由化为基本导向。1994 年乌拉圭回合谈判即将结束之时，各国发表的《马拉喀什宣言》指出，在乌拉圭回合中实现的贸易自由化和加强的规则将导致世界贸易环境逐步开放。[①] 贸易自由化的实现需要通过谈判降低关税和削减非关税壁垒，扩大市场准入，避免国际贸易中的歧视性待遇。贸易自由化义务是一项协定义务，贸易自由化并不意味着每个国家都应无条件地开放其国内市场或削减贸易壁垒，一国对外承担的贸易自由化义务取决于该国在签署的贸易协定中所作出的承诺。贸易自由化与国内监管自主权之间存在一定冲突，而如何协调贸易自由化与国内监管措施是国际贸易法领域的一个焦点问题。WTO 为各成员基于对等原则就市场准入和新的贸易规则的谈判提供便利和动力。[②] 成员不必强制承担具体承诺，而是在自愿的基础上就相关部门作出承诺。在贸易自由化进程中，发展中成员享有特殊和差别待遇，

---

① WTO, Marrakesh Declaration of 15 April 1994.

② 曾令良：《WTO：一种自成体系的国际法治模式》，《国际经济法学刊》2010 年第 4 期，第 44 页。

市场开放也有一个调试的过程。各国都是从本国的国家利益出发制定对外贸易政策。①

数字贸易作为国际贸易的新兴领域，数字贸易自由化也建立在上述贸易自由化理论基础之上。数字贸易交易取决于一系列与贸易相关的因素，因此，数字贸易自由化的实现也需要从整体上进行考虑，充分考量影响某项特定交易能力的各种措施。例如，订购电子书的能力取决于对零售商网站的访问。这种访问能力取决于互联网监管环境（该环境决定了零售商可以建立网页的条件）以及消费者访问互联网的成本（该成本又受到电信部门监管环境的影响）。电子书的购买也受到其他因素的影响，如电子支付的能力以及用于阅读电子书的物理设备所面临的关税和非关税壁垒。对这些相关联的交易的任何壁垒都会影响进行其他交易的需求或能力。② 各国对于数字贸易的规制措施在数量增长的同时，其影响范围也不断扩展，合规要求和监管更多发生在数字产品、服务、平台及企业入境之后，贯穿数字贸易活动运营的全过程。③

数字贸易以平台经济为代表，具有规模效应和不完全竞争的特点，促使各国政府试图通过对数字贸易的干预，使本国企业获得特殊市场地位，进而获得更强的国际竞争力，保护本国数字产业。④ 各国采取的这些干预措施极易导致一国违反其对外承担的贸易自由化义务。在国际贸易法视域下探讨贸易的自由化，可以从市场准入和非歧视义务这两个主要框架展开。市场准入水平决定了一国对外开

---

① 徐泉：《国家经济主权论》，博士学位论文，西南政法大学，2005 年，第 36 页。

② Francesca Casalini，Javier López González and Evdokia Moïsé，*Approaches to Market Openness in the Digital Age*，OECD Trade Policy Papers，No. 219，2019，p. 5.

③ 中国信息通信研究院：《全球数字经贸规则年度观察报告（2023 年）》，第 7 页，http：//www. caict. ac. cn/kxyj/qwfb/bps/202311/P020231212300152281587. pdf，最后访问时间：2024 年 5 月 1 日。

④ 中国信息通信研究院：《全球数字经贸规则年度观察报告（2023 年）》，第 5 页，http：//www. caict. ac. cn/kxyj/qwfb/bps/202311/P020231212300152281587. pdf，最后访问时间：2024 年 5 月 1 日。

放国内市场的程度和范围，非歧视待遇的水平决定了外国产品、服务和服务提供者能否平等地参与国内市场竞争。在演化解释的语境下，WTO 规则可以适用于数字贸易。由于不同国家在数字能力建设方面存在很大差别，在全球数字贸易中处于不同的分工角色和发展阶段，因而不同 WTO 成员对于数字贸易的自由化承诺存在很大分歧。如何推动数字贸易自由化的实现，还需进一步探讨。

第一节　数字贸易的市场准入

一　数字贸易的承诺列表方式

对于 WTO 成员在 GATS 项下对线下服务贸易作出的承诺，争端解决机构已经依据技术中立原则将其拓展到在线方式交付的数字服务，除非成员的减让表中有明确的排除说明。在很多 FTA 中，缔约方对数字贸易所作市场开放承诺的深度取决于服务章、投资章等相关章节所作的承诺。在国际经贸规则框架下，服务自由化的程度评估包括协定的承诺列表方式和实质纪律条款两方面。① 国际经贸协定中的服务承诺列表方式有正面清单、负面清单和混合清单 3 类。

GATS 是采取正面清单列表方式的典型，而负面清单列表方式已经在各种 FTA 中广泛适用。② 在正面清单模式下，服务的归类问题尤其重要，因为成员承担的市场开放义务取决于其减让表中对相关服务部门所作的具体承诺。相关成员是否违反了其承担的减让义务，很大程度上取决于对其减让表的解释。③ 正面清单模式会冻结承诺作出时的承诺水平，而更新这些规则需要进一步的谈判。负面清单列

① 石静霞：《国际服务贸易规则的重构与我国服务贸易的发展》，《中国法律评论》2018 年第 5 期，第 51 页。

② *E.g.*, the Australia-Chile FTA, CPTPP and the Canada-EU CETA.

③ 韩立余：《WTO 减让承诺表解释原则探析》，《法商研究》2006 年第 3 期，第 76 页。

表方式体现了“法不禁止即自由”的法理，意味着缔约方原则上应开放所有服务部门，并且不得维持与国民待遇不符的措施，除非在清单中有特别规定。负面清单模式下的贸易自由化承诺水平通常要高于正面清单模式。

在美国主导的大多数 FTA（如 CPTPP 和 USMCA）中，跨境服务贸易章通过负面清单的方式来履行承诺，提供了高水平的自由化。负面清单方法间接解决了有争议的归类问题，并确保了未来的数字服务能被涵盖在内。早期的欧盟 FTA 对跨境服务贸易的承诺传统上遵循了 GATS 正面清单的模式，对不同服务部门和子部门的市场准入和国民待遇分别作出承诺。欧盟的承诺水平在很大程度上反映了其在多哈回合谈判中的出价。不同于美国，欧盟的 FTA 并无实质上的 GATS-plus 条款。欧盟首次在《欧加 CETA》中对跨境服务贸易尝试了负面清单的承诺模式，这标志着欧盟 FTA 战略的转变。欧盟的视听服务和加拿大的文化产业都被排除在外。① 此外，服务章附有一个附件，规定了缔约方对不能被归入 CPC prov 中的新服务的谅解。② 对于不能被归入 CPC prov 的新服务，《欧加 CETA》承诺不适用于与该类服务有关的任何措施。《欧日 EPA》对跨境服务贸易的承诺也采取了负面清单模式。

TISA 对服务贸易采取了混合清单的承诺列表方式，即对最惠国待遇和国民待遇的承诺采取负面清单模式，对市场准入的承诺采取正面清单模式。在负面清单模式下，对于缔约时还未出现的新型服务，缔约方也要承担最惠国待遇和国民待遇义务，这降低了服务承诺的可预见性。TISA 缔约方还讨论了纳入“静止条款”（standstill clause）和“棘轮条款”（ratchet clause）。根据“静止条款”，缔约方同意不对服务贸易制造新的壁垒，并保持目前的自由化水平。根据“棘轮条款”，在一缔约方自己改善服务市场准入的情况下，新开

① Art. 12. 2. 2（b）of the Canada-EU CETA.

② Annex 9-B of the Canada-EU CETA.

放的准入将赋予该协定的其他缔约方，并成为永久性的承诺。[①] TISA 这一承诺方式体现了对服务贸易高标准的市场开放要求。

根据国家主权原则，一国可以独立自主地对数字贸易的承诺列表方式采取正面清单、负面清单或混合清单模式，在国际上并不存在一个通行标准或最低标准，这完全是一个国家主权范围内的事项。具体采取何种承诺模式，取决于该国的数字贸易发展现状以及具体国情。

二 数字贸易中的关税问题

关税是最早用于保护国内产业的措施，俗称关税壁垒。随着关税水平的降低，关税在贸易管理中的作用有所下降，但仍是最基本的管理措施。[②] 数字贸易中的关税壁垒可能施加于数字产品本身，也可能施加于用于创建信息通信技术基础设施从而使数字贸易成为可能的进口货物，或施加于允许用户连接信息通信技术基础设施的产品。[③] ITA 的成功扩围在很大程度上解决了作为数字贸易/跨境数据流动的基础设施（即信息技术产品）可能面临的关税壁垒，但对于电子传输的数字产品和数字服务以及电子传输本身是否应征收关税，WTO 成员之间还没有达成广泛的共识。

（一）"电子传输零关税延期宣言"的适用范围

1998 年的《全球电子商务宣言》呼吁 WTO 成员维持不对电子传输征收关税的现行做法，[④] 本书将其称为"电子传输零关税延期宣言"。延期宣言的承诺需要在每届 WTO 部长级会议上进行延续，

---

① Mira Burri, *The International Economic Law Framework for Digital Trade*, Swiss National Centre of Competence in Research, Working Paper No. 2015/08, May 2015, p. 37.

② 韩立余：《世界贸易组织法》（第三版），中国人民大学出版社 2014 年版，第 88 页。

③ Congressional Research Service, *Digital Trade and U. S. Trade Policy*, 6 June 2017, p. 11.

④ Ministerial Conference, Declaration on Global Electronic Commerce, Adopted on 20 May 1998, WT/MIN (98) /DEC/2, 25 May 1998.

2024 年召开的 WTO 第 13 届部长级会议确认了将电子传输暂时免征关税的做法延续到下一届部长级会议。[①] 但延期宣言的适用范围并不明晰，《电子商务工作计划》也未澄清延期宣言的确切含义。何谓“电子传输”？从通常含义来看，电子传输意味着所有的交易都是在线完成，因此不包括以电子方式订购而通过线下实体交付完成的交易。CPTPP 第 14.1 条（定义）规定：“电子传输或通过电子方式传输，是指使用任何电磁形式，包括光子形式进行的传输。”电子传输免征关税的对象到底是传输的内容，还是电子传输服务本身，尚不明确。[②] 数字贸易的关税问题也成为 WTO 电子商务谈判的焦点之一。

对无形的数字产品/数字服务和电子传输服务本身征收关税是否具有可行性？WTO 秘书处在一份解释性说明文件中指出：“关税适用于服务的情况非常罕见，秘书处只知道一个案例，即美国对从境外购买的船舶维修服务征收关税。但可能存在其他情况，原则上没有理由不将关税适用于服务，无论是以电子方式提供还是以任何其他方式提供的服务。”[③] 因此，从理论上讲，对数字贸易征收关税本身具有可能性。印度和南非指出，鉴于新西兰和澳大利亚等国已经通过修改国内税法对进口的数字产品和数字服务征收国内税，对电子传输征收关税和附加税在技术上完全可行。如果对电子传输征收关税在技术上不可行，则延期宣言将失去意义。延期宣言存在的理由恰恰是因为对这种传输征收关税是可行的。[④]

那么，延期宣言的内容是仅涵盖电子传输服务本身，还是也包

① Ministerial Conference Thirteenth Session, Work Programme on Electronic Commerce, Ministerial Decision, Adopted on 2 March 2024, WT/MIN (24) /38, 4 March 2024.

② Sacha Wunsch-Vincent, *The WTO, the Internet and Trade in Digital Products: EC-US Perspectives*, Hart Publishing, 2006, p. 39.

③ Council for Trade in Services, The Work Programme on Electronic Commerce, S/C/W/68, 16 November 1998, para. 34.

④ Work Programme on Electronic Commerce, The E-commerce Moratorium and Implications for Developing Countries, Communication from India and South Africa, WT/GC/W/774, 4 June 2019, paras. 4. 2-4. 3.

括传输内容（即被传输的数字产品或数字服务）？美国、欧盟等发达成员主张，延期宣言应涵盖电子传输的内容。但这并非所有成员的共识。例如，印度尼西亚在向 WTO 提交的文件中指出，延期宣言仅适用于电子传输本身，不适用于电子传输的产品和服务。[①] 从文义解释来看，《全球电子商务宣言》中有关电子传输免征关税使用的措辞是“维持”（continue）和“现行做法”（current practice）。无论是 1998 年首次达成零关税延期宣言的当时，还是目前，WTO 成员都没有对电子传输的数字产品和数字服务征收关税。延期宣言适用的对象除了电子传输本身，还应包括传输的数字产品和服务。新近 FTA 数字贸易规则中的“海关关税”条款也大都明确，任何缔约方不得对一缔约方的人与另一缔约方的人之间的电子传输，包括以电子方式传输的内容征收关税。[②]《电子商务协定》也明确，“电子传输”是指使用任何电磁形式进行的传输，包括传输内容。[③]

大多数发展中国家是数字产品和数字服务的净进口国。[④] 一些发展中成员向 WTO 提交的电子商务文件指出，越来越多以实物形式交易的产品被数字化并通过电子传输方式交付，电子传输零关税的要求将导致更高的税收流失。延期宣言实际上可能破坏 WTO 成员现有的关税减让表。鉴于发展中成员的平均约束关税要比发达成员的平均约束关税高得多，暂停对电子传输征收关税可能会大大改变谈判中的权利和义务平衡。因此，他们呼吁重新审查电子传输零关税延期宣言的影响，尤其是从发展的角度。[⑤]

---

① Statement by Indonesia，Facilitator’s Consultation on Electronic Commerce，MC 11 Declaration，and Other Relevant Plenary Sessions，WT/MIN（17）/68，20 December 2017.

② Art. 14. 3. 1 of CPTPP，Art. 3. 2. 1 of DEPA.

③ Joint Statement on Electronic Commerce，INF/ECOM/87，26 July 2024，Art. 11. 1.

④ Rashmi Banga，*Growing Trade in Electronic Transmission：Implications for the South*，UNCTAD Research Paper No. 29，February 2019，p. 1.

⑤ Work Programme on Electronic Commerce，Moratorium on Customs Duties on Electronic Transmission：Need for a Rethink，Communication from India and South Africa，WT/GC/W/747，13 July 2018.

电子传输零关税延期宣言在一定程度上有利于推动数字贸易自由化的发展，但依然存在诸多不足。该宣言仅仅是 WTO 成员间的政治承诺，而且只是阶段性有效，不具有长期性和确定性。发达成员一直想通过一个决议把电子传输免征关税的做法永久化，但遭到发展中成员的反对。① 美国是数字贸易“零关税”政策的积极倡导者，主张在 WTO 框架下达成电子传输永久免征关税的协议。② 美国作为数字产品的净出口国，如果他国对数字产品征收关税，将削弱美国数字产品的国际竞争力。关税通常对进口的实体货物征收，随着可数字化交易的货物数量的增加，电子传输免征关税的决定增加了海关收入损失的可能性。③ 进口关税在发展中国家的财政收入中占了很大比重，很多发展中国家由于担心永久性地失去对数字贸易的关税收入，而反对达成一个永久性的延期协议。

数字贸易政策与一国的数字贸易发展水平和阶段紧密相关。④ 在 WTO 电子商务谈判进程中，美国、欧盟、中国等主要成员都支持电子传输零关税，但在提案中的具体主张又有所差异。和美国一样，欧盟提案也指出，成员不得对电子传输征收关税，包括传输的内容。⑤ 加拿大提案指出，成员不得对以电子方式传输的数字产品征收关税、费用或其他收费，但不妨碍对数字产品征收国内税费。⑥ 新加

① 张玉卿主编：《WTO 新回合法律问题研究》，中国商务出版社 2004 年版，第 501 页。

② Work Programme on Electronic Commerce, Submission from the United States (Revision), WT/GC/W/493/Rev. 1, 8 July 2003, p. 6.

③ Committee on Trade and Development, Note of the Meeting of 25 April 2002, WT/COMTD/M/40, 26 June 2002, para. 141.

④ 石静霞：《数字经济背景下的 WTO 电子商务诸边谈判：最新发展及焦点问题》，《东方法学》2020 年第 2 期，第 182 页。

⑤ Joint Statement on Electronic Commerce, EU Proposal for WTO Disciplines and Commitments Relating to Electronic Commerce, Communication from the European Union, INF/ECOM/22, 26 April 2019, para. 2. 5.

⑥ Joint Statement on Electronic Commerce, Communication from Canada, INF/ECOM/34, 11 June 2019, Art. 5.

坡和新西兰也提出了类似主张。[①] 而巴西的提案将免关税的要求仅限于电子传输本身，却不妨碍对电子传输的内容征收关税和国内税费。[②] 中国支持目前在 WTO 中对电子传输暂停征收关税的做法，但未提出将该做法永久化。

（二）对数字贸易关税问题的不同立场

FTA 的数字贸易规则继承和发展了 WTO 电子传输零关税延期宣言的内容。例如，《美澳 FTA》第 16.3 条规定："任何一方均不得对数字产品的进口或出口征收关税、费用或其他收费，无论其是安装在载体介质上还是以电子方式传输。"该禁令不仅适用于数字产品的关税，还适用于关税以外的其他费用；同时适用于进口和出口。该禁令适用于数字产品本身，而不论它是通过传统媒介运输还是以电子方式传输。CPTPP 和 USMCA 均强调了电子传输零关税的要求。[③] 但也有部分 FTA 只规定对电子传输暂停征收关税，并不支持将零关税的做法永久化。[④]

鉴于一些国家需要对数字产品的载体介质征收关税，《美新 FTA》和《美秘 FTA》还明确规定，"含有数字产品的进口载体介质的海关价值"应"仅根据载体介质的成本或价值，而不考虑储存在载体介质上的数字产品的成本或价值"来确定。[⑤] 这种方法的优点是可以降低高价值数字产品的关税负担，从而有助于总体上促进数字贸易。

---

① Joint Statement on Electronic Commerce, Communication from Singapore, INF/ECOM/25, 30 April 2019, para. 2.1; Joint Statement on Electronic Commerce, Communication from New Zealand, INF/ECOM/33, 11 June 2019.

② Joint Statement on Electronic Commerce, Communication from Brazil, INF/ECOM/27, 30 April 2019, Section. IV.

③ Art. 14.3 of CPTPP; Art. 19.3 of USMCA.

④ *E.g.*, Art. 13.3 of the China-Korea FTA, Art. 12.3 of the China-Australia FTA, Art. 12.11 of RCEP.

⑤ Art. 14.3.2 of the Singapore-US FTA, Art. 15.3.2 of the Peru-US FTA.

FTA仅对数字产品的载体进行海关估价的做法借鉴了WTO框架下的实践。与数字产品有关的海关估价规则是《关于对记录数据处理设备用软件的承载介质进行估价的决定》，该决定最初于1984年9月24日由东京回合委员会通过，[①] 随后由WTO海关估价委员会于1995年5月12日第一次会议通过。该决定允许成员采用以下两种方法对用于信息处理设备的进口软件进行海关估价。其一，根据软件的交易价格，这是《关于实施关税与贸易总协定第7条的协定》下进行估价的主要依据。交易价格包含了载体的价值和载体所附的软件的价值。其二，鉴于在数据处理设备的载体上记录的数据或程序（软件）的价值明显不同于载体的价值，成员在海关估价时只考虑载体本身的成本或价值，而不考虑数据或程序的成本或价值。采取第二种方法估价的成员应将其适用日期通知海关估价委员会，并在最惠国待遇的基础上适用，且不妨碍任何成员继续使用交易价格进行估价的做法。[②] 上述两种估价方式的结果相差甚远，数字产品载体的价值几乎可以忽略不计，而载体所附软件的价值通常很高。根据软件海关估价的惯例，软件的价值在通常情况下并不包括在内。[③] 很多WTO成员同意根据承载介质的价值而非内容的价值来确定进口实体内容产品的关税。[④]

需要强调的是，WTO电子传输零关税延期宣言以及FTA中的数字贸易规则均仅禁止关税的征收，并不影响对数字产品和数字服务征收国内税。关税和国内税是两种不同性质的费用，WTO上诉机构在“中国汽车零部件案”中对这两种税收作出了经典论述。对于一项构

---

① GATT Council, Committee on Customs Valuation, Minutes of the Meeting held on 24 September 1984, VAL/M/10, 5 November 1984, para. 7.

② Committee on Customs Valuation, Decision Concerning the Interpretation and Administration of the Agreement on Implementation of Article Ⅶ of the GATT 1994 (Customs Valuation), G/VAL/5, 13 October 1995, p. 3.

③ GATT Council, Committee on Customs Valuation, Minutes of the Meeting held on 24 September 1984, VAL/M/10, 5 November 1984, para. 5.

④ Sacha Wunsch-Vincent, *The WTO, the Internet and Trade in Digital Products: EC-US Perspectives*, Hart Publishing, 2006, p. 44.

成“普通关税”的费用，支付该费用的义务必须产生于货物进口那一刻，支付该项费用的依据是货物进口那一刻的状态。[①] 关税具有严格而精确的时间性，只有以货物进口之时的状态为依据而征收的费用才能认定为关税。国内税必须针对已经进口的货物征收，并且支付该项费用的义务产生于“国内因素”，如进口产品的分销、销售、使用或运输。而一项费用的征收或支付时间并不是决定其是否为国内税的关键因素。[②] 由于数字产品和数字服务具有无形性，其交付并不经过有形的边境，因而对数字产品和数字服务征收关税还面临技术上的挑战。

2018 年 3 月 21 日，欧盟委员会提出拟对大型网络科技公司征收数字税的草案，欧盟对大型网络公司的监管再升级。[③] 2019 年 7 月 11 日，法国参议院通过了《数字服务税法》，这是全球首部数字税法。数字服务税的征税对象是数字广告和跨境数据流动的交易行为，法国的数字服务税将给美国的互联网企业带来负担，因而遭到美国的坚决反对。USTR 在 2019 年 7 月宣布对法国的数字服务税启动“301 调查”，在 12 月发布的调查报告中认定这项税收对美国企业构成歧视。[④] 数字服务税引发的争议凸显了数字贸易对传统税收的挑战。征收数字服务税是一国行使数字贸易规制权的体现，但数字服务税的不当征收也有可能构成数字贸易壁垒。各国应通过国际合作，实现国际税基的合理分配。

《电子商务协定》第 11.3 条将电子传输免征关税的要求确立为一项永久性义务。协定第 11.4 条规定，为进一步明确，第 11.3 条

---

① China - Measures Affecting Imports of Automobile Parts, WT/DS339/AB/R, WT/DS340/AB/R, WT/DS342/AB/R, 15 December 2008, para. 158.

② China - Measures Affecting Imports of Automobile Parts, WT/DS339/AB/R, WT/DS340/AB/R, WT/DS342/AB/R, 15 December 2008, paras. 161-162.

③ 李丹:《欧盟监管再升级，数字税剑指科技巨头》，《广东通信技术》2018 年第 10 期，第 32 页。

④ USTR, *Section* 301 *Investigation-Report on France's Digital Services Tax*, 2 December 2019, pp. 76-77.

并不排除参加方以不违反《WTO 协定》的方式对电子传输征收国内税或其他费用。同时，《电子商务协定》第 11.5 条规定，考虑到电子商务和数字技术不断演变的特征，参加方应在本协定生效之日起第 5 年审查本条（即第 11 条“电子传输的关税”），并在此后定期审查，以评估本条的影响以及是否需要进行任何修订。

三 数字贸易中的非关税措施

数字贸易的市场准入障碍更多地涉及非关税措施，这些措施通常旨在保护国内生产商和供应商。互联网审查中的屏蔽措施很可能对特定的外国服务和服务提供者的市场准入构成事实上的零配额，应受到 GATS 第 16.2 条规制。与信息通信技术产品有关的国内法规和标准可能使得外国公司难以进入特定市场，这些法规和标准应受到 TBT 规制。为解决数字产品和数字服务中的技术性贸易壁垒，WTO 成员可以依据 GATS 第 6.4 条，就服务贸易制定类似 TBT 的纪律。以要求转让或获得企业的软件源代码或算法作为在国内市场提供服务的条件，可能构成数字贸易的市场准入壁垒，相关的纪律正在形成过程中。

（一）数字贸易中的数量配额

普遍取消数量限制是 GATT 1994 中的一项重要义务。在数字贸易中，含有载体的数字产品可能涉及数量配额问题，GATT 1994 第 4 条（有关电影片的特殊规定）允许成员对电影片实施放映配额。GATS 第 16.2 条列出了 WTO 成员在对服务贸易作出市场准入承诺的部门中，不得采取的 6 类数量限制措施。[①] 这些规定适用于数字贸

① 即（a）无论以数量配额、垄断、专营服务提供者的形式，还是以经济需求测试要求的形式，限制服务提供者的数量；（b）以数量配额或经济需求测试要求的形式限制服务交易或资产总值；（c）以配额或经济需求测试要求的形式，限制服务业务总数或以指定数量单位表示的服务产出总量；（d）以数量配额或经济需求测试要求的形式，限制特定服务部门或服务提供者可雇用的、提供具体服务所必需且直接有关的自然人总数；（e）限制或要求服务提供者通过特定类型法律实体或合营企业提供服务的措施；以及（f）以限制外国股权最高百分比或限制单个或总体外国投资总额的方式限制外国资本的参与。

易，但根据 USTR 近年来发布的《国家贸易评估报告》（*National Trade Estimate Report*）所关注的数字贸易壁垒，对于电子传输的数字产品和数字服务的提供，并不涉及传统意义上的数量配额措施。

但对某些数字产品或数字服务的完全禁止，也可以被认为是一种数量配额，如“美国赌博案”中的情形。该案专家组指出，禁止使用模式 1 中的一种、几种或所有交付方式可分别构成对一种、几种或所有这些交付方式实施“零配额”。根据美国《有线法》（*Wire Act*），服务提供商被禁止通过电话、互联网和其他使用有线通信的交付方式提供赌博和博彩服务。此外，《有线法》禁止通过电话、互联网和其他使用有线通信的交付方式进行服务业务和服务产出。因此，专家组认为，《有线法》构成了 GATS 第 16.2（a）条所指的“数量配额形式”的限制和 GATS 第 16.2（c）条所指的“配额形式”的限制。①

中国台湾地区向 WTO 提交的一份电子商务文件指出，对某个外国网站的整体屏蔽可以被认为是 GATS 第 16.2（a）条项下的一项“限制服务提供者的数量”的措施，因为其影响等同于零配额；但对部分数据流动的过滤措施是否构成 GATS 第 16.2（c）条项下的“以配额或经济需求测试要求的形式限制以指定数量单位表示的服务产出总量”的措施，值得商榷。② 一些国家的互联网审查措施可能导致某个特定的网站或应用程序（如 Facebook）被屏蔽，从而无法提供相关的数字产品或数字服务，这可以构成对相关产品或服务的事实上的“零配额”，应受到 GATS 第 16.2 条规制。

---

① United States－Measures Affecting the Cross－Border Supply of Gambling and Betting Services，WT/DS285/R，10 November 2004，para. 6. 363.

② Work Programme on Electronic Commerce，Removing Cyberspace Trade Barriers：Towards a Digital Trade Environment with Reciprocally Equal Access，Non－Paper from the Separate Customs Territory of Taiwan，Penghu，Kinmen and Matsu，JOB/GC/170，JOB/CTG/12，JOB/SERV/277，JOB/IP/29，JOB/DEV/53，16 February 2018，para. 3. 4.

（二）数字贸易中的技术标准

通信设备是跨境数据流动的基础条件之一，通信设备通常要遵守某些技术法规和标准，以确保产品对消费者和公共电信网络无害。标准化对于通信和互联网行业至关重要，因为设备之间以及设备与网络之间通常需要协同工作。全球行业标准和互操作性标准将支持跨境数据流动的增长，如支持用户跨设备访问和使用数字内容，标准统一也是促进贸易便利化的主要因素。各国政府应致力于制定国际标准，以支持与互联网可操作性相一致的技术发展。①

很多相关标准是在国际电信联盟或其他标准化机构的主持下达成共识的，如国际标准化组织（ISO）或国际电工委员会（IEC）。但有些国内法规和标准存在很大差异，或与国际标准不同，这可能会损害产品和网络的互操作性和安全性，并可能使通信设备的生产商从上述标准的垄断中获利。② 大量统一的标准促进了国际贸易，而特定国家的标准可能构成贸易壁垒。③ 与公认的国际标准大相径庭的本地标准或国家标准可能会使公司难以进入特定市场。例如，符合国际标准的信息通信技术产品可能无法连接到基于本地标准或专有标准的本地网络或设备。同样，冗余或烦琐的合格评定程序或本地注册和测试要求通常会给试图进入新市场的公司增加时间和费用成本，并起到遏制外国公司的作用。④

---

① Joshua Paul Meltzer, "The Internet, Cross - Border Data Flows and International Trade", *Asia and the Pacific Policy Studies*, Vol. 2, No. 1, 2015, p. 100.

② David Luff, "Convergence: A Buzzword to Remain?", in Mira Burri and Thomas Cottier, eds., *Trade Governance in the Digital Age: World Trade Forum*, Cambridge University Press, 2012, p. 72.

③ Alberto Portugal - Perez, José - Daniel Reyes and John S. Wilson, *Beyond the Information Technology Agreement: Harmonization of Standards and Trade in Electronics*, World Bank Policy Research Working Paper 4916, April 2009, pp. 6-7.

④ Congressional Research Service, *Digital Trade and U. S. Trade Policy*, 6 June 2017, p. 18.

WTO 本身没有制定标准的能力，但其 TBT 评估了国内法规和标准与 WTO 法的一致性。有关信息通信技术产品的国内技术法规和标准应受到 TBT 规制。根据 TBT，与现有国际标准相一致的技术法规和标准原则上被推定符合该协定，并且不构成贸易壁垒。根据 TBT 第 2.4 条，当“国际标准或相关部分对达到其追求的合法目标无效或不适当，如由于基本气候因素或地理因素或基本技术问题”时，TBT 允许成员背离国际标准。在没有任何商定的国际标准的情况下通过新的国内技术法规和标准时，成员需要确保技术法规的制定、采用或实施在目的或效果上均不得对国际贸易造成不必要的障碍。为达此目的，技术法规对贸易的限制不得超过为实现合法目标所必需的限度，同时考虑合法目标未能实现可能造成的风险。[①] 总体而言，TBT 限制了各国将技术标准作为贸易壁垒的监管空间。除了鼓励采用国际标准外，TBT 还包括影响深远的非歧视和透明度规范以及程序保障。

在 WTO 中与服务贸易有关的信息技术标准受 GATS 调整，体现在 GATS 第 6.4 条和第 6.5 条中。其要求相关技术标准的措施不构成不必要的服务贸易壁垒，且不得减损成员的具体承诺。强制使用特定技术或技术标准可能被视为违反 GATS 第 6.5（a）（i）条。如果某项技术或标准的使用不是基于客观和透明的标准，如仅仅是基于提供某些服务的能力，或者比为保证 GATS 第 6.4 条（a）款和（b）款所述的服务质量所必需的限度更难以负担，就属于这种情况。GATS 第 6 条的相关纪律尚未发展，因此其约束力有限。

美国在 2016 年向 WTO 提交的电子商务文件中指出，创新型公司应能够利用最有效并适合其需求的技术。例如，移动电话公司应该能够在 Wi-Fi 和 LTE 等无线传输标准中进行选择。贸易规则应通过规定公司无须购买和利用本地技术，而是自己选择的技术，来确

---

① Art. 2. 2 of TBT.

保技术选择。[①] 为解决数字产品和数字服务中的技术性贸易壁垒，WTO 成员可以依据 GATS 第 6.4 条，就服务贸易制定类似 TBT 的纪律。例如，要求成员对数字服务采用与国际公认标准相一致的技术标准。此外，应禁止构成不必要的贸易壁垒的不合理的标准，这些标准超出了实现公共政策目标（如网络安全或隐私保护）所必需的限度。[②]

（三）数字贸易中的源代码和算法披露要求

根据 TRIPS 协定第 10.1 条，源代码应作为《伯尔尼公约》（1971）项下的文字作品加以保护。不过，国家在追求网络安全和反垄断等公共政策目标时可能要求软件所有人转让或提供其源代码或算法，这与将源代码和算法作为商业秘密保护的普遍做法产生了冲突，并可能限制市场准入和妨碍自由贸易。[③] 在数字贸易时代，以要求转让或获得企业的软件源代码或算法作为在国内市场提供服务的条件，将给企业（尤其是外国企业）带来负担。向政府披露关键技术信息的要求可能会增加企业的商业秘密被盗或被非法监视的风险，致使该企业不愿进入国内市场。但从监管角度看，获取软件的源代码有利于管理部门及时发现和消除网络安全风险。

CPTPP 保护源代码免受非自愿披露，根据 CPTPP 第 14.17 条，任何缔约方不得以要求转让或获得另一缔约方的人所拥有的软件源代码，作为在该缔约方境内进口、分销、销售或使用此软件或包含此软件的产品的条件。该禁令只适用于大众市场软件或含有此类软件的产品，而不适用于关键基础设施所使用的软件以及商业谈判合

---

① General Council, Work Program on Electronic Commerce, Non-Paper from the United States, JOB/GC/94, 4 July 2016, para. 2.8.

② Andrew D. Mitchell, Neha Mishra, "Regulating Cross-Border Data Flows in a Data-Driven World: How WTO Law Can Contribute", *Journal of International Economic Law*, Vol. 22, No. 3, 2019, p. 413.

③ 鄢雨虹：《国际经贸协定中的源代码规则新发展及中国立场》，《武大国际法评论》2021 年第 3 期，第 97 页。

同中的产品，同时不影响对源代码进行必要修改，以及与专利申请和已授予专利相关的要求。[①] 该规定的目的是保护软件公司的利益并解决他们对知识产权被侵权或专有代码安全性破裂的担忧。《欧日EPA》也禁止要求强制转让或获取软件源代码。[②] USMCA 第 19. 16 条（源代码）不仅保护源代码，还保护源代码中的算法，并删除了 CPTPP 第 14. 17 条中的例外情形，但增加了执法机构或司法部门的执法例外。

加拿大向 WTO 提交的电子商务提案完全移植了 USMCA 数字贸易章有关源代码和算法的规定,[③] 新加坡的提案则移植了 CPTPP 电子商务章有关源代码的规定。[④] 欧盟提案有关源代码的条款未包括算法，在原则上规定禁止强制要求转让或获取软件源代码的同时，允许 3 种例外情形，并规定在认证程序中采用或维持的措施可以适用一般例外、安全例外和 GATS《关于金融服务的附件》第 2 段中的例外。[⑤]

发展中成员的电子商务提案尚未涉及源代码和算法披露问题。大多数发展中国家无法从全球数字价值链中受益，因为知识产权和关键数据资源主要由发达国家的公司拥有。发展中成员在一定程度上对国外的先进技术存在依赖性，以要求转让或获得企业的软件源代码或算法作为在国内市场提供服务的条件，体现了“市场换技术”的战略。很多发展中国家认为，技术转让是弥合发展中国家和发达国家之间现有数字鸿沟的重要前提。发展中国家由于信息技术基础

---

① Art. 14. 17 of CPTPP.

② Art. 8. 73 of the EU-Japan EPA.

③ Joint Statement on Electronic Commerce, Communication from Canada, INF/ECOM/34, 11 June 2019, Art. 14.

④ Joint Statement on Electronic Commerce, Communication from Singapore, INF/ECOM/25, 30 April 2019, para. 4. 1.

⑤ Joint Statement on Electronic Commerce, EU Proposal for WTO Disciplines and Commitments Relating to Electronic Commerce, Communication from the European Union, INF/ECOM/22, 26 April 2019, para. 2. 6.

设施不完善，要求公开软件源代码或算法在一定程度上也可以降低管理过程中的网络安全风险。发展中成员在 WTO 电子商务谈判中可以借鉴欧盟提案，在软件源代码和算法披露问题上积极主张相关例外条款的适用，以保留国内规制空间。

第二节　数字贸易的非歧视义务

非歧视原则是 WTO 和 FTA 的基石，具体体现在国民待遇原则和最惠国待遇原则中。简而言之，国民待遇义务涉及一国授予的待遇相对于其他国家而言是否更偏向本国，禁止一国歧视其他国家。最惠国待遇义务涉及一国授予的待遇相对于其他国家而言是否更偏向某些国家，禁止一国在其他国家之间进行歧视。[①] WTO 的非歧视原则在 GATT 1994、GATS、TRIPS 协定都有规定，分别处理货物贸易、服务贸易和知识产权问题。国民待遇的主要条款体现在 GATT 1994 第 3 条、GATS 第 17 条和 TRIPS 协定第 3 条；最惠国待遇的主要条款体现在 GATT 1994 第 1 条、GATS 第 2 条和 TRIPS 协定第 4 条。当然，非歧视原则还体现在 TBT 第 2. 1 条、TRIMS 第 2 条等 WTO 规则中，下文主要以 GATT 1994 和 GATS 的相关条款为分析对象。

GATT 1994 中的非歧视义务适用于“同类产品”,[②] GATS 中的非歧视义务适用于“同类服务和服务提供者”。对不同类别的产品、服务或服务提供者授予不同待遇，并不构成“歧视”。美式 FTA 跨境服务贸易章非歧视义务的同类性因素不同于 GATS，没有采用“同

① Peter Van den Bossche, Werner Zdouc, *The Law and Policy of the World Trade Organization: Text, Cases and Materials*, Cambridge University Press, 2017, p. 756.

② 根据 GATT 1994 第 3. 2 条的注释，该条项下的国内税的国民待遇不仅适用于同类产品，还适用于直接竞争或替代产品。

类服务和服务提供者”的表述，而是“同类情形下的服务和服务提供者”[①]。“同类性”是国际贸易法中的一个关键概念，非歧视义务的适用前提是“同类性”的确定。

GATT 1994 的国民待遇适用于进口货物，而GATS 的国民待遇适用于进口服务和在国内市场上提供服务的外国服务提供者，但二者均不适用于通过出口向国外市场提供货物和服务的待遇。[②] GATT 1994 的国民待遇义务限于国内措施和相关要求，而 GATS 的国民待遇义务取决于成员作出的具体承诺。WTO 中的国民待遇义务是以不低于待遇标准来表示。

GATT 1994 的最惠国待遇不仅适用于进口，还适用于出口，以及运往其他成员领土的产品；在适用的措施类型方面，其不仅适用于国内税和法规，还适用于边境措施。[③] GATS 的最惠国待遇是一般义务，虽然 GATS 附有一个豁免最惠国待遇义务的附件。在最惠国待遇的标准方面，GATT 1994 的要求是将给予其他成员的“利益、优惠、特权或豁免”立即无条件地给予所有其他成员。GATS 最惠国待遇使用的是“不低于待遇”标准，国民待遇有关不低于待遇标准的解释适用于最惠国待遇。有些 FTA 通过混合 GATT 1994 和 GATS 采取的方法对非歧视原则的内涵和适用范围进行了修改和调整。

非歧视可以确保同类货物、服务和服务提供者之间的公平竞争，最大程度地减少市场中的扭曲并从贸易中获得更大的收益。基本的

① Art. 10. 2 and Art. 10. 3 of the Australia-US FTA, Art. 12. 2 and Art. 12. 3 of the Korea-US FTA, Art. 10. 3 and Art. 10. 4 of CPTPP, Art. 15. 3 and Art. 15. 4 of USMCA.

② Working Group on the Interaction between Trade and Competition Policy, The Fundamental WTO Principles of National Treatment, Most-Favoured-Nation Treatment and Transparency, Background Note by the Secretariat, WT/WGTCP/W/114, 14 April 1999, para. 20.

③ Working Group on the Interaction between Trade and Competition Policy, The Fundamental WTO Principles of National Treatment, Most-Favoured-Nation Treatment and Transparency, Background Note by the Secretariat, WT/WGTCP/W/114, 14 April 1999, paras. 43-44.

非歧视原则是货物和服务全球贸易体系的核心，也是数字贸易规制以及全球数字贸易规则谈判的重要内容。美国指出，明确规定国民待遇和最惠国待遇原则适用于数字贸易的规则可以直接推动数字贸易的稳定发展。① 但贸易待遇是协定待遇，不是一般的或习惯的国际法的待遇。② 国家之间取得什么样的贸易待遇取决于缔约方在国际经贸协定中的具体约定。WTO 非歧视待遇原则的法理和实践适用于数字贸易。由于数字贸易依托于互联网、依赖于数据流动，数字贸易非歧视待遇有关同类性和较低待遇的判定需要在借鉴 WTO 法理的基础上，结合数字贸易规制措施具体分析。

一　同类性的判定

（一）国际贸易法中同类性的认定标准

WTO 规则没有规定同类性的判定标准，同类性的认定必须建立在个案分析的基础上。GATT 1994 项下同类产品的判定已经发展出了较为成熟的法理，即基于 4 项标准：产品的物理特性、最终用途、消费者偏好、关税分类。③ 这些标准只是协助判定产品同类性的工具，它们并非基于条约的规定，也没有穷尽所有的因素。④ 上诉机构在“欧共体石棉案”中指出，在市场上处于竞争关系的产品可能受到进口产品“较低待遇”（相较于国内产品）的影响，因此，同类性一词应解释为适用于具有这种竞争关系的产品。从根本上说，确定同类性是确定产品之间竞争关系的性质和程度。当然，也并非所

---

① General Council, Work Program on Electronic Commerce, Non-Paper from the United States, JOB/GC/94, 4 July 2016, para. 2. 2.

② 韩立余：《世界贸易组织法》（第三版），中国人民大学出版社 2014 年版，第 63—64 页。

③ European Communities-Measures Affecting Asbestos and Asbestos-Containing Products, WT/DS135/AB/R, 12 March 2001, para. 101.

④ European Communities-Measures Affecting Asbestos and Asbestos-Containing Products, WT/DS135/AB/R, 12 March 2001, para. 102.

有处于某种竞争关系的产品都是“同类产品”。[①]

GATT 1994 项下的同类性的判定标准针对的是有形的货物贸易，而数字产品和数字服务具有无形性，且数字贸易的监管也更为复杂。GATS 项下同类性的探讨尚不充分。在“欧共体香蕉Ⅲ案”中，专家组根据服务的性质和特征来认定服务的同类性，提供同类服务的实体即为同类服务提供者。[②] 但专家组未对服务的性质和特征作进一步分析。在“加拿大汽车案”中，起诉方日本和欧共体均援引了“欧共体香蕉Ⅲ案”专家组报告有关同类性的判定标准，依据服务的性质和特征来认定服务的同类性，提供同类服务的提供者即为同类服务提供者。[③] 由于被诉方加拿大未对此提出质疑，专家组未进一步分析同类性的判定问题。[④] 不过，该案专家组确立了服务的提供模式不影响同类性的判定，通过不同模式提供的服务仍有可能构成同类服务。[⑤]

在“美国赌博案”中，起诉方安提瓜和被诉方美国对于服务和服务提供者的同类性判定持有不同看法。安提瓜借鉴了 GATT 1994 项下判定同类性的法理，从竞争关系的性质和程度入手，而美国主张不仅要考虑服务和提供者的竞争特征，还应考虑监管上的区别，在该案中同类性更多地取决于服务和提供者的监管特征。[⑥] 该案专家

---

① European Communities-Measures Affecting Asbestos and Asbestos-Containing Products, WT/DS135/AB/R, 12 March 2001, para. 99.

② European Communities-Regime for the Importation, Sale and Distribution of Bananas, WT/DS27/R/ECU, 22 May 1997, para. 7. 322.

③ Canada - Certain Measures Affecting the Automotive Industry, WT/DS139/R, WT/DS142/R, 11 February 2000, paras. 6. 842-6. 843 and paras. 6. 861-6. 862.

④ Canada - Certain Measures Affecting the Automotive Industry, WT/DS139/R, WT/DS142/R, 11 February 2000, para. 10. 247.

⑤ Canada - Certain Measures Affecting the Automotive Industry, WT/DS139/R, WT/DS142/R, 11 February 2000, para. 10. 307.

⑥ 李晓玲：《GATS 下服务与服务提供者的“同类性”研究》，《上海对外经贸大学学报》2014 年第 4 期，第 8 页。

组指出，由于一些被诉措施已经被裁定违反了 GATS 第 16 条，因此，没有必要审查该措施是否也违反了 GATS 第 17 条项下的国民待遇义务，对 GATS 第 16 条的裁决结果就能解决安提瓜诉请的实质。专家组对安提瓜依据 GATS 第 17 条提出的诉请行使了司法节制原则，未就“同类性”问题作出裁定。①

在“中国音像制品案”中，专家组根据差别待遇是否仅以来源地为基础来确定服务提供者的同类性。专家组指出，当来源地是衡量国内外服务提供者之间待遇差异的唯一因素时，只要国内外服务提供者除来源地之外，所有实质性方面均相同，就满足了“同类服务提供者”的要求。如果服务提供者的待遇差异除了与来源地有关，还与其他因素有关，则服务提供者的同类性需要进行更详细的分析。②

在“中国电子支付服务案”中，专家组没有援引 GATT 1994 有关同类性的相关法理，而是从“like”的通常含义出发，并考察了作为上下文的 GATS 第 17 条。专家组推断认为，GATS 第 17 条旨在确保为其他成员的同类服务提供平等的竞争机会。专家组指出，同类性的确定应基于与所比较服务的竞争关系有关的论点和证据展开。在特定案件中，如果所涉服务在竞争条件方面实质上或大致相同，就是 GATS 第 17 条项下的同类服务。③ 这一分析结论与 GATT 1994 项下判定同类性的法理极为相似，均强调竞争关系。但该案专家组并未论证应从哪些方面考察竞争条件。④ 在同类服务

---

① United States-Measures Affecting the Cross-Border Supply of Gambling and Betting Services, WT/DS285/R, 10 November 2004, para. 6. 426.

② China-Measures Affecting Trading Rights and Distribution Services for Certain Publications and Audiovisual Entertainment Products, WT/DS363/R, 12 August 2009, para. 7. 975.

③ China-Certain Measures Affecting Electronic Payment Services, WT/DS413/R, 16 July 2012, para. 7. 702.

④ 李晓玲：《GATS 下服务与服务提供者的“同类性”研究》，《上海对外经贸大学学报》2014 年第 4 期，第 14 页。

提供者的判定上，该案专家组同时适用了“中国音像制品案”专家组和“欧共体香蕉Ⅲ案”专家组确立的标准，并引入了对竞争关系的考量。①

FTA 非歧视义务中的“同类情形下的服务和服务提供者”的判定缺乏相关案例实践。CPTPP 第 10.3 条的脚注规定：“国民待遇或最惠国待遇是否在‘同类情形下’授予，取决于总体情形，包括相关待遇是否基于合法的公共福利目标对服务或服务提供者进行区分。”USMCA 第 15.3 条和第 15.4 条将该脚注的内容上升为协定的正文。判定“同类情形”需要考虑的因素更加全面和复杂，尤其需要考量待遇背后的政策目标。数字贸易规制中的互联网监管条件可能是需要考虑的因素之一。例如，如果一个国家的网络安全记录非常差，而另一个国家拥有健全的网络安全框架，则这两个国家的服务和服务提供者可能不处于同类情形下。数字贸易规制具有多元目标，如果一项规制措施对数字服务和服务提供者进行区分是基于合法的公共福利目标，则这些服务和服务提供者可能将不属于“同类情形”，该措施将豁免非歧视义务。但“基于合法的公共福利目标”的判定是否需要满足类似 WTO 一般例外条款适用中的“必需性测试”要求，仍然是不确定的。

（二）数字贸易中同类性的判定

在数字贸易中，有关数字产品和数字服务同类性的认定面临挑战。电子交付的服务和通过其他更传统的方式交付的服务是否为“同类服务”？相应的服务提供者是否构成“同类服务提供者”？WTO 秘书处在一份解释性说明文件中指出，同类性取决于产品或供应商本身的属性，而不取决于产品的交付方式。② 但 WTO 成员在此

① China – Certain Measures Affecting Electronic Payment Services, WT/DS413/R, 16 July 2012, para. 7.706.

② Council for Trade in Services, The Work Programme on Electronic Commerce, S/C/W/68, 16 November 1998, para. 10.

问题上无法达成共识，因此不确定性仍然存在。[①] 根据 WTO 的前述案例实践，服务的提供模式本身并不影响服务和提供者同类性的判定。从“服务的性质和特征”标准来看，如果不同服务之间仅仅是交付方式的不同，其性质和特征并无差别，那么这些服务应构成同类服务，相关的提供者构成同类服务提供者。数字贸易中同类性的认定又与数字贸易的归类问题紧密地联系在一起。从“美国赌博案”和“中国音像制品案”的裁决来看，争端解决机构已经将在线交付的传统服务和线下交付的传统服务视为同一种服务，因此通过不同方式交付的同一服务，必然应被视为同类服务。事实上，仅仅是交付方式不同的服务，它们在其他实质性方面均相同，则在市场上必然也存在竞争关系，这也可以佐证其同类性。

那么，含有载体的数字产品与在线传输的数字产品是否为“同类产品”？含载体的数字产品应被归类到 GATT 1994 项下的货物，而在线传输的数字产品具有无形性，根据本书第二章的分析应被定性为服务。按照 GATT 1994 项下同类产品的判定标准，这两类数字产品在物理特性和关税分类方面不具有可比性，但在最终用途方面具有很高的相似性，在市场上也存在竞争关系。在信息技术迅猛发展的今天，含载体的数字产品几乎被在线数字产品所替代。因此，不同数字产品之间仅仅是由于传输方式不同，它们应被视为同类产品。

新型数字产品和数字服务不断涌现，这些产品和服务之间的“同类性”如何判定？WTO 争端解决实践中形成的对同类性的判定标准值得参考和借鉴。当然，这些标准的适用必须基于总体的证据，并且具体问题具体分析。例如，对于搜索引擎服务，就性质和特征而言，Google 和百度都是基于计算机系统对数据的一系列操作而从

① Sacha Wunsch－Vincent，Arno Hold，“Towards Coherent Rules for Digital Trade：Building on Efforts in Multilateral versus Preferential Trade Negotiations”，in Mira Burri and Thomas Cottier，eds.，*Trade Governance in the Digital Age*：*World Trade Forum*，Cambridge University Press，2012，p. 184.

海量的网页中向用户提供最相关的结果。这两个公司虽然国籍不同，但提供的搜索引擎服务在设计和功能上几乎相同，在特定市场中应具有竞争性和可替代性，很可能构成同类服务。

数字贸易中的很多数字产品和数字服务属于文化产品，如视听制品和视听服务。文化产品具有文化和经济的双重属性，与国际贸易中的其他产品有所不同。那么在确定数字文化产品的同类性时，是否应融入文化因素的特别考量？“加拿大期刊案”涉及文化产品贸易，在同类性判定上的主要争议点是加拿大国内期刊和进口的美国期刊加拿大分刊是否为同类产品。被诉方加拿大指出，区别不同期刊的唯一特征是其内容，文化内容在文化产品的同类性判定中所起的作用类似于普通货物的物理特性在判定同类性时的作用。期刊的最终用途是传递特定信息，读者寻求的是期刊的内容，而非其载体。① 加拿大试图基于期刊内容的不同主张进口的美国期刊和国内期刊不构成同类产品，但加拿大基于文化因素区别产品的观点未得到专家组和上诉机构的支持。WTO 的法理和实践均未考虑文化因素在确定产品同类性方面的作用。有学者建议，需要对文化因素在判定产品同类性方面的作用予以适当考虑。② 文化安全是数字贸易规制的重要目标之一，在同类性判定时考虑文化因素有利于实现贸易利益和文化安全的协调。但文化因素的解释又涉及政治敏感问题，不同国家的立场难以调和，将文化因素纳入数字文化产品同类性的判定要素仍面临现实障碍。

二　较低待遇的判定

（一）国际贸易法中较低待遇的认定标准

根据 GATS 第 17 条，对同类服务和服务提供者的不同待遇，只

---

① Canada - Certain Measures Concerning Periodicals, WT/DS31/R, 14 March 1997, para. 3. 68.

② 石静霞：《“同类产品”判定中的文化因素考量与中国文化贸易发展》，《中国法学》2012 年第 3 期，第 61—62 页。

有在改变了相关市场的竞争条件，损害了外国服务和服务提供者时，才违反国民待遇义务。较低待遇标准保护的是对当前和未来贸易的国内市场的平等竞争机会的预期，而非具体结果。① 根据不低于待遇的要求，有效的平等竞争机会只是最低标准，成员可以自由授予进口货物、服务或服务提供者更优惠的待遇。GATS 第 17.2 条和第 17.3 条涵盖了法律上的歧视和事实上的歧视，因为其义务适用于形式上相同和形式上不同的措施。法律上的歧视基于来源地，涉及对外国服务或服务提供者产生负面影响的措施，而确定事实上的歧视的标准更加不清晰。国民待遇有关不低于待遇标准的解释适用于最惠国待遇。虽然只有 GATS 第 17 条明确规定禁止法律上的歧视和事实上的歧视，但在争端解决实践中 GATT 1994 第 1 条和第 2 条也适用于涉及事实上的歧视的措施。②

上诉机构在“欧共体海豹制品案”中对 GATT 1994 第 3.4 条中的不低于待遇标准作了如下概括。（1）“不低于待遇”的术语要求进口产品与国内同类产品具有有效的平等竞争机会。（2）进口产品与国内同类产品待遇的形式上的差异对于确定进口产品被授予较低待遇，既不必要也不充分。（3）由于第 3.4 条涉及确保进口产品的有效平等竞争机会，确定进口产品是否被授予较低待遇需要评估争议措施对竞争条件的影响。如果评估结果认为，争议措施对进口的同类产品的竞争条件产生不利影响，则这种不利影响将构成 GATT 1994 第 3.4 条中的较低待遇。（4）如果一项措施被认定为改变了相关国内市场的竞争条件而损害了进口产品，则该措施与对进口产品

---

① Working Group on the Interaction between Trade and Competition Policy, The Fundamental WTO Principles of National Treatment, Most-Favoured-Nation Treatment and Transparency, Background Note by the Secretariat, WT/WGTCP/W/114, 14 April 1999, para. 29.

② European Communities-Regime for the Importation, Sale and Distribution of Bananas, WT/DS27/AB/R, 9 September 1997, para. 232.

竞争机会的不利影响之间必须存在“真正联系”。[①]

监管的政策目标是否可以成为分析较低待遇的因素？上诉机构在“阿根廷金融服务案”中指出，在非歧视条款背景下分析监管目标将破坏 GATS 项下的现有平衡。[②] 但这并不意味着，在评估争议措施是否授予较低待遇时，监管方面的因素完全无关而应被事先排除。上诉机构认为，这种评估必须从对措施的仔细审查开始，包括考虑争议措施的设计、结构和预期操作。在这种评估中，就与监管方面有关的证据影响竞争条件的程度而言，可以视案件的具体情况而将其考虑在内，并作为分析争议措施是否改变了竞争条件而损害了其他成员的同类服务或服务提供者的一部分。[③]

在分析非歧视义务的较低待遇时，GATS 第 17.1 条的脚注需要引起注意，其规定：“根据本条承担的具体承诺不得解释为要求任何成员对由于有关服务或服务提供者的外国特征而产生的任何固有的竞争劣势作出补偿。”导致固有竞争劣势的外国特征，通常与诸如语言障碍、文化差异或服务提供者与服务消费者之间的实际距离有关。[④] “加拿大汽车案”专家组指出，GATS 第 17 条的脚注仅仅豁免成员在适用国民待遇规定方面对由于外国特征引起的劣势作出补偿，但它不能成为可能改变服务和服务提供者的竞争条件的行动借口，这些服务和服务提供者由于其外国特征已经处于劣势地位。[⑤] 上诉机构在“阿根廷金融服务案”中指出，GATS 第 17.1 条脚注中的“劣

---

① European Communities - Measures Prohibiting the Importation and Marketing of Seal Products, WT/DS400/AB/R, WT/DS401/AB/R, 22 May 2014, para. 5. 101.

② Argentina-Measures Relating to Trade in Goods and Services, WT/DS453/AB/R, 14 April 2016, para. 6. 115.

③ Argentina-Measures Relating to Trade in Goods and Services, WT/DS453/AB/R, 14 April 2016, para. 6. 127.

④ Peter Van den Bossche, Werner Zdouc, *The Law and Policy of the World Trade Organization: Text, Cases and Materials*, Cambridge University Press, 2017, p. 946.

⑤ Canada - Certain Measures Affecting the Automotive Industry, WT/DS139/R, WT/DS142/R, 11 February 2000, para. 10. 300.

势”必须是由于服务和服务提供者的外国特征而固有的，而绝不能由影响服务贸易的措施所导致。“固有的竞争劣势”不包括也不应该掩盖真正归因于争议措施的不利影响。①

（二）数字贸易中较低待遇的判定

WTO 争端解决实践中形成的判定较低待遇的法律标准适用于数字贸易规制中的非歧视待遇。在争端诉讼中，起诉方必须证明被诉方的规制措施改变了竞争条件，从而损害了外国的同类服务或服务提供者。GATS 第 6.1 条规定：“在已作出具体承诺的部门中，每一成员应保证所有影响服务贸易的普遍适用的措施以合理、客观、公正的方式实施。”一国政府机关在对外国互联网服务提供者的许可申请进行审批时，如果没有遵循正当程序，或给外国申请者增加了不合理负担，或没有正当的可拒绝理由却拒绝授予申请者 ICP 执照，将阻碍或禁止外国服务或服务提供者参与国内的数字贸易市场，构成事实上的较低待遇。《欧日 EPA》认识到了繁重的审批要求对数字服务的影响，其第 8.75 条要求缔约方不得对以电子方式实现的服务提供施加事先授权要求或具有同等效力的任何其他要求，除非涉及并非专门针对以电子方式提供的服务的授权以及电信领域的规则。

关于互联网审查，有报告称，要求所有的互联网流量通过一个国家的防火墙会导致传输迟延，这可能会严重降低服务质量，减少成交金额和业务量，在某些情况下甚至达到商业上无法接受的水平，从而抑制或排除某些服务的跨境提供。② 互联网连接速度的变慢是否可以归于 GATS 第 17.1 条脚注中的“外国特征”，从而豁免该条项下的国民待遇义务？根据“加拿大汽车案”和“阿根廷金融服务案”的相关裁决，外国特征必须是服务或服务提供者固有的，而非影响服务贸易的措施所致，并且该脚注仅豁免成员的补偿义务。网

---

① Argentina-Measures Relating to Trade in Goods and Services, WT/DS453/AB/R, 14 April 2016, para. 6. 146.

② USTR, 2018 *National Trade Estimate Report on Foreign Trade Barriers*, p. 104.

速变慢正是互联网审查措施产生的不利影响，并非数字服务的外国特征而产生的固有竞争劣势。因此，互联网审查导致网速变慢，从而给外国服务和服务提供者造成较低待遇并不能从 GATS 第 17.1 条的脚注中找到抗辩依据。

在互联网审查中，同类情形下，审查机构可能只通知某个国内网站删除有违法内容的单个页面，而对于外国网站则倾向于不成比例的整体屏蔽。[①] 对外国网站的屏蔽可以构成对外国服务和服务提供者的"零配额"，如果外国网站和国内网站提供的服务构成同类服务，则相关服务在国内市场中的占有率必然存在此消彼长的关系，因此，屏蔽外国网站很可能导致国内相关数字贸易产业的市场份额增加，从而对外国服务和服务提供者构成"较低待遇"。FTA 的数字贸易规则没有直接回应互联网审查可能造成的歧视待遇，但互联网审查措施可能会受到某些数字贸易条款的约束，如 CPTPP 第 14.10 条的"为电子商务而接入和使用互联网的原则"[②]。该条款要求确保消费者能自由接入和使用互联网服务。但这一规定不具有强制性，无法为受到互联网屏蔽或过滤措施影响的服务提供商提供法律救济。

对于跨境数据流动的规制，为确定一项限制跨境数据流动的措施是否构成"较低待遇"，需要仔细分析该措施的效果和对贸易的影响。一些国家要求将数据存储在一国境内或不允许将某些数据传输到境外，甚至还把企业在该国境内建立数据中心作为在该国境内提供数字服务的条件。一些国家虽然不完全禁止数据传输，但要求将数据副本存储在其境内。这些限制措施可能会导致数字服务提供商的效率低下，增加跨境开展业务的成本和减少消费者的选择，影响向客户提供服务的能力。一项要求在本地处理财务数据的措施，可

---

① Fredrik Erixon, Brian Hindley and Hosuk Lee-Makiyama, *Protectionism Online: Internet Censorship and International Trade Law*, ECIPE Working Paper, No. 12, 2009, p. 14.

② 相关分析可参见谭观福《TPP 电子商务章中的互联网监管规则与中国互联网监管》，载张磊主编《国际经贸治理评论》第 1 辑，法律出版社 2016 年版，第 69—70 页。

能构成对其业务的市场准入限制，也可能构成提供金融服务方面的事实上的竞争劣势，因为该公司在本地处理数据会产生更高的费用，并且对于通常要在国外处理或存储其数据的外国公司而言是不利的。[①] 对跨境数据流动的限制也将使中小微企业更难以参与全球价值链。小型企业可能缺乏足够的资源来构建本地服务器，因此，可能会因数据本地化法律而无法进入一国的数字贸易市场。此外，政府对本地存储数据的访问可能会降低消费者和企业提供个人数据和使用云计算服务的意愿。

政府通常主张对跨境数据流动实施限制的原因是保护个人隐私，并确保执法时访问数据。但数据本地化要求也可能会像保护本国公司的本地内容要求那样起保护主义政策的作用，特别是在数据随着大数据服务和人工智能的增长而大幅增值的情况下。[②] 根据上诉机构在“阿根廷金融服务案”中的观点，监管的政策目标对于判定较低待遇并非完全无关，而应视具体情况将其考虑在内。相较于基于合法监管目标且对贸易的影响更为有限的数据本地化措施，一项影响国际贸易且受贸易保护主义动力驱使的影响深远的数据本地化措施更有可能构成“较低待遇”。[③]

三　数字贸易非歧视义务规则的发展

在美式 FTA 的数字贸易规则中，影响以电子方式递送或实现的服务提供的措施应受到协定中有关投资、服务和金融服务相关规则

---

① Martina Francesca Ferracane, “Data Flows and National Security: A Conceptual Framework to Assess Restrictions on Data Flows under GATS Security Exception”, *Digital Policy, Regulation and Governance*, Vol. 21, No. 1, 2019, pp. 48-49.

② Mark Wu, *Digital Trade-Related Provisions in Regional Trade Agreements: Existing Models and Lessons for the Multilateral Trade System*, RTA Exchange, International Centre for Trade and Sustainable Development and the Inter-American Development Bank, 2017, p. 24.

③ Susannah Hodson, “Applying WTO and FTA Disciplines to Data Localization Measures”, *World Trade Review*, Vol. 18, No. 4, 2019, p. 592.

的约束。因此，数字贸易中的非歧视义务通常也包含投资、服务等相关章节中的非歧视纪律。很多 FTA 还直接规定了数字产品的非歧视待遇来确保数字产品贸易的自由化。① 在 WTO 电子商务诸边谈判中，很多发达成员提交的提案都包含了数字产品非歧视待遇条款，典型的是美国和日本。②

FTA 电子商务章/数字贸易章对国民待遇和最惠国待遇的承诺使用了非常相似的措辞。一些 FTA 在同一个段落中规定了国民待遇和最惠国待遇，作为数字产品非歧视待遇一般承诺的一部分，③ 而大部分 FTA 则分别列出了国民待遇和最惠国待遇义务。④ 美式 FTA 数字产品非歧视义务规则通过混合 GATT 1994 和 GATS 采取的方法对非歧视原则进行了调整。非歧视原则中的国民待遇和最惠国待遇义务在原则上都是无条件适用。这一做法更接近 GATT 1994，而不同于 GATS，GATS 成员只有在对某服务部门作出具体承诺时才对该部门承担国民待遇义务。FTA 通常还规定，这两项义务不适用于投资和服务章中的不符措施、服务补贴以及在行使政府权力过程中提供的服务。⑤ 这一特征以 GATS 为蓝本，因为 GATS 允许成员豁免最惠国待遇和国民待遇义务。⑥

---

① Art. 16. 4 of the Australia – US FTA, Art. 15. 4 of the Chile – US FTA, Art. 14. 4 of CPTPP, Art. 19. 4 of USMCA.

② WTO Electronic Commerce Negotiations Consolidated Negotiating Text–December 2020, INF/ ECOM/ 62/ Rev. 1, 14 December 2020, p. 23.

③ *E. g.*, Art. 14. 4. 1 of CPTPP, Art. 19. 4. 1 of USMCA, Art. 8. 1 of the Agreement between the US and Japan Concerning Digital Trade.

④ Mira Burri, "Rodrigo Polanco, Digital Trade Provisions in Preferential Trade Agreements: Introducing a New Dataset", *Journal of International Economic Law*, Vol. 23, No. 1, 2020, p. 201.

⑤ Art. 16. 4. 3 of the Australia–US FTA, Art. 15. 3. 4 of the Korea–US FTA, Art. 14. 4. 3 of CPTPP, Art. 19. 4. 2 of USMCA.

⑥ Henry Gao, "Regulation of Digital Trade in US Free Trade Agreements: From Trade Regulation to Digital Regulation", *Legal Issues of Economic Integration*, Vol. 45, No. 1, 2018, p. 59.

美式 FTA 数字贸易规则禁止的歧视通常包括“在另一缔约方领土内创造、生产、出版、存储、传输、订约、委托或首次商业化提供的数字产品受到较低待遇”，还涉及“该数字产品的作者、表演者、生产者、开发者或经销商是另一缔约方的人士”的情形。① 换言之，国民待遇和最惠国待遇不仅适用于 GATT 1994 中的外国产品，也适用于 GATS 中的外国生产者。《美澳 FTA》和《美新 FTA》比 GATS 更进一步，将国民待遇义务扩大到非缔约方的数字产品和生产商。② 可见，美式 FTA 中的数字产品非歧视待遇条款兼采“产品生产地”和“生产者国籍”两项标准认定非歧视待遇的涵盖范围。③

相较于早期的美式 FTA，CPTPP 数字产品非歧视义务的适用范围有所调整。首先，早期的美式 FTA 基本涵盖了“在另一缔约方境内创造、生产、出版、存储、传输、订约、委托或首次商业化提供”的数字产品。但 CPTPP 从列表中删除了“存储”和“传输”，拒绝对存储在 CPTPP 缔约国的服务器但非原产于 CPTPP 缔约国的数字产品给予非歧视待遇。④ CPTPP 如此规定，与其对数字产品的定义有关。《美澳 FTA》和《美新 FTA》等早期 FTA 对数字产品的定义除了包括完全在线传输的产品外，还涵盖具有物理载体的数字产品，而数字产品的“存储”和“传输”与物理载体紧密相关，因此早期 FTA 的非歧视义务条款适用于在双方领土上存储或传输的数字产品。而 CPTPP 定义的数字产品强调“可以电子方式传输”，以电子方式传输的数字产品成为主流，并且 CPTPP 已经禁止计算设施本地化，

---

① Art. 16. 4 of the Australia-US FTA, Art. 15. 4 of the Chile-US FTA, Art. 14. 3 of the Singapore-US FTA.

② Art. 16. 4. 1 of the Australia-US FTA, Art. 14. 3. 3 of the Singapore-US FTA.

③ 赵海乐：《数字产品非歧视待遇条款对我国国家利益的影响与对策》，《国际贸易》2023 年第 3 期，第 87 页。

④ Art. 14. 4 of CPTPP.

这使得“存储”难以成为提供歧视待遇的理由。①

同样，早期的美式 FTA 中的数字产品非歧视义务涵盖了“此类数字产品的作者、表演者、生产者、开发者或经销商是另一缔约方的人士”。但 CPTPP 第 14.4.1 条删除了“经销商”一词，CPTPP 实际上允许缔约方拒绝对流行的应用程序经销商给予非歧视待遇。在 CPTPP 框架下，非歧视的利益仅授予那些在塑造产品内容中起直接作用的人，而不是仅仅为产品提供存储或分销服务的人。② 相较于早期的美式 FTA，CPTPP 第 14.4.1 条规定的数字产品非歧视待遇的适用对象增加了数字产品的“所有者”。CPTPP 第 14.4.1 条的脚注进一步明确，如一非缔约方的数字产品属于“同类数字产品”，则就本款而言，这一产品将被视为符合“其他同类数字产品”。这表明在该条规定的数字产品非歧视待遇义务中，同类产品的比较对象不仅限于一缔约方给予 CPTPP 其他缔约方同类数字产品的待遇，还包括该缔约方给予非 CPTPP 缔约方同类数字产品的待遇。③

《美国日本数字贸易协定》明确规定，数字产品的非歧视待遇适用于税收措施。④ 这一规定可能是为了回应当前国际上有关数字服务税的争议，防止数字服务税的不当征收构成歧视待遇。一些 FTA 的数字产品非歧视义务条款特别强调了禁止事实上的歧视，使用了《WTO 协定》中常见的“对贸易的变相限制”的措辞。例如，《印度新加坡全面经济合作协定》第 10.4.4 条规定：“缔约方不得因第 3 款中未列明的因素而对某些数字产品给予较低待遇，这些因素导

---

① Jie Huang, “Comparison of E-commerce Regulations in Chinese and American FTAs: Converging Approaches, Diverging Contents, and Polycentric Directions?”, *Netherlands International Law Review*, Vol. 64, No. 2, 2017, p. 321.

② Henry Gao, “Regulation of Digital Trade in US Free Trade Agreements: From Trade Regulation to Digital Regulation”, *Legal Issues of Economic Integration*, Vol. 45, No. 1, 2018, pp. 67-68.

③ 石静霞：《中国加入 CPTPP 谈判中的服务贸易重点问题》，《中外法学》2023 年第 4 期，第 861 页。

④ Art. 6 of the Agreement between the US and Japan Concerning Digital Trade.

致对国内数字产品提供保护和/或对另一缔约方的数字产品贸易构成变相限制。”鉴于跨境数据流动对于数字贸易的特殊重要性，数字贸易非歧视待遇的实现还与数据流动规制密切相关。因此，CPTPP 和 USMCA 还明确强调了在个人数据保护方面的非歧视待遇。[①] 例如，USMCA 第 19. 8. 4 条规定：“缔约方在保护电子商务使用者在其管辖法域中免遭个人信息侵犯行为时，应尽力采取非歧视的做法。”

当然，数字产品非歧视待遇规则也存在例外情形。CPTPP 第 14. 4 条规定了 3 种例外，即知识产权规则例外、政府补贴例外和广播例外。USMCA 第 19. 4 条也规定了政府补贴例外。

第三节 数字贸易自由化的实现路径

《WTO 协定》涵盖了相当全面的贸易自由化纪律，GATS、GATT 1994、ITA、TBT、TRIPS 协定等多边贸易规则适用于数字贸易，这为数字贸易自由化的实现提供了多边框架。WTO 规则也进行了一些更新（如 ITA 的成功扩围），但到目前为止在 WTO 主持下的法律适应尚未取得进展，WTO 规则迄今仍未对数字化引发的各种变化作出前瞻性反应。虽然 WTO 争端解决机构处理了部分与数字贸易有关的争端，但司法移植无法取代就数字贸易的实质问题达成的政治共识。[②] WTO 裁决确立的判例尚未转化为《WTO 协定》中有约束力的义务，不一定反映所有成员的立场，因而降低了法律确定性。

现有的多边贸易框架未能充分激励 WTO 成员改善数字贸易的市场准入或减少数字贸易的歧视性壁垒。GATS 的结构允许成员在对数

---

① Art. 14. 8. 3 of CPTPP, Art. 19. 8. 4 of USMCA.

② Mira Burri, "Adapting Trade Rules for the Age of Big Data", in Antony Taubman and Jayashree Watal, eds., *Trade in Knowledge: Intellectual Property, Trade and Development in a Transformed Global Economy*, Cambridge University Press, 2022, p. 605.

字服务部门作出市场准入和国民待遇承诺时保留很大的规制空间。由于缺乏监管能力和出于保护国内数字部门的目的，大多数发展中成员不愿扩大数字服务部门的承诺。[①] 2016 年以来，数字贸易议题重新引起 WTO 成员的广泛关注，成员纷纷向 WTO 提交电子商务探索性文件，目前已经在 WTO 框架下发起电子商务诸边谈判以制定相关国际规则。不过，成员对于数字贸易议题的规则制定仍存在很大分歧。是为数字贸易创立新规则，还是坚持现有承诺；是解决数字贸易壁垒，还是保留数字贸易规制的政策空间，成员之间存在不同意愿。

WTO 成员之间在数字产品的定义、数字服务的归类以及视听部门和云计算部门的敏感性方面存在的分歧，以及对跨境数据流动规制的不同立场，在过去的 20 年间阻止了数字贸易的自由化。为促进数字贸易自由化的发展，WTO 成员应努力解决数字贸易归类问题，并协调跨境数据流动规则。[②] 此外，WTO 电子商务谈判应特别关注发展问题，着力弥合数字鸿沟。同时，FTA 仍然可以并将继续成为推动数字贸易自由化的重要场所。

一　关注发展问题，弥合数字鸿沟

新冠疫情加速了国际贸易的数字化趋势，凸显了数字贸易的重要性，这在一定程度上有助于推动 WTO 电子商务谈判。将来达成的 WTO 电子商务诸边协定可以采取“临界数量”的生效方式，将参与谈判的成员在数字贸易领域的贸易权重作为协定的生效要件，并在最惠国待遇原则的基础上适用于所有成员。

从诸边协定（如 ITA）的谈判实践来看，贸易大国往往在诸边

---

① Andrew D. Mitchell, Neha Mishra, “Data at the Docks: Modernizing International Trade Law for the Digital Economy”, *Vanderbilt Journal of Entertainment and Technology Law*, Vol. 20, No. 4, 2018, pp. 1118–1119.

② 相关分析参见本书第二章和第三章。

谈判中掌握了规则制定权，发展中成员的参与意愿并不高，只能成为标准和规则的被动接受者。[①] 76 个成员在 2019 年 1 月签署的《电子商务联合声明》中特别提到，要充分认识并考虑发展中国家成员和最不发达国家成员在电子商务领域面临的独特机遇和挑战。[②] 参与 WTO 电子商务谈判的成员虽然涵盖的范围较广，但非洲国家、最不发达成员对谈判的参与较少，这反映了电子商务谈判在成员构成上的包容性不足。WTO 电子商务谈判应特别关注发展问题，着力弥合数字鸿沟。数字鸿沟是信息时代的全球问题，发展中国家成员在实现数字贸易发展领域面临各自挑战。发展中国家成员的互联网基础设施建设以及必要的智力、人力资本不足，缺乏制定和实施企业数字贸易战略所需的管理技能，缺乏有影响力的品牌，也缺乏完善的数字贸易法规环境。[③] 当前，数字产业发展和要素分配呈现不断集中的马太效应。拥有大型数字平台企业和数据中心的国家具有数据优势，在全球范围内拥有强大的市场和技术力量，进而掌握更多用户数据。与此相对应，缺少原始数据就难以发展数字智能、数字设施和数字技术，进而导致数字先发国和后发国间数字鸿沟加剧。[④] WTO 秘书处于 2020 年 5 月发布的《电子商务、贸易和新型冠状病毒肺炎大流行》报告指出，这种流行病凸显了弥合国家内部和国家之间的数字鸿沟的迫切需要。发展中国家尤其是最不发达国家的小生产者、销售者和消费者在参与电子商务活动方面面临的传统障碍

---

① 钟英通：《WTO 体制中的诸边协定问题释微——以〈信息技术协定〉为例》，《甘肃政法学院学报》2017 年第 3 期，第 146 页；谭观福：《WTO 改革的诸边协定模式探究》，《现代管理科学》2019 年第 6 期，第 77—78 页。

② Joint Statement on Electronic Commerce, WT/L/1056, 25 January 2019.

③ Adel A. Alyoubi, "E-commerce in Developing Countries and How to Develop Them During the Introduction of Modern Systems", *Procedia Computer Science*, Vol. 65, 2015, p. 481.

④ 中国信息通信研究院：《全球数字经贸规则年度观察报告（2023 年）》，第 4—5 页，http://www.caict.ac.cn/kxyj/qwfb/bps/202311/P020231212300152281587.pdf，最后访问时间：2024 年 5 月 1 日。

在疫情期间被进一步放大。[①]

与通常由权力驱动的大多数 FTA 相比，WTO 非常适合理解和支持发展中国家的关切。1998 年通过的《电子商务工作计划》特别指示贸易与发展委员会考虑发展中国家的经济、金融和发展需要，审查并报告电子商务对发展的影响。[②] 2016 年，巴基斯坦和哥斯达黎加等发展中成员发起成立了“电子商务发展之友”（Friends of E-commerce for Development，下文简称 FED）集团。[③] FED 集团坚持电子商务的发展导向，要求 WTO 重点解决发展中国家成员的发展关切。GATS 第 4 条规定了“发展中国家的更多参与”的机制，[④] 发达国家可以通过这些机制促进发展中国家和最不发达国家参与数字贸易，对其授予特殊与差别待遇。在数字贸易国际规则谈判中，应加强数字领域包容性发展议题的讨论，围绕发展中国家关切领域开展更务实合作、制定更公平规则。[⑤] 具体而言，应允

---

① WTO Secretariat，“E－commerce，Trade and the COVID－19 Pandemic”，4 May 2020，p. 1，https：//www. wto. org/english/tratop_e/covid19_e/ecommerce_report_e. pdf，last visited 1 May 2024.

② General Council，Work Programme on Electronic Commerce，Adopted by the General Council on 25 September 1998，WT/L/274，30 September 1998，para. 5. 1.

③ 中国于 2017 年 9 月加入了 FED 集团。

④ GATS 第 4 条规定：“1. 不同成员应按照本协定第三部分和第四部分，通过谈判达成有关以下内容的具体承诺，以便利发展中国家成员更多地参与世界贸易：（a）增强其国内服务能力、效率和竞争力，特别是通过在商业基础上获得技术；（b）改善其进入分销渠道和利用信息网络的机会；以及（c）在对其有出口利益的部门和服务提供方式实现市场准入自由化。2. 发达国家成员和在可能的限度内的其他成员，应在自《WTO 协定》生效之日起 2 年内设立联络点，以便利发展中国家成员的服务提供者获得与其各自市场有关的、关于以下内容的信息：（a）服务提供的商业和技术方面的内容；（b）专业资格的登记、认可和获得；以及（c）服务技术的可获性。3. 应在最不发达国家成员实施第 1 款和第 2 款方面给予特别优先。鉴于最不发达国家的特殊经济状况及其发展、贸易和财政需要，对于它们在接受谈判达成的具体承诺方面存在的严重困难应予特殊考虑。”

⑤ 中国信息通信研究院：《全球数字经贸规则年度观察报告（2022 年）》，第 29—30 页，http：//www. caict. ac. cn/kxyj/qwfb/bps/202207/P020220729550446286663. pdf，最后访问时间：2024 年 5 月 1 日。

许发展中国家和最不发达国家在数字贸易市场开放领域保留更多的规制空间，享有较长的过渡期限，以鼓励其参与数字贸易。WTO可以采取措施向发展中国家成员提供技术援助或贸易融资；促进发展中国家成员电子支付服务的便利化；在贸易与发展委员会中发起更多对话，以实现信息共享。WTO解决发展问题的举措不仅能产生政治善意，还能增强发展中国家成员进行其他改革的能力，从而扩大对数字贸易自由化的承诺。①

弥合数字鸿沟还特别需要其他国际组织的协助，如筹资机制将由国际货币基金组织和世界银行集团提供。② 发展中国家自身也应完善电信、物流、金融等领域的基础设施建设，通过培训和教育加强数字贸易技能的能力建设，出台支持数字贸易的法规或政策以创造良好的营商环境。③ 发展中国家可以利用TFA的实施来协助中小微企业开展跨境数字贸易。在某种程度上，这也将弥合发展中国家和发达国家之间存在的部分数字鸿沟。④

《电子商务协定》为解决数字贸易的发展问题，规定了内容丰富的"发展"条款。协定第20条（发展）包含19款，强调加强国际努力弥合数字鸿沟，实现包容性数字经济，为发展中国家成员和最不发达国家成员提供技术援助，加强其能力建设。

---

① Andrew D. Mitchell, Neha Mishra, "Data at the Docks: Modernizing International Trade Law for the Digital Economy", *Vanderbilt Journal of Entertainment and Technology Law*, Vol. 20, No. 4, 2018, pp. 1125–1126.

② Rolf H. Weber, "Digital Trade in WTO Law: Taking Stock and Looking Ahead", *Asian Journal of WTO and International Health Law and Policy*, Vol. 5, No. 1, 2010, p. 20.

③ Adel A. Alyoubi, "E-commerce in Developing Countries and How to Develop Them During the Introduction of Modern Systems", *Procedia Computer Science*, Vol. 65, 2015, p. 482.

④ Rutendo Tavengerwei, "Using Trade Facilitation to Assist MSMEs in E-Commerce in Developing Countries", *Journal of International Economic Law*, Vol. 21, No. 2, 2018, p. 377.

二　重视 FTA 在推动数字贸易自由化中的作用

TISA 是部分 WTO 成员在 WTO 框架外进行谈判的诸边贸易协定，旨在促进全球服务贸易进一步自由化，建立高标准的服务贸易规范，并希望在未来纳入 WTO 多边体系。[①] TISA 谈判自 2013 年启动以来已经进行 21 个回合。维基解密网站披露了 TISA 电子商务章的文本，[②] 其适用于影响使用电子方式或通过电子方式实现的服务贸易的措施，但金融服务和政府采购被排除在外。TISA 包括了跨境数据流动、在线消费者保护、个人数据保护、垃圾邮件、源代码的转移或获取、计算设施本地化等条款。遗憾的是，TISA 谈判自 2016 年 11 月以来一直处于停滞状态。

在 WTO 未能对数字贸易进行法律上的适应性调整背景下，FTA 在构建数字贸易规制的国际法律框架中起了重要作用。FTA（尤其是美式 FTA）中的电子商务/数字贸易章节包括了很多超 WTO（WTO-plus）承诺，并阐明了 WTO 成员无法达成共识的一些问题。FTA 还解决了 WTO 之外（WTO-extra）的问题，如跨境数据流动、源代码、消费者保护等，这些议题的规则促进了缔约方国内法律和政策的协调。缔约方更容易在 FTA 框架下调和利益分歧，达成和解。FTA 也很适合解决新一代的贸易壁垒，如数据本地化措施。但不同 FTA 的数字贸易规则存在差异，从长远来看完全依赖 FTA 框架来规制数字贸易可能会造成不利影响。FTA 加剧了世界财富分配的不对称和规则的碎片化，没有促进全球范围内的跨境数据自由流动。很多发展中国家甚至一些发达国家还没有一个数字化战略，并且尚未

---

① 宋锡祥、翟雨佳：《TISA 对我国服务贸易及相关规制的影响与应对法律措施》，载倪受彬、殷敏主编《国际贸易法论丛》第 7 卷，中国政法大学出版社 2017 年版，第 130 页。

② Wikileaks, Trade in Service Agreement (TISA) Annex on Electronic Commerce, 3 June 2015.

在其 *FTA* 中对数字贸易作出实质性的新的承诺。①

尽管通过 FTA 规制数字贸易存在一些不足，但 FTA 仍然可以并将继续成为推动数字贸易自由化的重要场所。鉴于不同国家在数字贸易问题上存在强烈的意识形态分歧，FTA 可以扮演数字贸易国际规则构建的“实验室”的角色。当某个特定的数字贸易规则模板在 FTA 谈判中被广泛地提及或使用时，该模板很可能在多边层面得到更广泛的支持。FTA 谈判可以帮助各国为应对在 WTO 的电子商务议程进行压力测试，并就与数字贸易有关的原则达成粗略共识。② 部分 FTA 中的数字贸易章节很可能成为将来的 WTO 电子商务诸边协定的规则模板。在规则制定方面，FTA 为 WTO 的发展起到先导作用，FTA 的试验最终会回归到 WTO。③

---

① Mira Burri, “Adapting Trade Rules for the Age of Big Data”, in Antony Taubman and Jayashree Watal, eds., *Trade in Knowledge: Intellectual Property, Trade and Development in a Transformed Global Economy*, Cambridge University Press, 2022, pp. 614-615.

② Andrew D. Mitchell, Neha Mishra, “Data at the Docks: Modernizing International Trade Law for the Digital Economy”, *Vanderbilt Journal of Entertainment and Technology Law*, Vol. 20, No. 4, 2018, p. 1108.

③ 左海聪：《世界贸易组织的现状与未来》，《国际法研究》2015 年第 5 期，第 73 页。

第五章

数字贸易规制的例外

从广义上讲，贸易规制的例外涵盖的内容非常广泛，大体上可分为承诺例外和免责例外两大类。承诺例外是指一国在对外作出贸易承诺时，明确某些贸易部门不受贸易自由化纪律约束，由此保留对其进行限制的权利的情形。例如，一些 FTA 通过负面清单的方式列出与国民待遇等义务不符的措施，这些不符措施就属于承诺例外。GATS 第 2 条也允许成员维持与最惠国待遇不符的某些措施。承诺例外本质上解决的是市场准入的问题。免责例外是指在一国已经作出贸易自由化承诺的部门中，基于合法公共政策目标而采取的限制措施在符合一定条件时可免于承担责任的情形，典型的是一般例外和国家安全例外。

数字贸易规制的例外也包括承诺例外和免责例外。在 FTA 中，数字贸易/电子商务章节本身限定了相关纪律的适用范围，如 USMCA 第 19.2.3 条规定数字贸易章不适用于政府采购。同时，由于数字贸易通常还要受到跨境服务贸易、投资等其他章节规则的约束，其他相关章节的不符措施应适用于数字贸易。很多 FTA 的不符措施包括了视听服务等文化产品。文化产品是指含有文化内容的商品，具有经济和文化的双重属性，对社会凝聚力有重要作用。数字贸易中的很多数字产品和数字服务都属于文化产品，如视听制品和视听服务。不同国家对于文化产品贸易是否应适用自由贸易规则存在很大争议，一些国家（如法国和加拿大）甚至提出了文化例外的主张，强调文化产品贸易不适用自由贸易规则。这种文化例外就属于承诺例外。

数字贸易规制的免责例外包括一般例外和国家安全例外。数字贸易规制具有多元目标，规制措施需要协调贸易价值和非贸易价值。WTO有关数字贸易谈判的僵局反映了目前的WTO构架是否非常适合对隐私、安全以及互联网治理等问题作出判断的不确定性。这种不确定性增加了各国采取保护主义措施的政策空间，因为在实践中是否需要这些措施来保护重要的非经济利益或是否存在对贸易限制更小的替代方案，并不明晰。限制数字贸易的例子包括禁止在公共部门中使用某些数字产品、数据本地化措施、互联网屏蔽和过滤等，这些限制措施可能严重影响企业运营和向客户提供服务的能力。[①]《WTO协定》和很多FTA都包含一般例外和安全例外条款。在含有电子商务/数字贸易章节的FTA中，其一般例外条款和安全例外条款都适用于数字贸易。[②] 一国基于合法政策目标或国家安全的理由对数字贸易采取的限制措施，如果符合一定条件，可豁免贸易自由化义务。在WTO电子商务谈判中，如何为相应规则设置例外、确保成员的政策灵活性，也成为各成员关注的重要议题。本章重点探讨数字贸易规制的免责例外。

第一节　探讨数字贸易规制的例外的必要性

出于数据安全、隐私保护、国家安全等方面的考虑，很多国家采取了强制数据本地化等措施以保护和监管国内数据的跨境流动。

---

① Martina Francesca Ferracane, "Data Flows and National Security: A Conceptual Framework to Assess Restrictions on Data Flows under GATS Security Exception", *Digital Policy, Regulation and Governance*, Vol. 21, No. 1, 2019, p. 45.

② *E. g.*, Art. 29. 1. 3 and Art. 29. 2 of CPTPP, Art. 32. 1. 2 and Art. 32. 2 of USMCA.

“棱镜门”事件发生后，越来越多的国家要求将数据储存在本地，限制跨境数据自由流动。2019 年 6 月在日本举行的 G20 峰会发布《数字经济大阪宣言》后，印度以需要加强数据本地储存为由拒绝签字，并主张在印度境内建立更多的数据中心和服务器场，印度尼西亚和南非也拒绝在《数字经济大阪宣言》中签字。当然，也有一些国家限制访问互联网和数据流动是为了保护国内数字贸易产业，实际上是一种贸易保护主义行为。数据本地化措施、互联网审查措施等都可能对外国服务和服务提供者构成“较低待遇”，形成数字贸易壁垒。

USTR 在 2018 年发布的《国家贸易评估报告》中高度关注各主要经济体现存的数字贸易壁垒。其指出，越来越多的法律法规给数字贸易的发展带来了威胁，这些法规阻碍了跨境数据流动，阻碍了云计算等服务的提供或限制了企业利用一流数字化服务的能力。其中一些政府行为是明显的保护主义做法，而另一些政府行为在寻求维护合法的公共政策目标时对数字贸易施加了不必要的负担。① 当 WTO 成员认为某种措施实际上旨在限制贸易而不是实现其声称的非经济目标时，可以在 WTO 争端解决机制下对该措施提出质疑。此时，实施贸易限制措施的国家就需要援引例外条款以寻求正当化理由。在此意义上，探讨数字贸易规制的免责例外，意在为应对数字贸易争端未雨绸缪。

在解决 WTO 规则对数字贸易规制适用的不确定性之前，WTO 成员也可能不希望对当前《WTO 协定》未明确涵盖的数字贸易问题提起诉讼，如跨境数据流动、互联网审查等。一国对数字贸易规制措施提起 WTO 争端诉讼仍然是一项政治决定，其影响将远远超出贸易本身。例如，“谷歌退出中国大陆事件”发生后，美国一度试图从

---

① USTR, 2018 *Fact Sheet*: *Key Barriers to Digital Trade*, March 2018, https://ustr.gov/about-us/policy-offices/press-office/fact-sheets/2018/march/2018-fact-sheet-key-barriers-digital, last visited 1 May 2024.

WTO 规则的角度来挑战中国的互联网监管政策，但最终因多方面原因的考虑而趋于平息。即便 WTO 成员基于政治方面的考虑，可能最终选择不将数字贸易限制措施诉诸 WTO 争端解决机制，我们仍然需要探讨数字贸易规制的免责例外问题。“国家利益及其维护要通过法律概念表达出来，赢得尊重和支持。”[①] 因而，世界各国无论出于何种目的采取贸易限制措施，都需要从国际规则中寻求正当化理由。对于数字贸易规制而言，例外条款是一项重要的主张依据。再者，探讨数字贸易规制的例外，也可以为 FTA 中的数字贸易规则谈判提供借鉴。

第二节　数字贸易规制与一般例外

一般例外条款的作用，在于明确了贸易利益与公共利益之间的关系：贸易利益从属于公共利益；为了公共利益，哪怕侵害了规则保护的贸易利益，也是允许的。从政策角度说，贸易政策从属于公共政策。[②] 一般例外条款允许 WTO 成员基于合法的政策目标背离其贸易自由化义务。WTO 的一般例外条款经过必要修改后被纳入不同 FTA 中。例如，USMCA 第 32.1 条的一般例外条款继承了 GATT 1994 第 20 条和 GATS 第 14 条的规定。一些 FTA 还在具体章节中纳入了一般例外条款，如《欧日 EPA》在不同章节中分别规定了一般例外条款，RCEP 第 12.15.3 条、CPTPP 第 14.11.3 条、USMCA 第 19.11.2 条均规定了单独的合法公共政策目标例外条款。为了协调数字贸易自由化与国内政策目标，需要探讨一般例外条款在数字贸易规制中的适用。

---

① 柳华文：《论进一步加强国际法研究和运用》，《国际法研究》2020 年第 1 期，第 13 页。

② 韩立余：《世贸规则与产业保护》，北京大学出版社 2014 年版，第 148 页。

一　一般例外的理论与实践

GATT 1994 第 20 条是一般例外条款的立法渊源，该条款可分为两部分：第一部分是前言，规定了例外措施的适用方式；第二部分列举了一般例外条款下的各单项措施。其具体规定如下：

> 在遵守关于此类措施的实施不在情形相同的国家之间构成任意或不合理歧视的手段或构成对国际贸易的变相限制的要求前提下，本协定的任何规定不得解释为阻止任何成员采取或实施以下措施：
>
> （a）为保护公共道德所必需的措施；
>
> （b）为保护人类、动物或植物的生命或健康所必需的措施；
>
> （c）与黄金或白银进口或出口有关的措施；
>
> （d）为保证与本协定不相抵触的法律或法规得到遵守所必需的措施，包括与海关执法、依据第 2 条第 4 款和第 17 条实行有关垄断、保护专利权、商标和版权以及防止欺诈行为有关的措施；
>
> （e）与监狱囚犯产品有关的措施；
>
> （f）为保护具有艺术、历史或考古价值的国宝所采取的措施；
>
> （g）与保护可用尽的自然资源有关的措施，如此类措施与限制国内生产或消费一同实施；
>
> ……

GATS 第 14 条是 GATT 1994 第 20 条在服务贸易领域的“衍生物”，GATS 第 14 条在文字表述上与 GATT 1994 第 20 条有所不同，但它们的结构、功能和语言相似，并且在大多数情况下可以一起考虑。为平衡经济利益和非经济利益，一般例外条款既列出了民族国家寻求保护的重要政策目标，也规定了一系列旨在阻止使用贸易保护主义手段来实现这些目标的法律测试要求。WTO 争端实践表明，成员在 GATT 1994 和 GATS 项下首选的例外情形大不相同。在 GATT 1994 中最常被引用的是保护公共健康和环境的例外，而在 GATS 中最常被援引的是公共道德例外。在与数字贸易有关的“美国赌博案”和“中国音像制品案”中，被诉方都援引了公共道德例外来抗辩。

WTO 争端解决机构在分析一般例外条款的适用时需要遵循以下 3 个步骤：（1）判定该争议措施是否在例外条款所列目标之一的范围内；（2）该措施必须解决相关的公共利益，措施与所追求的目标之间应有足够的联系；[①]（3）审查措施是否符合例外条款序言的要求。

关于第一步，WTO 成员在选择要保护的目标方面享有广泛的空间。第二步要复杂得多，并触发了“必需性”测试。必需性存在不同的程度，在这个区间的其中一端可以理解为“必不可少”（indispensable），而相反的另一端可以理解为“有助于”（making a contribution to）。上诉机构在“韩国牛肉案”中指出，一项必需的措施更接近于“必不可少”，而不仅仅是“有助于”。[②] 措施旨在保护的利益越重要，对目标的贡献越大，则该措施越容易被接受为“必需的”。[③]

进行必需性测试时需要权衡一系列不同要素。[④] 这一过程首先要评估争议措施所追求利益和价值的相对重要性，然后再考察其他要

---

① United States-Measures Affecting the Cross-Border Supply of Gambling and Betting Services, WT/DS285/AB/R, 7 April 2005, para. 292.

② Korea-Measures Affecting Imports of Fresh, Chilled and Frozen Beef, WT/DS161/AB/R, WT/DS169/AB/R, 11 December 2000, para. 161.

③ Korea-Measures Affecting Imports of Fresh, Chilled and Frozen Beef, WT/DS161/AB/R, WT/DS169/AB/R, 11 December 2000, para. 163.

④ United States-Measures Affecting the Cross-Border Supply of Gambling and Betting Services, WT/DS285/AB/R, 7 April 2005, para. 78; China-Measures Affecting Trading Rights and Distribution Services for Certain Publications and Audiovisual Entertainment Products, WT/DS363/R, 12 August 2009, para. 4.439.

素，包括措施对实现所追求目标的贡献及其对国际贸易的限制性影响，以及对争议措施与可能的替代方案的比较。① 为了表明争议措施不符合必需性测试要求，起诉方可以证明存在“对贸易限制更小”的合理可行的替代方案。② 上诉机构也表示，与目标“有关”的措施要求比严格的“必需性”要求在字面上更具灵活性，可能仅要求措施与所追求目标之间存在实质性或合理性联系即可，如GATT 1994 第 20（g）条的“与保护可用尽的自然资源有关的措施”。③

满足了必需性测试要求的措施还需满足一般例外条款序言的要求，即此类措施的实施不在情形相似的国家之间构成任意或不合理歧视的手段或构成对贸易的变相限制。专家组和上诉机构对序言的解释旨在通过评估执行争议措施的“一致性”来防止滥用或误用援引例外条款的权利。④ 驱使一国采取贸易限制措施的政治动机并不总是那么简单，对合法目标的追求通常带来保护主义机会。援引一般例外条款的要求为成员设置了很高的门槛，通过这些测试的成功率一直很低。如果例外条款中的条件非常容易满足，则丧失了其例外性，成为了一种常态；一旦例外情形成为常态，与例外条款相对应的其他义务条款在某种程度上则变成了例外。此种情形与整个贸易制度设计不相符，也与法律规则体系不相容。⑤

---

① United States - Measures Affecting the Cross - Border Supply of Gambling and Betting Services, WT/DS285/AB/R, 7 April 2005, para. 307.

② Korea - Measures Affecting Imports of Fresh, Chilled and Frozen Beef, WT/DS161/AB/R, WT/DS169/AB/R, 11 December 2000, para. 165.

③ United States-Standards for Reformulated and Conventional Gasoline, WT/DS2/AB/R, 29 April 1996, p. 19; United States-Import Prohibition of Certain Shrimp and Shrimp Products, WT/DS58/AB/R, 12 October 1998, para. 141.

④ Argentina-Measures Relating to Trade in Goods and Services, WT/DS453/R, 30 September 2015, para. 7. 743.

⑤ 韩立余：《世贸规则与产业保护》，北京大学出版社 2014 年版，第 147 页。

二 数字贸易规制适用一般例外分析

WTO一般例外条款中的国内政策目标是否可以拓展到网络空间/数字贸易中？WTO争端解决机构已经裁决了部分与数字贸易有关的争端。当安提瓜对美国禁止网络赌博的行为提出质疑后，WTO裁定，如果这些壁垒是必要且非歧视性的，则政府可以限制服务进口以保护公共道德。在演化解释语境下，一般例外条款涵盖的国内政策目标均可适用于数字贸易。

数字贸易大部分涉及服务贸易，与数字贸易规制有关的一般例外条款主要是GATS第14条，[①] 最相关的情形是公共道德和公共秩序例外以及保护隐私例外。互联网审查措施通常出于维护一国的公共道德或公共秩序目的。各国为了保护个人隐私纷纷出台限制个人数据流动的隐私法规或采取隐私执法措施。因此，本节将重点分析数字贸易规制中的公共道德和公共秩序例外以及保护隐私例外。鉴于在某些国家中保护个人隐私具有重要的文化和社会内涵，某些成员可能会辩称，通过数据本地化措施来保护个人隐私对于GATS第14（a）条中的公共道德保护至关重要。公共道德虽然可以解释为涵盖了隐私，但由于GATS第14（c）条已经包含了保护隐私的明确规

---

① GATS第14条的具体规定为："在遵守此类措施的实施不在情形类似的国家之间构成任意或不合理歧视的手段或构成对服务贸易的变相限制的要求前提下，本协定的任何规定不得解释为阻止任何成员采取或实施以下措施：（a）为保护公共道德或公共秩序所必需的措施；（b）为保护人类、动物或植物的生命或健康所必需的措施；（c）为使与本协定的规定不相抵触的法律或法规得到遵守所必需的措施，包括与下列内容有关的法律或法规：（i）防止欺骗或欺诈行为或处理服务合同违约而产生的影响；（ii）保护与个人信息处理和传播有关的个人隐私及保护个人记录和账户的机密性；（iii）安全；（d）与第17条不一致的措施，只要待遇方面的差别旨在保证对其他成员的服务或服务提供者公平或有效地课征或收取直接税；（e）与第2条不一致的措施，只要待遇方面的差别是约束该成员的避免双重征税的协定或任何其他国际协定或安排中关于避免双重征税的规定的结果。"

定，因此前述主张不太可能在争端中被提出。①

数字贸易规制也可能涉及 GATS 第 14（c）（i）条的防止欺骗和欺诈例外。鉴于网络空间的匿名性，大多数数字贸易交易都是在双方之间没有实际联系的情况下进行。因此，有必要采取适当措施保护消费者免受欺诈和欺骗性商业行为的侵害。GATS 第 14（c）（i）条允许成员维持必要措施，以确保“防止欺骗和欺诈行为”的法律或法规得到遵守。很多 FTA 的电子商务章借鉴了一般例外中的这一条款，规定“缔约方认识到维持和采取透明有效的措施以保护从事电子商务的消费者免受欺诈和欺骗性商业行为的重要性”。②

此外，对数字贸易采取限制措施的国家还可能根据 GATS 第 14（d）条辩称，其对数据流动的某些限制（如要求使用本地服务器）是为了“保证对其他成员的服务或服务提供者公平或有效地课征或收取直接税”。援引方此时需要证明，将数据保留在其境内对于向某些数字公司征税是必需的。巴西在 2019 年 4 月向 WTO 提交的电子商务文本提案中的一般例外条款的适用措施类型就包括了“保证对通过电子方式进行的贸易公平或有效地课征或收取直接税所必需”的措施。③

（一）数字贸易规制与公共道德和公共秩序例外

“公共道德”本身没有一个权威的法律定义，在不同国家和历史文化背景下反映出不同的价值取向。“美国赌博案”是 WTO 第一个涉及公共道德例外的争端，该案专家组指出，公共道德是指由一个

① Neha Mishra, “Privacy, Cybersecurity, and GATS Article XIV: A New Frontier for Trade and Internet Regulation?”, *World Trade Review*, 2019, p. 13.

② Art. 16. 6 of the Australia－US FTA, Art. 15. 5 of the Korea－US FTA, Art. 14. 7 of CPTPP, Art. 19. 7 of USMCA.

③ Joint Statement on Electronic Commerce, Communication from Brazil, INF/ECOM/27, 30 April 2019, Section. XI.

社会共同体或国家所维持或代表的是非行为标准。[①] GATS 第 14 条对于“公共秩序”有一个注释：“只有在社会的某一根本利益受到真正的和足够严重的威胁时，方可援引公共秩序例外。”但公共秩序概念的内涵本身一直未有定论，而且注释中的“社会根本利益”的内涵也比 GATS 第 14 条其他一般例外下的政策目标显得模糊。解释 GATS 第 14 条下的“公共道德”和“公共秩序”这两个术语可能存在敏感性。对成员而言，这些概念的内容可能随时间和空间的变化而变化，这取决于一系列因素，包括主流的社会、文化、伦理和宗教价值观。[②] 上诉机构多次阐明，成员在使用类似的社会概念时，有权决定他们认为适当的保护水平。[③]

“美国赌博案”专家组指出，防止未成年人赌博和保护病态赌徒与公共道德有关，而打击有组织犯罪则完全是公共秩序问题。防止洗钱和欺诈行为可以说与公共道德和公共秩序都有关。[④] 现实世界中的合法政策目标可以拓展到网络空间。互联网可以成为挑战政治权力的工具，在激励和组织政治行动中发挥重要作用。这将导致出于政治动机的互联网限制，包括阻止访问涉及敏感政治问题的媒体报道，或者阻止将互联网用作表达政府认为有害的政治观点的场所。

如果一国的互联网审查措施被认定违反 WTO 规则，而试图援引公共道德和公共秩序例外时，被诉方需要证明其主张的“道德”能

---

① United States - Measures Affecting the Cross - Border Supply of Gambling and Betting Services, WT/DS285/R, 10 November 2004, para. 6. 465.

② United States - Measures Affecting the Cross - Border Supply of Gambling and Betting Services, WT/DS285/R, 10 November 2004, para. 6. 461.

③ Korea - Measures Affecting Imports of Fresh, Chilled and Frozen Beef, WT/DS161/AB/R, WT/DS169/AB/R, 11 December 2000, para. 176; European Communities - Measures Affecting Asbestos and Asbestos - Containing Products, WT/DS135/AB/R, 12 March 2001, para. 168.

④ United States - Measures Affecting the Cross - Border Supply of Gambling and Betting Services, WT/DS285/R, 10 November 2004, para. 6. 469.

够得到“社会共同体或国家所维持或代表的是非行为标准”的支持。专家组需要审查被诉方提交的证据，以确定被诉方在追求合法政策目标时是否秉持善意原则，被诉方国内的大多数国民是否认同政府主张的“道德”。在很多国家的互联网审查实践中，被屏蔽或过滤的外国网站除了部分涉及色情、种族主义等方面的信息以外，大部分是因为涉及政治敏感信息，这些信息可能危及政府稳定。如果道德是根据社会共同体而非政府的是非行为标准来判断，被诉方可能难以证明对网民上网自由和言论自由的限制符合整个社会共同体维持的标准。因此，被诉方需要证明其行为在追求合法政策目标时秉持了善意原则。①

被诉方还需证明其互联网审查制度满足了必需性测试的要求。如果被诉方主张其对互联网的限制措施是为了管制可能危及社会稳定或国家完整的文化内容和敏感信息，专家组很可能认定，限制措施旨在保护的价值是至关重要的。至于限制措施对实现目标的贡献程度，对网站的完全屏蔽、对互联网流量的拦截、对相关内容的过滤以及撤销互联网服务提供商的执照，都对最终目标的实现具有实质性贡献。但对外国网站的广泛屏蔽和任意拦截，对数字贸易活动产生了广泛影响。这种影响不仅涉及相关的进口产品，也涉及进口商和潜在进口商。对外国服务和服务提供者的负面经济影响需要更多的证据支撑。

如果被诉方能初步证明，其对互联网的审查措施是根据 GATS 第 14（a）条保护公共道德或维持公共秩序必需的，起诉方可以针对被诉措施提出对贸易限制更小的合理可行的替代方案。在互联网审查中，对搜索结果的积极过滤和对敏感内容的选择性移除，相较于永久屏蔽或临时拦截，对贸易的限制更小，因为前者至少保留了外国互联网服务或服务提供商在国内数字贸易

① I-Ching Chen, *Government Internet Censorship Measures and International Law*, Lit Verlag, 2018, p. 332.

市场的竞争机会。[1] 如果互联网审查的目的是阻止其公民获得政府不希望他们看到的信息，发明一项复杂的过滤技术将能实现同样的目标。为了减轻私营企业的自我审查责任，被诉方政府可以公布一个清单，列出人们不得访问或传播内容的关键词或链接。很多小公司由于缺乏自我审查的能力和技术，可能无法进入某些国家的国内市场。如果专家组接受了替代措施，被诉方还可以反驳：替代措施只是理论上可行，或者会增加不合理的经济或技术负担。[2] 例如，替代的审查措施在操作中将面临困难，难以对国外网站进行整体分析，审查者的语言能力以及与国外网站管理者的沟通渠道等都存在障碍。替代措施是否可行取决于技术可行性以及被诉方的财政和专业资源，必需性测试的结果取决于限制措施的特殊性质和框架以及相关证据。

如果一项互联网限制措施通过了 GATS 第 14（a）条的必需性测试，它还必须符合序言的要求。互联网措施的实施应遵循善意原则，一视同仁地对待不同国家的产品、服务和服务提供者。如果互联网审查只针对特定国家的网站进行，或审查标准随时在变化或不透明，则可能难以通过序言的审查。

（二）数字贸易规制与保护隐私例外

保护隐私正成为网络世界中越来越重要的要求，尤其是对于数字服务的交付，保护隐私也成为限制跨境数据流动最常见的理由。为了保护个人隐私和个人敏感数据，医疗服务和金融服务可能面临某些国内法规的要求，以实现特定程度的保密性。[3] 欧盟 FTA 中的

---

① Fredrik Erixon, Brian Hindley and Hosuk Lee-Makiyama, *Protectionism Online: Internet Censorship and International Trade Law*, ECIPE Working Paper, No. 12, 2009, p. 14.

② I-Ching Chen, *Government Internet Censorship Measures and International Law*, Lit Verlag, 2018, pp. 335-336.

③ Rolf H. Weber, "Regulatory Autonomy and Privacy Standards under the GATS", *Asian Journal of WTO and International Health Law and Policy*, Vol. 7, No. 1, 2012, p. 40.

数字贸易规则特别强调对个人数据或隐私的保护。[①] 美式 FTA 规定了专门的个人数据保护条款。

GATS 不阻止成员选择特定的隐私/数据保护标准，而是通过其第 14（c）条要求审查成员为遵守国内隐私法规而采取措施的必要性。GATS 第 14（c）条规定的例外适用于“为使与本协定的规定不相抵触的法律或法规得到遵守所必需的措施”，这些措施涉及防止欺骗和欺诈、保护个人信息和隐私以及安全。应当强调，GATS 第 14（c）（iii）条中的“安全”不同于 GATS 第 14 条之二中的“国家安全”，而是指个人信息安全。GATS 第 14（c）（ii）条提到了“保护与个人信息处理和传播有关的个人隐私及保护个人记录和账户的机密性”有关的法律法规。GATS 保护个人数据隐私的例外情况尚未经过争端解决机构的裁决，也未在 GATS 谈判中引起关注。“个人信息”“个人隐私”和“个人记录和账户的机密性”等术语无法在 WTO 中找到相关定义。GATS 第 14（c）（ii）条中的“个人隐私”被限定为“与个人信息处理和传播有关”，如果狭义地理解该款的措辞，隐私规则的所有内容可能难以被完全涵盖在内，如有关数据收集的注册要求似乎并不涉及。

GATS 第 14（c）（ii）条与 GATT 1994 第 20（d）条的规定类似，因而前者的适用可参考后者的相关实践。上诉机构在“韩国牛肉案”中指出，对于一项与 GATT 1994 不符的措施，其要根据 GATT 1994 第 20（d）条正当化，必须证明两点。首先，该措施必须旨在“确保遵守”本身不违反 GATT 1994 规定的法律或法规。其次，该措施对于“确保遵守”是必需的。援引 GATT 1994 第 20（d）条的成员有责任证明满足这两项要求。[②] 根据上诉机构在“墨

---

① 例如《欧韩 FTA》第 7.43（b）条规定：“每一缔约方重申其保护个人基本权利和自由的承诺，应采取适当保障措施保护隐私，尤其在个人数据传输方面。”

② Korea-Measures Affecting Imports of Fresh, Chilled and Frozen Beef, WT/DS161/AB/R, WT/DS169/AB/R, 11 December 2000, para. 157.

西哥软饮料案”中的裁决，“确保遵守”并不意味着一项措施能绝对保证实现其结果，而只要求该措施的设计有助于“确保遵守”。[①]

保护数据隐私是各国之间的共同目标，但并不存在全球统一的隐私标准，不同国家在传播、使用和保护个人数据方面采取了不同方法。在很多国家或市场中，与美国相比，围绕收集和传播个人数据的权利受到更加严格的管制。欧盟和美国在保护数据隐私方面的差异导致了他们对于限制跨境数据流动的必要限度的不同看法。为了确定一国的隐私执法措施是否符合 GATS 第 14（c）（ii）条，需要首先分析该隐私法规本身是否与 GATS 纪律相符。以 GDPR 为例，在 GDPR 项下，欧盟向境外传输个人数据的限制条件与在欧盟境内传输数据的限制条件本质上是一样的，都要达到 GDPR 要求的保护水平。欧盟对于个人数据跨境流动的规制核心是要求对数据提供“同等保护”。因此，从表面上看，GDPR 与 GATS 中的非歧视义务是相符的。

通过更严格地控制数据流动能否更好地保护个人数据？还是说，通过真实信息更自由的流动能更好地保护数据，从而增强发现和消除或纠正不良数据的能力？如果要对数据库进行黑客攻击，黑客对一国境内服务器上的数据的获取能力是否与对一国境外服务器上的数据的获取能力一样？[②] 限制跨境数据流动的具体措施能否有效实现隐私保护的目标，可能需要外部专家来最终决定。但数据本地化可以使本地服务器的监管更加容易，也便于对违反数据保护法规的运营商采取行动。例如，相较于对在国外经营和提供服务的公司采取行动，在一国境内追踪违法行为或对违法者提起民事或刑事诉讼可能要容易得多。此外，如果一个国家阻止将数据传输到数据保护能

---

① Mexico-Tax Measures on Soft Drinks and other Beverages, WT/DS308/AB/R, 6 March 2006, para. 74.

② Diane A. MacDonald, "Christine M. Streatfeild, Personal Data Privacy and the WTO", *Houston Journal of International Law*, Vol. 36, No. 3, 2014, pp. 644-646.

力很差的国家，则数据本地化措施将具有正当化理由。①

遵守数据本地化措施不可避免地会破坏数字部门固有的技术和商业安排，减少外国服务提供商的出口，因而具有显著的抑制贸易的作用。争端解决机构需要考虑是否存在与 WTO 相一致的对贸易限制更小的合理可行的替代措施。限制个人数据的流动是否是实现保护隐私的唯一方法？对数据作匿名化处理或者签订特定保密协议后，允许其跨境流动，而不是简单地限制数据跨境流动，是否对贸易的限制更小？电子安全标准是否比限制服务器的位置更有助于保护个人数据？

一种普遍讨论的替代方案是让服务提供者对规避数据保护法规的行为负责，而不考虑数据或服务提供者的位置，这种方案也称为"问责制"。从理论上讲，这种方法更具灵活性，因为数字服务提供商无须强加固定标准或高度规范性的合规要求，而是可以自由采用符合成员的国内隐私法规基本原则的任何做法和标准。GDPR 已经采取了这种做法，它要求公司对与欧盟居民的数据处理有关的所有规则适用负责，无论数字服务源自何处。但与对跨境数据流动的限制性规定相比，"问责制"在确保数据隐私安全的有效性方面存在很大争议。被诉方可能辩称，由于监管能力不足，该方案并非"合理可行"，或无法实现与数据本地化措施同等的隐私保护水平。在某些情况下，要求数字服务提供商承担责任的规定本身可能难以执行。例如，对所有数字服务提供商（尤其是来自国外的）的数据处理设施进行监测或审计几乎不现实，即使对于最发达成员也是如此。②

端对端的加密技术也可能成为一种替代方案。加密技术使数据能够被基础通信网络（如电信服务提供商或互联网服务提供商）不

---

① Neha Mishra, "Privacy, Cybersecurity, and GATS Article XIV: A New Frontier for Trade and Internet Regulation?", *World Trade Review*, 2019, p. 15.

② Neha Mishra, "Privacy, Cybersecurity, and GATS Article XIV: A New Frontier for Trade and Internet Regulation?", *World Trade Review*, 2019, pp. 16-17.

间断地传输，只有最终接收者才能解密数据，从而确保传输过程中的数据完整性。[①] 端对端的加密技术既能保护个人隐私和安全，还允许数据自由流动，减少了对贸易的限制性影响。但很多成员可能不一定具备这方面的技术，这种替代方案将会增加不合理的经济或技术负担。

隐私执法措施还必须符合 GATS 第 14 条序言的要求。序言是为了防止成员滥用一般例外，它要求对措施的实施和操作进行审查，以确保该措施是以善意的方式实施。为保护隐私的数据本地化措施的设计、结构和执行的不同方面是需要考虑的因素。某些法规要求可能过高或不合理，以致外国公司无法完全进入国内市场，例如，在一国提供数字服务时要获得必要的许可或数据传输许可的难度非常大，这可能构成序言中的“对服务贸易的变相限制”。在争端诉讼中，如果限制措施不符合 GATS 第 3 条（透明度）和第 6 条（国内法规）的要求，则通常很难通过序言的审查。由于国际社会并不存在数据隐私的国际标准，WTO 争端解决机构也没有适当的条件来规定或支持特定的技术标准，也可能缺乏相关的专业知识，因此，争端解决机构在对隐私执法措施进行必需性测试时很可能持非常克制的态度。

第三节　数字贸易规制与国家安全例外

国家安全例外是 WTO 例外条款中最广泛的例外，但安全例外条款很少被 WTO 成员援引，成员也很少就国家安全措施提起争端诉讼，因为担心争端解决机构对国家安全例外的含义采取进一步的司

---

① Andrew D. Mitchell, Jarrod Hepburn, “Don’t Fence Me in: Reforming Trade and Investment Law to Better Facilitate Cross-Border Data Transfer”, *Yale Journal of Law and Technology*, Vol. 19, No. 1, 2018, p. 204.

法干预。安全例外条款兼具贸易属性和政治属性，安全例外条款的解释不得太精确，也不得太宽泛，而应当在 WTO 成员的国家主权和多边贸易体制之间寻求合理平衡。[①] 在传统上，美国对援引国际经贸协定中的安全例外条款来扩大政府权限持有比较平衡和中性的立场，但近年来美国已经不再持有类似主张，转而支持最大灵活性的安全例外规则。[②] 美国以国家安全为由在出口管制、进口管理、外资审查等领域采取了一系列限制措施，国家安全甚至成为美国对华发动贸易战的“理由”之一。很多国家在其公开声明或国内法律法规中将国家安全作为限制数字贸易的理由，尽管目前尚不清楚这些限制措施在实践中是否有助于改善国家安全。越来越多的国家在考虑如何在安全例外的情形下使贸易限制措施正当化，各国政府以国家安全为由限制贸易甚至变得常态化。

一　国家安全例外的理论与实践

国家安全例外条款的范围严格来说限于冠以“安全例外”标题的条款，在此意义上，WTO 安全例外条款仅包括 GATT 1994 第 21 条、GATS 第 14 条之二以及 TRIPS 协定第 73 条。其中的 GATT 1994 第 21 条是安全例外条款的立法渊源，[③] 其具体规定如下：

> 本协定的任何规定不得解释为：
>
> (a) 要求任何成员提供其认为如披露则会违背其基本安全利益的任何信息；或
>
> (b) 阻止任何成员采取其认为对保护其基本安全利益所必

---

① 彭岳：《中美贸易战中的安全例外问题》，《武汉大学学报》（哲学社会科学版）2019 年第 1 期，第 166 页。

② 孙昭：《在安全竞争背景中回归权力导向的国际贸易秩序——美国贸易政策转向对国际贸易规则的影响》，《武大国际法评论》2020 年第 4 期，第 146 页。

③ 陈卫东：《WTO 例外条款解读》，对外经济贸易大学出版社 2002 年版，第 353—354 页。

需的任何行动：(i) 与裂变物质或衍生此类物质的物质有关的行动；(ii) 与武器、弹药和作战物资的交易有关的行动，及与直接或间接用于供应军事机关的其他货物和物资的交易有关的行动；(iii) 在战时或国际关系中的其他紧急情况下采取的行动；或

(c) 阻止任何成员为履行其在《联合国宪章》项下的维护国际和平与安全的义务而采取的任何行动。

FTA 继承了 WTO 安全例外条款的内容，有些 FTA 的安全例外条款对 GATT 1994 第 21 条作了一定修改，包括“增添”和“删简”。例如，RCEP 第 17.13 条（安全例外）在移植 GATT 1994 第 21 条的基础上，增加了 1 种“缔约方采取其认为对保护其基本安全利益所必需”的国家安全事项，即“为保护包括通讯、电力和水利基础设施在内的关键的公共基础设施而采取的行动”。相较于 WTO 安全例外条款，该规定扩展了缔约方采取国家安全措施的范围。又如，CPTPP 和 USMCA 的安全例外条款则完全删除了 GATT 1994 第 21 条 (b) 款所列举的 3 种国家安全事项的限定条件，[①] 适用范围更加宽泛，极大地扩张了缔约方援引安全例外条款的自由裁量权。类似地，DEPA 第 15.2 条（安全例外）也删除了 GATT 1994 第 21 条 (b) 款所列举的 3 种国家安全事项。一些 FTA 还在具体章节中纳入了专门的国家安全例外条款。例如，RCEP 第 12.15 条（通过电子方式跨境传输信息）第 3 款（2）项，该项甚至规定缔约方不得对其他缔约方采取的国家安全措施提出异议。

国家安全具有高度的政治敏感性，安全例外条款也因此成为多边贸易规则中最敏感又最不常用的例外条款。作为解决贸易争端的 WTO 自其成立以来直到 2019 年才在“俄罗斯过境限制案”(DS512) 的专家组报告中首次对安全例外条款作出法律解释。该案

① Art. 29.2 of CPTPP, Art. 32.2 of USMCA.

的争议措施是俄罗斯对于通过其领土过境到哈萨克斯坦和吉尔吉斯斯坦的乌克兰货物施加的贸易限制。争端解决机构已于 2019 年 4 月 26 日通过该案专家组报告，且当事方均未提起上诉，因此该案裁决已经生效。WTO 中与安全例外相关的案件还有“沙特知识产权案”（DS567），该案涉及与贸易有关的知识产权，该案专家组对 TRIPS 协定第 73 条的解释亦遵循了“俄罗斯过境限制案”专家组对 GATT 1994 第 21 条的解释判理。[①] 不过，该案当事方最后达成和解结案，未通过专家组报告。“卡塔尔诉阿联酋、巴林、沙特阿拉伯案”（DS526、DS527、DS528）也涉及安全例外条款，该案被诉方的贸易限制措施导致了卡塔尔的经济孤立。但在 DS526 中起诉方卡塔尔后来提出终止专家组程序，该案的争端解决程序随即终止。中国、印度、欧盟等成员诉美国有关钢铁和铝加征关税的措施也涉及安全例外。[②] 2022 年 12 月 9 日，“美国关于钢铁和铝产品某些关税措施案”（DS544、DS552、DS556、DS564）专家组报告发布，专家组裁定，美国采取的加征关税措施并非“在战时或国际关系中的其他紧急情况下”实施，因此不能援引 GATT 1994 第 21（b）（iii）条获得正当性。该案专家组对安全例外条款的解释亦遵循了“俄罗斯过境限制案”专家组所作的一般法律解释。因此，本部分主要结合“俄罗斯过境限制案”的专家组裁决阐释安全例外条款。

（一）安全例外的管辖权

俄罗斯援引 GATT 1994 第 21（b）（iii）条进行抗辩，主张在 2014—2018 年存在“国际关系中的紧急情况”，这种紧急情况对其基本安全利益构成了威胁。俄罗斯认为，根据 GATT 1994 第 21（b）（iii）条，确定成员的基本安全利益以及是否有必要采取任何

---

① Saudi Arabia-Measures Concerning the Protection of Intellectual Property Rights, WT/DS567/R, 16 June 2020, paras. 7. 229-7. 294.

② WTO 案件编号为 DS544、DS547、DS548、DS550、DS551、DS552、DS554、DS556、DS564。

行动来保护成员的基本安全利益，均由援引该条款的成员自行决定。俄罗斯辩称，专家组无权审查根据 GATT 1994 第 21 条采取的措施。第 21 条的明确措辞赋予成员援引该条款完全的自由裁量权，以确定根据第 21 条采取的措施的必要性、形式、设计和结构。[①] 专家组认为，鉴于 DSU 中没有适用于涉及 GATT 1994 第 21 条的争端的任何特殊或附加规则与程序，俄罗斯对第 21（b）（iii）条的援引仍在专家组的职权范围内。[②]

（二）国家安全事项的判定

GATT 1994 第 21（b）条引言部分“其认为”的措辞可能有 3 种不同的解释：（1）“其认为”只限定“必需的”一词，即保护“其基本安全利益”措施的必要性；（2）或也限定这些“基本安全利益”的确定；（3）或最后也是最大限度地限定第 21（b）条中（i）到（iii）项所述事项的确定。[③]

专家组首先测试了最后一种最广泛的假说，即“其认为”是否可以限定 GATT 1994 第 21（b）条所列各种情形的确定。专家组研究了 GATT 缔约方和 WTO 成员以往所作的声明，指出 GATT/WTO 成员对第 21 条的含义缺乏共同理解，也不存在《维也纳条约法公约》第 31（3）（b）条意义上有关第 21 条解释的嗣后惯例。[④] 专家组回顾了安全例外条款的谈判历史指出，安全例外所触及的“平衡”是，成员将“有一定的自由”来确定他们的基本安全利益是什么，以及采取行动保护这些利益的必要性，而对于例外条款的潜在滥用，

① Russia - Measures Concerning Traffic in Transit, WT/DS512/R, 5 April 2019, paras. 7. 27-7. 28.

② Russia - Measures Concerning Traffic in Transit, WT/DS512/R, 5 April 2019, para. 7. 56.

③ Russia - Measures Concerning Traffic in Transit, WT/DS512/R, 5 April 2019, para. 7. 63.

④ Russia - Measures Concerning Traffic in Transit, WT/DS512/R, 5 April 2019, para. 7. 80.

可通过限制援引第21（b）条规定的例外情形进行规制。[①] 谈判历史证实，评估援引GATT 1994第21（b）（iii）条的成员是否满足该条所列举的各项要求应客观地作出，而非援引方自行判断。换言之，没有理由将援引GATT 1994第21（b）（iii）条的措施免除所有审查。[②] 可见，安全例外条款从1947年设计之初就有限制成员滥用该条款的意图。专家组裁定，第21（b）条序言部分"其认为"的措辞不能限定每一项的情形的确定。相反，对于属于第21（b）条范围的行为，必须受到客观审查，以满足该条款所列举的一项中的要求。[③]

（三）基本安全利益的判定

GATT 1994第21（b）条引言部分的"其认为"是否可以限定援引方"基本安全利益"的确定？专家组指出，"基本安全利益"显然是一个比"安全利益"更为狭窄的概念，通常可以理解为与国家典型职能有关的利益，即保护其领土和人民免受外来威胁，以及对内维护法律和公共秩序。[④] 被认为与保护国家免受此类外部或内部威胁直接相关的具体利益将取决于有关国家的特定情况和观念，并随着环境的变化而变化。因此，每个成员都有权定义它认为的基本安全利益。[⑤] 但这并不意味着成员可以自由地将任何关切都提升至"基本安全利益"的高度。相反，成员将特定关切定义为"基本安全利益"的自由裁量权要受到善意解释和适用GATT 1994第21

---

① Russia – Measures Concerning Traffic in Transit, WT/DS512/R, 5 April 2019, para. 7. 98.

② Russia – Measures Concerning Traffic in Transit, WT/DS512/R, 5 April 2019, para. 7. 100.

③ Russia – Measures Concerning Traffic in Transit, WT/DS512/R, 5 April 2019, para. 7. 101.

④ Russia – Measures Concerning Traffic in Transit, WT/DS512/R, 5 April 2019, para. 7. 130.

⑤ Russia – Measures Concerning Traffic in Transit, WT/DS512/R, 5 April 2019, para. 7. 131.

（b）（iii）条的义务的限制。善意原则要求成员不得使用第 21 条中的例外作为规避 GATT 1994 中的义务的手段。一个明显的例子是，成员仅仅将贸易利益重新标榜为“基本安全利益”，从而试图摆脱多边贸易体制中的互惠互利安排。[①] 因此，援引安全例外条款的成员有义务证明由于国际关系中的紧急情况而产生的基本安全利益是足够充分的。[②] 什么样的证明标准才算达到了充分水平，取决于争议中的国际关系中的紧急情况。离武装冲突或法律和公共秩序的崩溃越远，证明国防或军事利益或维护法律和公共秩序利益的难度就越大。在这种情况下，成员需要更具体地阐明其基本安全利益。[③]

（四）国家安全措施的必要限度

GATT 1994 第 21（b）条引言部分的“其认为”是否可以限定保护这些基本安全利益的措施的必要性？善意原则不仅适用于成员对国际关系中特定紧急情况所产生的基本安全利益的定义，而且最重要的是也适用于这些利益与争议措施的联系。关于 GATT 1994 第 21（b）（iii）条的适用问题，善意义务体现在，要求争议措施与主张的基本安全利益满足最低限度的合理性要求，即保护这些利益的措施并非完全不合理即可。[④] 可见，援引安全例外条款的成员可以主观判断采取措施的必要性，但必须满足最低门槛的标准。安全例外条款的合理性标准似乎比一般例外条款中的必需性测试标准更低，允许专家组在一定程度上尊重成员的国家安全目标。

---

① Russia－Measures Concerning Traffic in Transit，WT/DS512/R，5 April 2019，para. 7. 133.

② Russia－Measures Concerning Traffic in Transit，WT/DS512/R，5 April 2019，para. 7. 134.

③ Russia－Measures Concerning Traffic in Transit，WT/DS512/R，5 April 2019，para. 7. 135.

④ Russia－Measures Concerning Traffic in Transit，WT/DS512/R，5 April 2019，para. 7. 138.

二　数字贸易规制适用国家安全例外分析

国家安全的范畴包括传统安全和非传统安全，传统安全以军事安全为核心，除军事安全以外对国家发展构成威胁的因素统称为非传统安全。非传统安全涉及政治、经济、文化等不同方面。非传统安全成为国家安全的新焦点，如未得到妥善解决，则可能向传统安全转化。①

WTO 国家安全例外条款解决的是成员的传统安全关切。数字贸易依托于互联网，国家在数字贸易规制中主张的国家安全关切是基于网络安全。根据“俄罗斯过境限制案”专家组的裁决，成员对于国家安全事项的判定虽然有一定自由裁量权，但 GATT 1994 第 21（b）条列举的（i）至（iii）项限定了安全事项的范围，这 3 项规定并未明确涵盖互联网审查、对跨境数据流动的限制等措施。那么，网络安全是否可以构成 WTO 国家安全例外中的国家安全？一国采取的网络安全措施能否依据国家安全例外条款正当化？

（一）网络安全可以构成安全例外中的国家安全

网络安全涉及的关切非常广泛，而网络安全事故通常需要付出高昂的代价。数字服务或网络中的安全漏洞会对诸如隐私和消费者权利之类的各种公共利益产生不利影响，甚至影响各国的经济和政治福祉。2019 年 6 月 27 日生效的欧盟《网络安全法》的立法目的之一就是为信息通信技术产品、服务和流程建立统一的欧洲网络安全认证框架。② 但并非所有上述公共利益都可以称为国家安全利益。很多网络安全措施是为了防范商业或社会威胁，如防止消费者和企

① 谭观福：《WTO 国家安全例外视角下的网络安全》，《中国高校社会科学》2018 年第 2 期，第 64 页。

② Regulation (EU) 2019/881 of the European Parliament and of the Council of 17 April 2019, on ENISA (the European Union Agency for Cybersecurity) and on information and communications technology cybersecurity certification and repealing Regulation (EU) No 526/2013 (Cybersecurity Act), 7 June 2019.

业的数据被盗或要求私营企业定期更新其安全系统。在卫生或金融等敏感部门，很多国家还提出了更严格的安全合规要求，以降低对其经济和社会系统的风险。不过，某些网络安全风险很显然会威胁国家安全利益，它们可能破坏关键资源或关键基础设施，甚至对一国境内的国民造成人身伤害。近年来，很多国家（如中国和越南）通过的网络安全法规都旨在避免对其关键基础设施（如电力、交通、公共卫生、银行和通信网络等）进行网络攻击。对这些部门的系统性网络攻击可能造成灾难性后果，其影响不亚于武力攻击。①

网络安全已经成为各国国家安全战略中特别关注的内容。习近平总书记多次强调，没有网络安全就没有国家安全。美国 2010 年的《国家安全战略报告》也指出，网络安全威胁是美国面临的最严重的国家安全、公共安全和经济挑战之一。② 网络安全可以成为国家安全，通常被理解为是非传统安全之一，也可能发展成为传统安全。

当然，并非所有的网络安全目标都可以解释为国家安全，网络安全不能和国家安全完全等同，只有当网络安全威胁达到一定程度才可能影响国家安全。在判定什么样的网络安全利益构成国家安全利益时应恪守善意原则。美国 2010 年的《国家安全战略报告》提到，美国面临的网络安全威胁涉及的领域包括政府网络、电力和电网、企业经济利益、个人隐私等，威胁的来源涵盖了从个人黑客到有组织犯罪集团，从恐怖分子网络到国家实体。③ 其中，政府网络和电网面临的安全威胁可能危及一国的关键基础设施，可能构成国家安全威胁，但对个人隐私的威胁仅仅影响消费者权利，通常难以纳入国家安全范畴。对企业经济利益的威胁关涉经济安全，其是否影

① Neha Mishra, "The Trade: (Cyber) Security Dilemma and Its Impact on Global Cybersecurity Governance", *Journal of World Trade*, Vol. 54, No. 4, 2020, pp. 571-572.

② The White House, *National Security Strategy*, May 2010, p. 27.

③ The White House, *National Security Strategy*, May 2010, p. 27.

响国家安全需要具体分析。美国 2017 年的《国家安全战略报告》提出，经济安全就是国家安全。[①] 美国提出的这一主张值得商榷。虽然经济安全可以构成国家安全（非传统安全），但不能和国家安全简单等同。2018 年 3 月，美国以钢铁和铝的进口威胁美国国家安全为由，对钢铁和铝采取加征关税措施（"232 措施"）。美国 232 调查报告的分析逻辑可以概括为：国家安全需要国防建设→需要钢铁和铝→钢铁和铝的进口威胁国家安全。[②] 钢铁和铝的进口直接影响的是美国国内产业，对于如何对国家安全产生威胁，美国的调查报告并未提供有说服力的论证。美国这一做法也引起了 WTO 成员的广泛质疑，被相关成员诉至 WTO。

将网络安全中的非国家安全目标和国家安全目标混为一谈，将破坏国际贸易体制的稳定，形成贸易壁垒。在某些情况下，网络安全措施可以成为变相的贸易保护主义工具。例如，执行本国的网络安全标准有可能是为了追求技术标准制定方面的主导地位，获得竞争优势。

WTO 安全例外条款形成于前互联网时代，其规定的国家安全事项均只涉及传统的军事安全，其中的"基本安全利益"限于与军事设施、核设施以及在"战时"或"国际关系中的其他紧急情况"发生时所采取措施有关的情况。[③] 但自第二次世界大战以来，国家之间武装冲突的形式以及对国际和平与安全的威胁在不断变化。网络安全风险对国家安全以及国际和平与安全的威胁在不断加剧，网络战甚至可以成为国家之间战争的一种形式。在演化解释语境下，网络安全可以构成安全例外中的国家安全。

（二）网络安全措施与国家安全例外

很多国家基于网络安全和国家安全的理由采取限制数字贸易的

---

① The White House, *National Security Strategy*, December 2017, p. 17.

② 谭观福：《论美国 232 措施的 WTO 规则依据》，《中国物价》2018 年第 9 期，第 55 页。

③ Art. 21 of GATT 1994, Art. 14 bis of GATS.

网络安全措施，如对跨境数据流动进行严格的安全评估，要求企业采取强制性的国内标准以及数据本地化措施。采取网络安全措施的国家通常主张安全例外条款使其措施正当化。安全例外条款对于区分合法的国家安全措施和保护主义措施非常重要。数字贸易中的数字产品和数字服务主要涉及服务贸易，因而与数字贸易规制相关的安全例外条款是 GATS 第 14 条之二。① 由于 GATS 第 14 条之二的措辞与 GATT 1994 第 21 条几乎一致。因此，后者的法理和实践适用于前者。

根据 GATS 第 14 条之二第 1 款（b）项的（i）目和（ii）目为网络安全措施抗辩的情形，仅限于与保护成员的军事设施或核设施免遭网络安全威胁有关的情况。“俄罗斯过境限制案”专家组指出，GATT 1994 第 21（b）条的“与……有关”（relating to）要求证明措施的目的和手段之间存在真实而紧密的联系，并应受到客观审查。② 数字服务已经成为各国国防部门不可或缺的一部分，因此对这些系统的任何网络攻击或网络安全威胁都会引起严重的国家安全关切。例如，对发电厂或国防设备等核设施的网络攻击可能会对一个国家（或几个国家）造成破坏性影响。军事数字化现在也很普遍，这使得军事系统很容易受到网络攻击。因此，成员可以采取网络安全措施，以遏制此类核设施或军事设施所使用的数字服务中的网络

---

① GATS 第 14 条之二的具体规定为：“1. 本协定的任何规定不得解释为：（a）要求任何成员提供其认为如披露则会违背其基本安全利益的任何信息；或（b）阻止任何成员采取其认为对保护其基本安全利益所必需的任何行动：（i）与直接或间接为军事机关提供给养的服务有关的行动；（ii）与裂变和聚变物质或衍生此类物质的物质有关的行动；（iii）在战时或国际关系中的其他紧急情况下采取的行动；或（c）阻止任何成员为履行其在《联合国宪章》项下的维护国际和平与安全的义务而采取的任何行动。2. 根据第 1 款（b）项和（c）项采取的措施及其终止，应尽可能充分地通知服务贸易理事会。”

② Russia - Measures Concerning Traffic in Transit, WT/DS512/R, 5 April 2019, para. 7. 69.

安全威胁。[①] 这些措施可以根据（i）目和（ii）目正当化，（i）目可能涵盖与军事设施有关的数字服务的数据传输限制或网络安全标准，（ii）目可能涵盖与核设施有关的数据传输限制或网络安全标准。此外，为规范网络武器的开发或使用而实施的网络安全措施也可能属于前述例外。

WTO 安全例外中的网络安全威胁主要体现为网络攻击，而与网络攻击最相关的例外条款是 GATS 第 14 条之二第 1 款（b）项（iii）目的“战时或国际关系中的其他紧急情况”。“俄罗斯过境限制案”专家组将 GATT 1994 第 21（b）（iii）条中的“国际关系中的紧急情况”解释为，武装冲突，或潜在武装冲突，或加剧的紧张局势或危机，或吞并或包围一个国家的总体失稳的情形。这些情形会影响有关成员特殊类型的利益，即国防或军事利益，或维护法律和公共秩序的利益。[②] 专家组并不考虑“国际关系中的紧急情况”产生的原因为何，而只审查这种客观状态。（iii）目可以适用于战时或国际关系中的紧急情况下采取的网络安全措施，如在武装冲突期间禁止外国的数字服务，以最大限度地降低网络攻击的风险。在这种情况下，专家组可以客观地审查是否存在战争或国际关系的紧急情况，以及实施的网络安全措施与成员的基本安全利益之间是否存在合理联系。网络攻击本身也可能导致“战时”或“国际关系的紧急情况”的情势。对一国关键基础设施的网络攻击将对该国带来灾难性后果，对一国军事网络系统的攻击可能导致该国的军事力量陷入全面瘫痪。网络战甚至可以达到战争的最高境界，即“不战而屈人之兵”。当网络战造成了（iii）目的情势，则成员对数字服务施加限制以减少此类网络攻击或使用网络武器的措施可以依据（iii）目进

---

① Neha Mishra, “The Trade:（Cyber）Security Dilemma and Its Impact on Global Cybersecurity Governance”, *Journal of World Trade*, Vol. 54, No. 4, 2020, p. 580.

② Russia – Measures Concerning Traffic in Transit, WT/DS512/R, 5 April 2019, para. 7. 76.

行抗辩。在评估网络攻击是否导致战争状态或国际关系的紧急状态时，可以结合网络攻击的规模和后果来判定。如果网络行动的规模和后果相当于使用武力的非网络行动，则可能构成（iii）目的情势。基于（iii）目采取的网络安全措施只适用于特定的一段时间，并非永久适用。当国际关系的紧急情况消除，网络安全措施就应当终止。根据 GATS 第 14 条之二第 1 款（b）项采取的措施及其终止，应尽可能充分地通知服务贸易理事会。①

很多国家都基于网络安全和国家安全的理由对网络产品和服务进行审查。② 网络安全审查强调保障重要基础设施发挥功能，并不以现实存在的“战争”或“国际关系的紧急情况”为前提，因此网络安全审查措施唯一可能援引的安全例外条款是 GATS 第 14 条之二第 1 款（a）项的拒绝披露特定信息。③

一些国家基于维护国家安全的理由限制跨境数据流动，但各国政府并未就这些限制措施在实践中如何回应国家安全关切提供明确的论据。安全例外中的基本安全利益是与国家典型职能有关的利益，比普通安全利益有更高标准。国家安全措施与基本安全利益之间应存在合理联系。强制公司在本地存储或处理数据既不能确保网络在受到攻击时仍能正常运行，也不能确保通信系统在受到攻击时更容易复原。无论数据存储在何处，薄弱的安全系统仍然是薄弱的。④ 此外，如果数据集中存储在某个明确的位置，则其受到网络攻击的可

---

① Art. 14 bis of GATS.

② 例如，中国《网络安全审查办法（2021）》第 2 条规定：“关键信息基础设施运营者采购网络产品和服务，网络平台运营者开展数据处理活动，影响或者可能影响国家安全的，应当按照本办法进行网络安全审查。”

③ 谭观福：《WTO 国家安全例外视角下的网络安全》，《中国高校社会科学》2018 年第 2 期，第 73 页。

④ Martina Francesca Ferracane，“Data Flows and National Security：A Conceptual Framework to Assess Restrictions on Data Flows under GATS Security Exception”，*Digital Policy*，*Regulation and Governance*，Vol. 21，No. 1，2019，p. 53.

能性更高。[①] 限制跨境数据流动的措施与基本安全利益之间的合理联系难以满足。

近年来，美国、澳大利亚、新西兰等国出于国家安全原因频繁地对华为采取贸易/投资限制措施，如禁止电信公司采购华为设备，禁止华为并购国内企业，禁止华为参与投标等。这些国家声称华为已经和中国政府分享了其所涉外国电信系统的广泛信息，华为可能在其安装的设备中植入了“后门”。通过将恶意硬件或软件植入中国制造的电信部件和系统中，华为可以远程访问网络，这使得中国政府可以在危机时期关闭或破坏关键的国家安全系统。[②] 这些国家的主张没有任何事实依据，况且一台电子设备可以包括来自世界各地的部件，在生产全球化时代，“外国制造”或“中国制造”的概念没有太大意义。这些国家采取的单边限制措施与其基本安全利益之间很难建立合理联系，华为只是和这些国家的相关国内产业存在商业竞争关系。2019 年以来，美国又对华为的 5G 网络发动制裁，认为一旦建设华为 5G 网络，将对本国的网络安全构成极大威胁。

部分网络安全措施可以依据 WTO 安全例外条款进行抗辩，但安全例外适用的措施范围非常有限。根据“俄罗斯过境限制案”专家组的裁决，WTO 成员对安全例外的自主裁判权是有限的，专家组对基本安全利益的狭义解释无法满足当前各国对基本安全利益日益扩大化的理解。[③] 一些国家以安全例外条款为幌子，行贸易保护之实。中国向 WTO 提交的《关于 WTO 改革的建议》特别提到，要加严对滥用国家安全例外的措施的纪律。成员应秉承善意和克制原则援引

---

① 高山行、刘伟奇：《数据跨境流动规制及其应对——对〈网络安全法〉第三十七条的讨论》，《西安交通大学学报》（社会科学版）2017 年第 2 期，第 89 页。

② Shin-yi Peng, “Cybersecurity Threats and the WTO National Security Exceptions”, *Journal of International Economic Law*, Vol. 18, No. 2, 2015, p. 471.

③ 徐程锦：《WTO 安全例外法律解释、影响与规则改革评析——对“乌克兰诉俄罗斯与转运有关的措施”（DS512）案专家组报告的解读》，《信息安全与通信保密》2019 年第 7 期，第 45 页。

安全例外条款，并应在 WTO 框架下对安全例外条款予以进一步澄清和规范。[①] 数字技术的飞速发展带来了技术上的不确定性，而国家安全问题又具有高度的政治敏感性，期待 WTO 争端解决机构对网络安全措施和国家基本安全利益的边界作出清晰的界定不太适宜。而期待 WTO 成员在短期内对安全例外条款进行修订以考虑网络安全问题，或者制定一个专门的网络安全例外条款也不太现实。2023 年 1 月，美国依据《WTO 协定》第 9 条提出寻求对 GATT 1994 第 21 条作出权威解释。[②] 在理论上，对安全例外条款作出权威解释或修正是最佳方案，但难度较大。[③] 早在 GATT 时期，就有缔约方提议对安全例外条款作出权威解释或修正，在 WTO 时期亦有俄罗斯提议对 GATT 1994 第 21 条进行权威解释，[④] 但均未有进展。WTO《电子商务协定》第 23 条的“安全例外”条款移植了 GATT 1994 第 21 条和 GATS 第 14 条之二的规定，但未对网络安全风险和国家安全之间的关系作出回应。《电子商务协定》第 17 条专门规定了“网络安全”条款。该条款要求参加方应努力：（a）增强各自负责网络安全事件应对的国家实体的能力；和（b）开展合作，识别和减轻影响一参加方电子网络的恶意入侵或恶意代码传播，及时处理网络安全事件，并分享信息以提高认识和最佳实践。[⑤] 为了识别和防范网络安全风险、检测网络安全事件，应对网络安全事件并从中恢复，每一参加

---

① General Council, China's Proposal on WTO Reform, Communication from China, WT/GC/W/773, 13 May 2019, pp. 3-4.

② USTR, "Statements by the United States at the Meeting of the WTO Dispute Settlement Body", 27 January 2023, https://ustr.gov/about-us/policy-offices/press-office/press-releases/2023/january/statements-united-states-meeting-wto-dispute-settlement-body, last visited 1 May 2024.

③ 李晓玲：《WTO 安全例外条款：实践演进、路径选择与中国因应》，《国际法研究》2023 年第 3 期，第 46 页。

④ Ministerial Conference Tenth Session, Proposal on MC 10 Ministerial Declaration-Part III WT/MIN (15) /W/14, 13 November 2015, para. 1.5.

⑤ Joint Statement on Electronic Commerce, INF/ECOM/87, 26 July 2024, Art. 17.2.

方应努力采用并鼓励其管辖范围内的企业采用基于风险方式，该方式依赖于风险管理最佳实践以及基于共识、透明和公开的方式制定的标准。[①] 不过，《电子商务协定》第 17 条未对参加方施加有约束力的义务，使用的措辞是“应努力”。该条款对网络安全的规制反映了规制合作的治理范式。

部分国家已经在 FTA 层面通过在其安全例外条款中纳入网络安全事项来解决网络安全风险对其国家安全可能构成的威胁。例如，《中国与东盟全面经济合作框架协议货物贸易协议》《中国与东盟全面经济合作框架协议服务贸易协议》和《中国新加坡 FTA》中的安全例外条款都明确规定了保护重要通信基础设施免遭破坏。[②] 部分新近 FTA 的数字贸易章节已经纳入了网络安全合作条款。[③] FTA 中的网络安全合作规则强调通过缔约方之间对话合作、协调彼此数字贸易规制框架来解决贸易一体化过程中的网络安全问题。这种规制合作治理范式不但可以摆脱安全例外范式面临的现实困境，而且在促进数字贸易发展的同时能够更好满足各国网络安全需要。[④]

为了协调数字贸易自由化和国家安全，各国可以通过国际经贸争端解决机制之外的途径来消解在网络安全治理中的分歧，如外交对话、政府之间的非正式/正式谅解以及国际规制合作。这些措施更有可能在促进协调一致和有效的全球网络安全治理方面取得成果。[⑤]

---

① Joint Statement on Electronic Commerce, INF/ECOM/87, 26 July 2024, Art. 17. 3.

② Art. 13 of Agreement on Trade in Goods of the Framework Agreement on Comprehensive Economic Co-operation between China and ASEAN; Art. 13 of Agreement on Trade in Services of the Framework Agreement on Comprehensive Economic Co-operation between China and ASEAN, Art. 106 of the China-Singapore FTA.

③ Art. 14. 16 of CPTPP, Art. 19. 15 of USMCA.

④ 李冬冬：《从安全例外到规制合作——数字贸易中网络安全问题治理范式之转型》，《国际经贸探索》2023 年第 10 期，第 108、112 页。

⑤ Neha Mishra, “The Trade: (Cyber) Security Dilemma and Its Impact on Global Cybersecurity Governance”, *Journal of World Trade*, Vol. 54, No. 4, 2020, p. 586.

第六章

数字贸易规制的中国视角

中国的网络购物发展迅速、优势突出，但数字产品和数字服务贸易发展明显不足，因而货物贸易便利化成为中国对外贸易谈判的重点。[①] 2023 年 10 月 18 日，第三届“一带一路”国际合作高峰论坛贸易畅通专题论坛期间，中方与有关国家共同发布《数字经济和绿色发展国际经贸合作框架倡议》，针对数字领域经贸合作设置了 4 个支柱，即营造开放安全的环境、提升贸易便利化水平、弥合数字鸿沟、增强消费者信任。[②] 中国依法对数字贸易进行规制，但中国的规制措施时常在国际上被一些国家指责构成贸易壁垒。中国在部分 FTA 中纳入了单独的电子商务章，但其内容主要涉及传统的货物贸易议题，而且拘束力有限。

2021 年以来，中国国内数据安全领域的立法进展迅速，跨境数据流动规则框架逐渐清晰，因而中国在对外谈判中对于数字贸易新议题的立场渐趋开放，开始积极对接国际标准。中国于 2020 年 11 月签署的 RCEP 中的电子商务章包含了部分数字贸易新议题规则。

① 王惠敏、张黎：《电子商务国际规则新发展及中国的应对策略》，《国际贸易》2017 年第 4 期，第 55 页。

② 参见《数字经济和绿色发展国际经贸合作框架倡议》，商务部官网，2023 年 10 月 18 日，http：//images. mofcom. gov. cn/gjs/202310/20231018162845261. pdf，最后访问时间：2024 年 5 月 1 日。

中国于2021年9月申请加入CPTPP，于2021年11月申请加入DEPA。在多边层面，包括中国在内的76个WTO成员于2019年1月发起电子商务诸边谈判，以制定数字贸易国际规则。① 无论在WTO层面还是FTA层面，数字贸易国际规则的构建和协调都需要中国的参与。

不过，作为数字经济大国的中国尚无明确的数字贸易中国方案，这无疑会影响到中国乃至全球数字贸易发展的方向和前景。② 有鉴于此，本章将从国内法和自由贸易协定的角度就中国对数字贸易的规制作实践检视，最后对中国如何完善数字贸易规制提出建议。

第一节　中国对数字贸易的规制实践

在国内法层面，中国对数字贸易的规制包括对数字贸易及相关贸易部门的立法和管理措施，以及影响数字贸易的相关法规和措施，如互联网审查以及对跨境数据流动的规制措施。中国的互联网审查制度和有关数据流动的立法时常被一些国家指责构成数字贸易壁垒。美国的一些人士曾多次扬言要在WTO对中国的互联网限制措施发起争端诉讼。③

在FTA规制层面，中国大多数FTA中的数字贸易规则只涵盖了传统的数字贸易议题，如海关关税、电子签名、无纸贸易等，没有对数字产品的概念进行界定，除了确认对电子传输暂停征收关税以外，并没有专门规制数字产品贸易的约束性条款，如数字产品的非歧视待遇条款。

---

① Joint Statement on Electronic Commerce，WT/L/1056，25 January 2019.

② 彭岳：《贸易规制路径下的数字贸易中国方案》，《郑州大学学报》（哲学社会科学版）2022年第4期，第33页。

③ 相关预分析可参见龚柏华、谭观福《WTO争端解决视角下的中美互联网措施之争》，《国际法研究》2015年第2期，第50—58页。

一 在国内法层面对数字贸易的规制及面临的合规风险

（一）数字贸易规制的国内立法和实践

中国在2018年通过了《中华人民共和国电子商务法》（下文简称《电子商务法》），这是中国第一部专门针对电子商务制定的法律。《电子商务法》第2条规定："本法所称电子商务，是指通过互联网等信息网络销售商品或者提供服务的经营活动。"该定义排除了"金融类产品和服务"，以及"利用信息网络提供新闻信息、音视频节目、出版以及文化产品等内容方面的服务"。《电子商务法》只涵盖了数字贸易的旧议题，其主体内容涉及电子商务平台经营者、合同的订立与履行、争议解决以及相关的法律责任等。中国理解的电子商务是指通过互联网进行的货物贸易，以及与其直接相关的服务贸易。中国出台了一系列与数字贸易相关的法律法规，对互联网信息服务、视听服务、电信业务等数字服务总体上实行许可或备案管理。[①] 数字产品一般需要经过中国的内容审查才能进行展示和交易。[②]

互联网审查是中国规制数字贸易的方式之一。中国《网络安全审查办法（2021）》第2条规定："关键信息基础设施运营者采购网络产品和服务，网络平台运营者开展数据处理活动，影响或者可

① 根据《互联网信息服务管理办法（2011修订）》第4条，国家对经营性互联网信息服务实行许可制度；对非经营性互联网信息服务实行备案制度。根据《互联网视听节目服务管理规定（2015修订）》第7条，从事互联网视听节目服务，应当依照该规定取得广播电影电视主管部门颁发的许可证或履行备案手续。根据《电信条例（2016年修订）》第7条，国家对电信业务经营按照电信业务分类，实行许可制度。根据《网络出版服务管理规定》第7条，从事网络出版服务，必须依法经过出版行政主管部门批准，取得许可证。根据《互联网新闻信息服务管理规定》第5条，通过互联网站、应用程序、论坛、博客、微博客、公众账号、即时通信工具、网络直播等形式向社会公众提供互联网新闻信息服务，应当取得许可。

② 孙南翔：《CPTPP数字贸易规则：制度博弈、规范差异与中国因应》，《学术论坛》2022年第5期，第51页。

能影响国家安全的，应当按照本办法进行网络安全审查。”中国还对互联网流量进行屏蔽和过滤审查，包含以政府为主体实施的审查和互联网服务提供商的“自我审查”。[①] 中国的互联网审查主要是出于维护公共道德与公共秩序以及国家安全的考虑。

由于数字贸易依赖于数据流动，对跨境数据流动的规制便成为数字贸易规制的一种方式。中国对跨境数据流动的规制坚持了以风险为基础的思路，目前初步形成了数据分类分级管理的顶层设计框架。根据中国《数据安全法》《个人信息保护法》《网络安全法》《关键信息基础设施安全保护条例》《数据出境安全评估办法》《个人信息出境标准合同办法》等相关立法，可以从数据处理者和数据两个角度，将中国的跨境数据流动规则大致分为 4 种情形。[②]

第一种情形为一般数据处理者处理个人信息（主体为一般主体，客体为非重要的个人信息）。借鉴 GDPR 等规定，中国《个人信息保护法》形成了个人信息多元化跨境提供的合法路径，确保实现同等保护水平。《个人信息保护法》第 38 条和第 39 条规定了个人信息跨境提供需要满足的基本要求。同时，由于向境外提供个人信息属于个人信息处理活动的一种类型，因此个人信息跨境提供还应当遵循《个人信息保护法》有关个人信息处理的一般规定。

第二种情形为一般数据处理者处理重要数据（主体为一般主体，客体为重要数据）。根据《汽车数据安全管理若干规定（试行）》第 3 条，重要数据是指一旦遭到篡改、破坏、泄露或者非法获取、非法利用，可能危害国家安全、公共利益或者个人、组织合法权益的数据。现行立法未对该种情形作出明确规定，根据中国《数据安全法》第 31 条，应由国家网信部门会同国务院有关部门制定相应的

---

① 龚柏华、谭观福：《WTO 争端解决视角下的中美互联网措施之争》，《国际法研究》2015 年第 2 期，第 50 页。

② 参见徐程锦《中国能否接受 CPTPP 版本跨境数据流动规则》，载微信公众号“顾小徐的随笔”，https：//mp. weixin. qq. com/s/Fe2ZT8gMg0_s0vqyfZFsfg，最后访问时间：2024 年 5 月 1 日。

出境安全管理办法。《汽车数据安全管理若干规定（试行）》针对此种情形规定了一种数据出境条件，即原则上应将数据存储在境内，因业务需要确需向境外提供的，应当通过国家网信部门会同国务院有关部门组织的安全评估。

第三种情形为重要数据处理者处理个人信息或重要数据（主体为重要主体，客体为个人信息和重要数据）。重要数据处理者主要是关键信息基础设施运营者，根据中国《个人信息保护法》，还包括处理个人信息达到国家网信部门规定数量的个人信息处理者和国家机关。此种情形的数据出境条件为，原则上应当在境内存储，确需向境外提供的，应当通过国家网信部门组织的安全评估。

第四种情形为外国司法或执法机构请求提供数据。中国《数据安全法》第 36 条和《个人信息保护法》第 41 条对此均有规定，数据出境的条件是依据国际条约、协定，或者按照平等互惠原则，且经过主管机关批准，该规定旨在从司法和行政执法层面阻却境外机构对境内机构和个人实施的长臂管辖。

中国《个人信息保护法》明确了安全评估、个人信息保护认证和企业标准合同这三种合规渠道，但从实践看仍以安全评估为主导，个人信息保护认证和企业标准合同的应用空间较小。中国的跨境数据流动监管方式相对单一。[①] 国家网信办在 2024 年 3 月 22 日公布了《促进和规范数据跨境流动规定》，相较于前述法律法规中正向强调数据出境的“前置审批”要求，该规定更多是对“前置审批”要求的一种例外豁免，明确了涉及数据出境的多个场景可豁免前置程序，数据处理者可免予申报数据出境安全评估、订立个人信息出境标准合同、通过个人信息保护认证。由此可见，主管部门对跨境数据流动的整体监管逻辑已经有了重大转变，并为各相关主体划出了更为清晰的数据出境路径。

---

① 李俊、赵若锦、范羽晴：《我国数据跨境流动治理成效、问题与完善建议》，《国际商务研究》2023 年第 6 期，第 92 页。

国家在自由贸易港和自由贸易试验区建设中，也在积极探索跨境数据流动管理制度。《海南自由贸易港法》第42条规定，“海南自由贸易港依法建立安全有序自由便利的数据流动管理制度”“国家支持海南自由贸易港探索实施区域性国际数据跨境流动制度安排”。根据《促进和规范数据跨境流动规定》第6条，自由贸易试验区可针对数据出境制定本自贸区的数据清单（即负面清单），自由贸易试验区内数据处理者向境外提供负面清单外的数据，可以免予申报数据出境安全评估、订立个人信息出境标准合同、通过个人信息保护认证，秉持了“法不禁止即自由”的法理。

上海自贸试验区临港新片区管委会于2024年2月8日公布《中国（上海）自由贸易试验区临港新片区数据跨境流动分类分级管理办法（试行）》，以进一步指导和帮助数据处理者高效合规地开展数据跨境流动。2024年5月17日，临港新片区数据跨境场景化一般数据清单及清单配套操作指南对外公布。首批一般数据清单包含智能网联汽车、公募基金、生物医药3个领域。临港新片区坚持“一般数据清单+负面清单”相结合，从正面入手，结合跨境场景细化至具体字段，编制形成可操作、可落地的一般数据清单，同步迭代拓展更多场景、更多领域，以此为基准凝练形成场景化、精细化、可操作的字段级负面清单。[①] 2024年5月9日，天津自贸试验区管委会、天津市商务局联合发布《中国（天津）自由贸易试验区数据出境管理清单（负面清单）（2024版）》。该负面清单将出境数据分为13大类、46子类，并根据数据基本特征作出详细描述、给出具体示例。[②] 2024年8月30日，北京市网信办、北京市商务局、北京市政务服务和数据管理局联合发布《中国（北京）自由贸易试验区数据出境负面清单管

① 《便利企业数据跨境流动　临港新片区发布一般数据清单》，《人民日报》2024年5月19日第2版。

② 《天津发布自贸试验区数据出境管理负面清单》，新华网，2024年5月9日，http://www.xinhuanet.com/fortune/20240509/d4e30009ea7f4658932743424f5bc802/c.html，最后访问时间：2024年9月25日。

理办法（试行）》《中国（北京）自由贸易试验区数据出境管理清单（负面清单）（2024 版）》。北京自贸试验区数据出境负面清单首批选择汽车、医药、零售、民航、人工智能 5 个领域率先制定。后续，按照动态管理机制，分行业、分领域、分批次推进编制工作，成熟一批发布一批，持续优化迭代负面清单政策体系。[①]

2023 年 6 月 29 日，国家网信办与香港特区政府创新科技及工业局签署《关于促进粤港澳大湾区数据跨境流动的合作备忘录》，在国家数据跨境安全管理制度框架下，建立粤港澳大湾区数据跨境流动安全规则，促进粤港澳大湾区数据跨境安全有序流动。[②] 为落实该备忘录的要求，国家网信办与香港特区政府创新科技及工业局共同制定《粤港澳大湾区（内地、香港）个人信息跨境流动标准合同实施指引》，并于 2023 年 12 月 10 日公布并施行。

（二）数字贸易规制面临的合规风险

中国的数字贸易规制措施时常被一些国家指责构成贸易壁垒，因而面临一定的合规风险。

1. 互联网审查面临的合规风险

USTR 早在 2011 年就针对中国的互联网监管政策提出了“问题清单”，指责中国的互联网限制措施构成了商业壁垒。[③] USTR 在 2018 年发布的《国家贸易评估报告》重点关注了中国对数字贸易的规制措施可能构成的壁垒。该报告指出，中国的互联网监管制度是

---

① 《便利数据跨境流动，降低企业合规成本 北京发布数据出境管理清单》，《人民日报》2024 年 8 月 31 日第 2 版。

② 《国家互联网信息办公室与香港特区政府创新科技及工业局签署〈关于促进粤港澳大湾区数据跨境流动的合作备忘录〉》，国家网信办官网，2023 年 6 月 30 日，http：//www. cac. gov. cn/2023 - 06/30/c _1689687618127403. htm，最后访问时间：2024 年 5 月 1 日。

③ USTR，“United States Seeks Detailed Information on China’s Internet Restrictions”，19 October 2011，https：//ustr. gov/about - us/policy - offices/press - office/press - releases/2011/october/united-states-seeks - detailed - information - china% E2% 80% 99s - i，last visited 1 May 2024.

限制性且不透明的，影响了通过互联网开展的各种商业服务活动。2017 年《工业和信息化部关于清理规范互联网网络接入服务市场的通知》禁止中国电信运营商向消费者提供到达海外数据中心的租用专线或虚拟专用网（VPN）连接，消除了公司用于连接到外国云计算服务提供商和相关资源的关键访问机制。该报告认为，中国的互联网屏蔽措施给数字产品和数字服务的供应商和用户造成了巨大损失。[①] 事实上，对互联网进行审查早已是国际上的通行做法，很多国家都在以不同方式进行网上过滤、屏蔽等互联网审查活动，这是一国行使网络主权的表现。在国际经贸规则视域下探讨中国互联网审查措施的合法性，必须首先分析中国的 WTO《服务贸易具体承诺减让表》是否对相关的数字产品和数字服务作出市场准入承诺以及承诺的具体范围。这在本质上是数字贸易的归类问题。[②]

一些美国学者认为，中国《网络安全法》中的安全标准不符合比例原则，故意模棱两可，旨在实现网络主权，而非确保高水平的安全或隐私。[③] 中国的网络安全标准使得外国公司难以进入中国市场。[④]《网络安全法》生效后，美国还专门向 WTO 服务贸易理事会提交文件指出，中国《网络安全法》和相关执法措施将对服务贸易产生严重的不利影响。[⑤] 2015 年欧盟委员会《贸易和投资壁垒与贸易保护主义趋势报告》指出，中国在互联网领域的很多新措施表面

---

① USTR，2018 *National Trade Estimate Report on Foreign Trade Barriers*，p. 104.

② 相关分析可参见本书第二章。

③ AmCham China，“Navigating the Chinese Cybersecurity Law：Ambiguity Remains a Common Concern”，18 May 2018，https：//www. amchamchina. org/uploads/media/default/0001/09/7246f5970b90359c33d47f16e0f5c0518e7981a9. pdf，last visited 1 May 2024.

④ Samm Sacks，Manyi Kathy Li，“How Chinese Cybersecurity Standards Impact Doing Business in China”，CSIS Briefs，2 August 2018，https：//www. csis. org/analysis/how-chinese-cybersecurity-standards-impact-doing-business-china，last visited 1 May 2024.

⑤ Council for Trade in Services，Communication from the United States，Measures Adopted and under Development by China Relating to Its Cybersecurity Law，S/C/W/374，26 September 2017.

上都是以“国家安全”为由，如《国家安全法》《反恐怖主义法》《网络安全法》等，以及在“安全和可控的信息和通信技术”背景下采取的措施（在银行和保险业中）。这些立法中的很多内容都超出了基本国家安全的关切，包含了广泛的、不清晰的国家安全定义，这些定义造成了法律上的不确定性，迫使企业将敏感数据移交给当局，并普遍面临对商业活动施加不必要限制的风险。[①] 国家安全是一个动态而非静止的概念，国家安全关乎国家的生存利益，国际法并不干预各国对于国家安全的界定。[②] 中国的网络安全立法强调国家安全、网络安全的优先性，并保留一定的国内规制空间，并无不妥。

2017 年 6 月，欧盟、美国、日本、加拿大和澳大利亚在 WTO 中就中国的网络安全法规对信息通信技术产品贸易的影响提出了关切。在承认保护网络安全的重要性的同时，这些国家要求中国定义网络安全法规的范围，并澄清法规所涵盖关键术语的定义，如产品和服务的“安全性和可控性”。在承认防止网络入侵和网络攻击以及保护用户个人信息和敏感数据的重要性的同时，他们敦促中国以非歧视的方式执行相关措施，并遵守 TBT。[③]

2. 跨境数据流动规制面临的合规风险

USTR 还在 2018 年的《国家贸易评估报告》中指出，中国的监管机构为了实施《网络安全法》和《国家安全法》而制定的各种草案和最终措施将禁止或严格限制常规的跨境数据传输，而这些数据传输对任何业务活动都是至关重要的。这些措施还对“关键信息基

---

① European Commission, *Report from the Commission to the Council and the European Parliament*, *on Trade and Investment Barriers and Protectionist Trends*, 1 July 2014 - 31 December 2015, Brussels, 20 June 2016, p. 11.

② 彭阳：《国际经济治理中的国家安全泛化：法理剖析与中国应对》，《国际法研究》2022 年第 5 期，第 89 页。

③ WTO, “Members Debate Cyber Security and Chemicals at Technical Barriers to Trade Committee”, 14 and 15 June 2017, https://www.wto.org/english/news_e/news17_e/tbt_20jun17_e.htm, last visited 1 May 2024.

础设施领域”的公司强加数据本地存储和处理的要求。[①] 根据中国有关跨境数据流动的相关法规，对于向境外传输的数据需要进行安全评估，但对于境内的数据流动却没有这方面的要求。相较于境内的数字服务提供者，对跨境数据传输的评估要求很可能给外国服务提供者增加额外负担，从而改变竞争条件，造成一种“较低待遇”。

中国立法对跨境数据流动设定了一定的条件，此种限制可以构成国际经贸协定中的“限制措施”。那么，此种限制措施能否通过国际经贸协定中的压力测试？下文将以 CPTPP 为参考对象，对该问题稍作分析。CPTPP 第 14.11.2 条是关于跨境数据流动的核心义务，具有强制性。中国立法允许为业务等需要进行跨境数据流动。中国对跨境数据流动的限制措施，如出境安全评估、个人信息保护认证或标准合同，本质上是对跨境数据流动规定了“监管要求”，与 CPTPP 第 14.11.1 条的规定相契合，并非不允许数据出境。因此，中国对跨境数据流动的国内规制措施不违反 CPTPP 第 14.11.2 条。至于 CPTPP 第 14.13 条规定的计算设施本地化问题，在一些特定行业（如互联网地图、网络出版）的立法中，确实存在计算设施本地化的要求，[②] 但由于这些行业具有特殊性，此类要求往往可以援引协定中的例外条款免责。

假设中国的规制措施违反了 CPTPP 第 14.11.2 条，中国还可以援引 CPTPP 中的例外条款进行抗辩。中国对于跨境数据流动特别强调“安全、有序”，安全是首要价值。有少数关涉国家安全的核心数据可能被禁止出境，数据出境安全评估和数据安全审查措施都可能需要援引基本安全例外条款。CPTPP 第 32 章的安全例外可以涵盖网络安全和数据安全的需要。当然，在具体适用时需要满足必需性的

---

① USTR，2018 *National Trade Estimate Report on Foreign Trade Barriers*，p. 105.

② 例如，《地图管理条例》第 34 条规定：“互联网地图服务单位应当将存放地图数据的服务器设在中国境内。”根据《网络出版服务管理规定》第 8 条，图书、音像、电子、报纸、期刊出版单位从事网络出版服务，必须将相关服务器和存储设备存放在中国境内。

要求。因此，接受 CPTPP 中的跨境数据流动规则时，需要对安全例外作出相应安排。

CPTPP 第 14.11.3 条还规定了合理公共政策目标例外。个人信息保护认证和标准合同是其他国家普遍使用的机制，应该不会遭致违反 CPTPP 第 14.11.2 条的质疑。CPTPP 第 14.11.3 条有 3 项核心义务。第一项义务是要求限制措施是为实现合法公共政策目标。数据出境安全评估是中国相对独特的机制，评估的目的是保障国家安全、公共利益、个人或者组织合法权益。CPTPP 第 14.11.3 条的合法公共政策目标没有明确列举，外延很广，可以涵盖数据出境安全评估的前述目的。第二项义务是要求限制措施的实施不构成不合理的歧视或对国际贸易的变相限制。《数据出境安全评估办法》规定了安全评估的情形、重点评估事项、评估程序等。由国家网信部门统一组织的安全评估只要适用客观标准，就不会造成不合理的歧视或对国际贸易的变相限制。第三项义务是限制措施应满足“必需性”测试要求，即不存在同样能实现合法政策目标，但对贸易的限制性影响更小的合理可行的替代性措施。中国的数据出境安全评估制度针对的是关键信息基础设施运营者或处理个人信息达到国家网信部门规定数量的个人信息处理者，或者重要数据的出境，在其他国家很少有类似的制度实践，因而也较难提出合理可行的替代性措施。① 总体上，中国对于跨境数据流动的国内规制措施已经与国际接轨。

二　在自由贸易协定中对数字贸易的规制

中国在 WTO 和 FTA 中都没有使用数字贸易的概念，而使用的是电子商务。总体而言，中国对于在 FTA 中加入数字贸易的相关条款非常谨慎。截至 2024 年 5 月 17 日，中国向 WTO 通报的已生效的

① 徐程锦：《中国能否接受 CPTPP 版本跨境数据流动规则》，载微信公众号“顾小徐的随笔”，https://mp.weixin.qq.com/s/Fe2ZT8gMg0_s0vqyfZFsfg，最后访问时间：2024 年 5 月 1 日。

FTA 中仅有 10 个涵盖电子商务条款，即《中韩 FTA》《中澳 FTA》《中国智利 FTA》（2017 年修订）、《中国毛里求斯 FTA》《中国柬埔寨 FTA》《中国尼加拉瓜 FTA》《中国格鲁吉亚 FTA》《中国与东盟全面经济合作框架协议》以及中国内地分别与香港地区和澳门地区签订的“更紧密经贸关系安排”。

《中韩 FTA》和《中澳 FTA》对电子商务作出了专章规定。中国在 FTA 中独立设置电子商务章，目的是在数字贸易的国际立法进程中扩大自身话语权和影响力。中国电子商务企业在海外的蓬勃发展也刺激了中国政府将电子商务保护和促进条款纳入其 FTA。FTA 中的电子商务章使中国及其缔约方能够制定完善的电子商务法规。相较于电子商务章，FTA 有关电子商务的附件通常用于解释既有规定且涉及的领域非常狭窄，而简单的电子商务条款可能无法建立系统的电子商务法律框架。①

《中韩 FTA》中的电子商务章（第 13 章）包含 9 个条款，涉及海关关税、电子认证和电子签名、个人信息保护、无纸贸易、电子商务合作等。这些规定有很多是建立在其他国际协定规定的现有义务基础之上，并未增加新的实质性义务。② 例如，关于暂停征收关税和无纸贸易的规定是基于 WTO 的义务。部分规定是不具有约束力的软条款。例如，有关无纸贸易的规定使用的措辞是“应努力”和“应探索”。根据《中韩 FTA》第 13.2 条，若电子商务章与其他章节有不一致之处，该处以其他章节为准。根据《中韩 FTA》第 13.9 条，电子商务章下产生的任何事项，不得诉诸争端解决。这两个条款大大削弱了相关义务的有效性。

《中澳 FTA》（第 12 章）中的电子商务议题与《中韩 FTA》大

---

① Jie Huang, “Comparison of E-commerce Regulations in Chinese and American FTAs: Converging Approaches, Diverging Contents, and Polycentric Directions?”, *Netherlands International Law Review*, Vol. 64, No. 2, 2017, pp. 317-318.

② Henry Gao, “Digital or Trade? The Contrasting Approaches of China and US to Digital Trade”, *Journal of International Economic Law*, Vol. 21, No. 2, 2018, p. 311.

体相同，但又增加了新的规定，即第 12.4 条的透明度、第 12.5 条的国内监管框架、第 12.7 条的网络消费者保护。对于《中韩 FTA》和《中澳 FTA》都包含的电子商务议题，部分具体内容也存在差别。就无纸贸易而言，《中韩 FTA》仅规定，“各缔约方应探索接受以电子形式递交的贸易管理文件具有与纸质版文件同等法律效力的可能性”，[①] 而《中澳 FTA》将其上升为一项有强制约束力的法律义务。[②] 但《中澳 FTA》第 12.9.1 条包含了两项例外情形，从而又减损了该款义务的约束力。《中澳 FTA》还删除了《中韩 FTA》第 13.2 条有关电子商务章与其他章节规则冲突的规定。不过，电子商务与传统贸易的一致性可以通过《中澳 FTA》第 12.1.3 条来实现。[③]

2005 年签订的《中国智利 FTA》并未包含电子商务条款，但 2017 年修订后的《中国智利 FTA》纳入了独立的电子商务章（第 4 章），涉及的条款包括国内电子交易框架、电子认证和电子签名、网上消费者保护、网上个人信息保护、无纸化贸易和合作。[④]《中国毛里求斯 FTA》也包括了独立的电子商务章（第 11 章）。这两个 FTA 的电子商务议题规则均未超出《中韩 FTA》和《中澳 FTA》电子商务章的内容。《中国柬埔寨 FTA》中的电子商务章（第 10 章）与前述 FTA 中的电子商务章相比大同小异，其中的一个突破性规定是纳入了“网络设备”条款。该章第 8 条规定：“一、缔约双方认识到电子商务相关网络设备和产品对保障电子商务健康发展的重要性。二、缔约双方应努力营造有利于公共电信网络、服务或增值服务提供方独立选择网络设备、产品和技术服务的环境。”互联网基础设施对于发展数字贸易至关重要，该条款要求缔约方确保服务提供方独立选

---

① Art. 13.6.2 of the China-Korea FTA.

② Art. 12.9.1 of the China-Australia FTA.

③ 该款规定：“双方应努力确保通过电子商务进行的双边贸易所受的限制不超过其他形式的贸易。”

④ 参见《中国和智利关于修订〈自由贸易协定〉及〈自由贸易协定关于服务贸易的补充协定〉的议定书》第四章（电子商务）。

择网络设备，本质上是一种非歧视的要求。

《中国尼加拉瓜 FTA》也纳入了单独的“数字经济”章（第 12 章）。虽然该章的标题使用了数字经济的表述，不同于中国以往签署的 FTA 使用的电子商务概念，但第 12 章的规则内容与中国以往 FTA 中的电子商务规则相比并无突破，规则仍较为保守，仅涵盖国内电子交易架构、电子签名、在线消费者保护、在线个人信息保护、无纸贸易、中小微企业、数字经济合作，未涉及跨境数据流动、数字产品非歧视待遇等数字贸易新议题。

《中国格鲁吉亚 FTA》第 12 章（合作领域）第 2 条确认了 WTO 规则对电子商务的适用性，规定了电子商务领域的国际合作，但并未对电子商务设定有约束力的规则。《中国与东盟全面经济合作框架协议》第二部分（第 7 条 其他经济合作领域）中的第 3 款规定“加强合作的措施应包括但不限于”该款（c）项中的“促进电子商务”，但未规定具体的合作事项范围。

《内地与香港关于建立更紧密经贸关系的安排》第 17 条（合作领域）和《内地与澳门关于建立更紧密经贸关系的安排》第 17 条（合作领域）规定了电子商务合作条款，双方将在电子商务领域加强合作。这两个协定的附件六都规定了电子商务的合作机制和合作内容。《〈内地与香港关于建立更紧密经贸关系的安排〉经济技术合作协议》第 14 条（电子商务合作）和《〈内地与澳门关于建立更紧密经贸关系的安排〉经济技术合作协议》第 13 条（电子商务合作）重申了电子商务合作的内容，并增加规定“加强两地在跨境数据流动方面的交流”，前者还规定“组成合作专责小组共同研究可行的政策措施安排”。

中国于 2020 年 11 月签署的 RCEP 中的电子商务章（第 12 章）在促进跨境电子商务方面新增了两个关键条款，分别是第 12.14 条（计算设施的位置）和第 12.15 条（通过电子方式跨境传输信息），这两个条款涉及的议题属于数字贸易核心议题，在中国以往的 FTA 中从未出现。RCEP 第 12.15 条规定了跨境数据流动规则，总体上为跨境数据流动设定了“原则+例外”的立法模式；第 12. 14 条明确禁止缔约方采取计算设施本地化措施，在义务设置上也包括了“原则+例外”。这两个条款均借鉴了 CPTPP 中的电子商务规则。不过，RCEP 对于缔约方援引这两个条款中的合法公共政策目标例外和安全例外条款的条件未施加实质性约束，中国在 RCEP 下关于跨境数据流动的法律义务可借助例外条款加以缓和。[①] 在为电子商务创造有利环境方面，与中国以往签署的 FTA 相比，RCEP 还有一项重要突破，即要求缔约方在制定保护个人信息的法律框架时，每一缔约方应当考虑相关国际组织或机构的国际标准、原则、指南和准则。RCEP 电子商务章在内容上涵盖数字贸易核心议题，为中国、美国、欧盟三方之间寻求进一步贸易规制共识打下了良好的基础。[②] 2022 年 1 月，商务部等 6 部门联合发布的《关于高质量实施〈区域全面经济伙伴关系协定〉（RCEP）的指导意见》中指出，高水平履行电子商务规则，积极发展“丝路电商”，与更多 RCEP 成员国开展电子商务务实合作。

总体而言，中国目前已签署 FTA 中的数字贸易规则没有定义数字产品的概念，也未包含数字产品非歧视待遇的规定。[③] 这或许是因为中国 FTA 直到 2015 年才开始使用“章”的形式来规范电子商务，因此尚未就如何处理数字产品的归类和待遇形成确定的看法。此外，中国顶级的电子商务企业（如阿里巴巴和京东）销售的大多数产品是含有实物载体的货物。[④] 不过，随着中国正式提出申请加入

---

① 彭岳：《贸易规制路径下的数字贸易中国方案》，《郑州大学学报》（哲学社会科学版）2022 年第 4 期，第 37—38 页。

② 彭岳：《数字贸易治理及其规制路径》，《比较法研究》2021 年第 4 期，第 169 页。

③ RCEP 第 12. 16 条（电子商务对话）倡导缔约方加强在数字产品待遇、源代码、金融服务中跨境数据流动和计算设施的位置等重要议题上的对话，以凝聚共识，促进电子商务发展。

④ Jie Huang, “Comparison of E-commerce Regulations in Chinese and American FTAs: Converging Approaches, Diverging Contents, and Polycentric Directions?”, *Netherlands International Law Review*, Vol. 64, No. 2, 2017, p. 319.

CPTPP和DEPA，中国如何对数字产品的非歧视待遇作出开放承诺日益成为一个重要而紧迫的问题，这也是当前中国在加入这两个协定的谈判中所面临的最大障碍。

第二节　完善数字贸易规制的建议

中国在2019年4月向WTO提交了首轮电子商务提案，就电子商务谈判的目标、谈判进程、谈判方向和重点以及行动领域等方面阐明了中国立场。中国呼吁，WTO电子商务谈判应弥合数字鸿沟，秉持开放、包容和透明原则，谈判应重点讨论互联网驱动的跨境货物贸易以及相关的支付和物流服务。①

中国的首轮提案有其合理性和科学性，考虑到了互联网环境下数字贸易的新特点、数字贸易规制的多元目标以及发展问题。首轮提案体现了中国对于数字贸易规制的基本立场，注重国内规制权和公共政策目标的实现。中国的关注重点是以贸易便利化为核心的数字贸易旧议题，这反映了中国互联网企业借助互联网平台向海外市场销售商品以及进口商品满足国内需求的需要，其目的是充分发挥中国的产业优势。首轮提案侧重于提出原则性声明，没有具体的条文建议。中国还在2019年5月9日和9月23日向WTO提交了电子商务提案。②

作为数字贸易国际规则引领者的美国向WTO提交的电子商务提案主张的数字贸易议题大多涉及数据和数字产品，超出了WTO项下传统货物贸易、服务贸易或与贸易有关的知识产权等协定的范畴。

---

① Joint Statement on Electronic Commerce，Communication from China，INF/ECOM/19，24 April 2019.

② Joint Statement on Electronic Commerce，Communication from China，INF/ECOM/32，9 May 2019；Joint Statement on Electronic Commerce，Communication from China，INF/ECOM/40，23 September 2019.

由于美国已经在其 FTA 中推行类似的数字贸易规则，相关规则已经具备较为充分的实践基础，因而美国提案中的多项数字贸易议题都包含了清晰明确的义务。相较于美国电子商务提案的内容以及美国 FTA 中的数字贸易规则，中国的首轮提案反映出中国在数字贸易新议题上的防守立场。中国对数字贸易概念的理解侧重于网络购物，但数字产品和数字服务在可预见的将来会有很大的发展。中国商务部发布的《中国数字贸易发展报告（2022）》指出，2022 年数字文化产品海外市场优势进一步巩固，数字产品贸易焕发活力，助力中华文化对外传播。[①] 有鉴于此，中国对数字贸易的规制需要进一步完善，尤其是要从更全面的视角构建数字贸易规则。

一　从更全面的视角构建数字贸易规则

在数字贸易发展过程中，不同国家的基础、起点、比较优势存在较大差异，因而在构建数字贸易国际规则过程中，不同国家对数字贸易概念理解的侧重点、各自的利益诉求点也会有所不同。[②] 中国理解的数字贸易侧重于网络购物，包含了 B2B 和 B2C 两种交易模式。中国目前在数字贸易中的比较优势在于通过互联网进行的传统货物贸易，因而中国的关注重点是与跨境货物贸易便利化相关的规则，如电子签名、电子认证、电子合同、无纸贸易等。中国向 WTO 提交的电子商务提案和中国大多数 FTA 中的数字贸易规则仍停留在数字贸易的旧议题上。中国还认为，WTO 现阶段的电子商务讨论不应增加新的市场准入承诺，包括降低关税，无意引入新的贸易规制条款。在电子商务讨论的整个过程中应坚持发展的维度，并将其充

---

① 中国商务部：《中国数字贸易发展报告（2022）》，2023 年 12 月 5 日，第 15 页，http：//images. mofcom. gov. cn/fms/202312/20231205112658867. pdf，最后访问时间：2024 年 5 月 1 日。

② 徐海金、周蓉蓉：《数字贸易规则制定：发展趋势、国际经验与政策建议》，《国际贸易》2019 年第 6 期，第 65—66 页。

分纳入成果中。①

对于数字产品和数字服务，中国的国内产业发展相对不足。中国已签署的FTA未对数字产品的定性和归类作出回应。《中韩FTA》第13.3条（海关关税）的脚注1规定："本章电子商务条款，不影响双方对于电子交付属于货物贸易或是服务贸易的立场。"由此可见，中国在FTA层面对于数字贸易的归类问题也是采取了回避立场，这一做法与美国的实践类似。不过，与美国实践不同的是，中国已签署的FTA均未规定数字产品的非歧视待遇。因此，中国在FTA层面对数字产品的规制相当于作了留白处理。从理论上讲，由于GATS承认了发达国家成员和发展中国家成员之间的发展不平衡，从中国数字贸易发展现状来看，笔者认为，坚持数字产品贸易适用GATS有利于中国在数字贸易规制中争取更多的政策空间。在"中国音像制品案"中，中国极力主张录音制品的在线分销是一种新型的网络音乐服务，而非录音分销服务，力图规避GATS项下的市场准入义务。中国在FTA中对服务贸易作出承诺时，亦坚持了在WTO框架下使用的4种服务提供模式，对服务的归类标准也坚持了CPC prov。在数字贸易归类问题上，中国未在国际上提出自己的新主张。中国已于2021年9月申请加入CPTPP，而CPTPP电子商务章对数字产品的定义已经回避了对数字产品贸易的归类问题。② 那么，中国在加入CPTPP的谈判中是否有必要把数字贸易规制拉回到服务贸易框架下呢？笔者认为，尽管这种努力确有正当性，但缺乏现实可操作性。因为，对于数字贸易/数字产品的归类采取"两条腿走路"的处理方式已经成为国际条约实践中的一种普遍趋势，中国在加入CPTPP的谈判中难以对其作出保留。在这一背景下，如果中国想争取数字贸

① Work Programme on Electronic Commerce, Aiming at the 11th Ministerial Conference, Communication from the People's Republic of China and Pakistan (Revision), JOB/GC/110/Rev. 1, 16 November 2016, p. 1.

② CPTPP第14.1条脚注3规定："对于数字产品的定义不宜理解为反映了缔约方关于通过电子传输的数字产品贸易应被归为服务贸易还是货物贸易的看法。"

易国内规制空间，更为务实的选择是在数字贸易市场开放承诺中对相应的数字贸易部门作出保留。

在数字贸易的关税问题上，中国也未形成进攻性立场。中国在WTO电子商务谈判以及《中韩FTA》和《中澳FTA》中，均只支持维持目前在WTO中对电子传输暂停征收关税的做法。中国目前的立场有其合理性。对数字产品和数字服务免征关税有利于促进数字贸易自由化的发展，也有利于中小微企业参与国际贸易。但随着越来越多的实物产品可以被数字化，并通过在线方式交付，对电子传输永久免关税的承诺可能导致税收流失。在WTO电子商务谈判中，很多成员提出将电子传输免征关税的做法永久化，中国目前不宜支持，而应该在继续观察中国数字贸易发展状况，并综合考量免关税的具体影响之后，再决定立场。①

美国在数字贸易中的比较优势在于数字产品和数字服务，因而美国倡导的数字贸易规则主要强调实现跨境数据自由流动、防止本地化壁垒、禁止强制技术转让、保护关键源代码等数字贸易新议题。② 中国认为大部分新议题并非贸易问题，不应通过国际经贸协定设定规则。从2016年以来中国和美国向WTO提交的有关电子商务的文件来看，两国关注的数字贸易议题只有在贸易便利化方面存在重合之处。中国对数字贸易概念的狭义理解使得中国在国际场合对数字贸易新议题采取防守甚至回避态度。

但从数字贸易的长远发展来看，中国在立足比较优势的同时采取广义的数字贸易概念，从更全面的视角构建数字贸易规则，是更为理性的选择。数字产品和数字服务是新兴的数字贸易类型，发展潜力巨大。有国外学者指出，在数字贸易领域，中国的国内公司已

① 石静霞：《数字经济背景下的WTO电子商务诸边谈判：最新发展及焦点问题》，《东方法学》2020年第2期，第182页。

② USTR, "The Digital 2 Dozen", 2016, https://ustr.gov/sites/default/files/Digital-2-Dozen-Updated.pdf, last visited 1 May 2024.

经在与西方公司相同的运行空间内创造了快速发展且技术精湛的“平行宇宙”，其中一些是世界一流的市场领导者，如阿里巴巴、百度和腾讯的微信。[①] 上海市在 2019 年 7 月发布了《上海市数字贸易发展行动方案（2019—2021 年）》，要求充分发挥上海数字贸易的特色优势，加快形成数字贸易开放创新体系。该行动方案提到的数字贸易发展重点领域包括了云服务和数字内容。中国不仅应重点关注网络购物，还应关注数字产品和数字服务贸易，积极探索数字贸易新议题的规制路径。数字贸易新议题成为新近国际经贸协定谈判中的重要问题，对数字贸易概念的狭义理解不利于中国准确把握数字贸易对外谈判的立场。当然，采取广义的数字贸易概念并不意味着全盘接受美式数字贸易规则的所有内容。

二　促进与贸易有关的跨境数据流动

中国在 2019 年向 WTO 提交的电子商务首轮提案开始适当回应美国主张的数字贸易新议题。[②] 中国提出，在电子商务的探索性讨论中，一些成员提到了涉及诸如数据流动、数据存储、数字产品待遇等问题的数字贸易规则。鉴于它们的复杂性和敏感性以及成员之间的巨大分歧，在将此类问题提交 WTO 谈判之前，需要进行更多的探索性讨论，以便使成员充分理解其含义和影响以及相关的挑战和机遇。

中国提出，不可否认，与贸易有关的数据流动对于贸易发展至关重要。但更重要的是，数据流动应以安全为前提，这关涉每个成员的核心利益。为此，数据有必要按照成员各自的法律法规有序地流动。中国在提案中使用的是“数据流动”概念，而非美国向 WTO

---

① Saurabh Tiwari, Ashish Chandra, Tanvi Praveen and Stuti Toshi, “ ‘E-commerce’ for India in a Developing World: An International Trade Law Perspective”, *Journal of World Trade*, Vol. 54, No. 1, 2020, p. 72.

② Joint Statement on Electronic Commerce, Communication from China, INF/ECOM/19, 24 April 2019, p. 4.

提交文件中使用的“数据自由流动”。[1] 中国提到的数据流动仅限于“与贸易有关”。这意味着中国目前只想谈判与贸易有关的数据流动问题，而非所有种类的数据流动。换言之，与贸易无关的数据流动可以被合理地排除在外。这一限定条件会产生广泛的影响，它可以被用来证明对中国未作出承诺的行业，甚至是现有承诺已涵盖但免费提供的行业中的数据流动进行限制的正当性。[2] 在跨境数据流动议题上，中国尤其强调数据安全的优先性，这一立场突出地体现在中国于 2020 年 9 月提出的《全球数据安全倡议》[3] 中。

跨境数据流动是进行数字贸易的前提，对于数字贸易的开展具有特殊重要性。由于实行互联网审查制度，中国难以像美式 FTA 那样对跨境数据自由流动作出全面承诺。基于数据流动进行的数字贸易是未来国际贸易发展的大趋势。中国作为最大的跨境电子商务市场，在保障数据流动方面存在重大利益。[4] 跨境数据流动与数据本地化措施在一定程度上将同时存在。基于前文的分析，总体上中国对于跨境数据流动的国内规制措施已经与国际接轨。中国在加入 CPTPP 和 DEPA 的谈判中，在跨境数据流动议题上并无实质性障碍。中国可以在确保安全的前提下，促进与贸易有关的跨境数据流动。对于关涉国家安全或公共安全的敏感数据进行重点限制，但对于与贸易有关的普通商业数据，应促进其有序地跨境流动。

2023 年 7 月，国务院印发的《关于进一步优化外商投资环境加

---

① 美国于 2018 年 4 月 12 日向 WTO 总理事会提交了电子商务谈判的探索性文件，其第二节的标题是“信息自由流动”。See General Council, Joint Statement on Electronic Commerce, Communication from the United States, JOB/GC/178, 12 April 2018, Section 2.

② Henry Gao, “Data Regulation with Chinese Characteristics”, in Mira Burri, ed., *Big Data and Global Trade Law*, Cambridge University Press, 2021, pp. 264-265.

③ 《全球数据安全倡议》，中国政府网，2020 年 9 月 8 日，https://www.gov.cn/xinwen/2020-09/08/content_5541579.htm，最后访问时间：2024 年 5 月 1 日。

④ 石静霞：《数字经济背景下的 WTO 电子商务诸边谈判：最新发展及焦点问题》，《东方法学》2020 年第 2 期，第 177 页。

大吸引外商投资力度的意见》指出："探索便利化的数据跨境流动安全管理机制。落实网络安全法、数据安全法、个人信息保护法等要求，为符合条件的外商投资企业建立绿色通道，高效开展重要数据和个人信息出境安全评估，促进数据安全有序自由流动。"根据《促进和规范数据跨境流动规定》第 3 条，国际贸易活动中收集和产生的数据出境，不包含个人信息或者重要数据的，免予申报数据出境安全评估、订立个人信息出境标准合同、通过个人信息保护认证。这一规定反映了中国在跨境数据流动问题上便捷合规操作、降低合规成本、促进数据流动的基本立场。中国对跨境数据流动规制的制度逐渐走向完善，但其他国家对中国的规制措施仍有猜疑或不甚了解。[①] 当前，中国已公开的成功通过数据出境申报的案例偏少，数据出境申报通过率偏低。这容易给外界造成一定担忧，即中国在促进跨境数据流动方面的支持力度似乎还不够。跨境数据流动议题本身具有涉外性，各国是在国内规制的基础上进行国际规则的协调。只有不断完善国内制度，才能准确把握对外谈判立场，并引领国际规则。中国应进一步完善数据治理制度体系，数据出境安全评估应细节明确，标准客观、一致，并考虑国际规则的合规问题，避免造成歧视性后果。天津自贸试验区和北京自贸试验区已经发布 2024 版的数据出境负面清单，上海自贸试验区的负面清单也在酝酿过程之中。数据出境负面清单管理模式反映了促进数据流动的积极立场，自贸试验区探索的成熟经验可以向全国积极推广。未来，中国可以发布跨境数据流动白皮书，以宣传阐释中国的跨境数据流动政策，并定期总结和公布数据出境安全评估的普适化规则和实践案例，为数据出境提供公开的市场指导。

① 例如，国外有学者认为："中国政策制定者坚持一种强硬的观点，即网络领域的国家主权取代了实现数据流动或在重要国际准则上与贸易伙伴合作的必要性。" See Nigel Cory, *Why China Should be Disqualified from Participating in WTO Negotiations on Digital Trade Rules*, Information Technology and Innovation Foundation Working Paper, May 2019, p. 1.

在对外协调方面，中国可以依据 GATS 第 7 条，与相关国家/经济体就数据保护标准进行互相承认的谈判并签订数据出境的相关协议，以促进跨境数据流动。2022 年 12 月 2 日公布并施行的《中共中央、国务院关于构建数据基础制度更好发挥数据要素作用的意见》指出："探索加入区域性国际数据跨境流动制度安排。推动数据跨境流动双边多边协商，推进建立互利互惠的规则等制度安排。"中国可以借鉴美国和欧盟在处理跨境数据流动问题上的经验，从双边层面进行探索。2024 年 6 月 26 日，中国和德国签署《关于中德数据跨境流动合作的谅解备忘录》。这是中国在双边层面协调跨境数据流动规制的最新实践。中国还应尽快加入 APEC 的《跨境隐私规则体系》，以促进跨境数据流动，① 提升数据传输便利性。从欧盟对跨境数据流动的规制历史来看，构建跨境数据流动的全面机制是一个长期动态调整的过程。开展个人数据跨境流动的国际合作需要以基本的政治互信为基础。欧盟委员会在批准个人数据保护的充分性认定资格时，一国的人权和法治状况是其评估的重要因素。② 欧盟的对外贸易政策是欧盟对外人权政策发挥作用的主要领域。为全面贯彻人权主流化目标，欧盟不断强化贸易与人权的联结。③ 鉴于欧盟和中国在人权等关键价值观上仍存在一定分歧，中国和欧盟如果就个人数据保护的充分性认定展开谈判，将面临一定障碍。

在个人数据保护和政府数据开放问题上，中国也持支持立场。对于个人数据保护，全国人大常委会通过了《关于加强网络信息保护的决定（2012）》，工信部发布了《电信和互联网用户个人信息

---

① 弓永钦、王健：《APEC 跨境隐私规则体系与我国的对策》，《国际贸易》2014 年第 3 期，第 33—35 页。

② 杨莜敏：《全球跨境数据流动国际规则及立法趋势观察和思考》，2019 年 9 月 17 日，CAICT 互联网法律研究中心网站：https：//www. secrss. com/articles/13744，最后访问时间：2024 年 5 月 1 日。

③ 蒋小红：《贸易与人权的联结——试论欧盟对外贸易政策中的人权目标》，《欧洲研究》2016 年第 5 期，第 79 页。

保护规定（2013）》，《个人信息保护法》已于2021年11月1日起施行。国家市场监督管理总局、国家网信办在2022年11月4日公布了《个人信息保护认证实施规则》，规定了对个人信息处理者开展个人信息收集、存储、使用、加工、传输、提供、公开、删除以及跨境等处理活动进行认证的基本原则和要求。国家网信办在2023年2月22日公布了《个人信息出境标准合同办法》，规定了个人信息出境标准合同的适用范围、订立条件和备案要求，明确了标准合同范本，为向境外提供个人信息提供了具体指引。《中韩FTA》《中澳FTA》《中国尼加拉瓜FTA》和RCEP也都规定了个人数据保护要求，[①] 尤其是RCEP要求缔约方在个人数据保护方面应考虑相关国际组织或机构的国际标准、原则、指南和准则制定法律框架。中美之间关于跨境数据流动的主要争议点不在个人数据保护，而在数据安全方面。随着美国近年来在跨境数据流动议题上的立场越来越强调安全，而中国则越来越强调促进跨境数据流动，中美两国在跨境数据流动议题上的立场可以说是相向而行。对于政府数据开放，中国也持支持态度。国务院在2015年发布了《关于印发〈促进大数据发展行动纲要〉的通知》，其中特别提到要加快政府数据开放共享。《网络安全法》第18条也规定，“国家促进公共数据资源开放”。2020年3月发布的《关于构建更加完善的要素市场化配置体制机制的意见》进一步强调了推进政府数据开放共享。

三 继续加强国内规制与国际规则的协调

中国在向WTO提交的首轮电子商务提案中指出，鉴于WTO成员利益的多元化，在推进电子商务谈判时，应充分考虑不同成员的产业发展条件、历史和文化传统以及法律制度的差异。成员应尊重彼此的电子商务发展路径，以及为实现合理公共政策目标而采取监

① Art. 13. 5 of the China-Korea FTA, Art. 12. 8 of the China-Australia FTA, Art. 12. 5 of the China-Nicaragua FTA, Art. 12. 8 of RCEP.

管措施的合法权利。[①] 这一主张反映了中国对于数字贸易规制享有更多政策空间的呼声。中国对于当前全球互联网治理的基本立场和核心思想是网络主权观。作为一个转型中的发展中大国，中国在数字贸易规制中对公共秩序、国家安全、文化安全等非贸易价值有特别的关注，因而对数字贸易采取了较多限制措施。但中国当前的数字贸易规制措施经常被其他国家的政府和学者指责构成贸易壁垒，面临合规风险。

中国在国际争端解决实践中有时过于强调国内“立法目的”的“合理性”，却忽略了国际条约法语境下的细致论证。[②] 在数字贸易规制实践中，中国应特别重视国际法治思维，加强国内规制与国际规则的协调。一方面，中国应注重国内规制措施的合法性评估，降低合规风险。另一方面，中国应当密切关注国际经贸协定中正在形成的数字贸易新规则，深化国内改革，避免成为新规则的被动接受者。

2014 年 6 月，国务院办公厅发布了《关于进一步加强贸易政策合规工作的通知》，要求高度重视贸易政策合规工作。通知中的合规是指，贸易政策应当符合《WTO 协定》及其附件和后续协定、《中国加入议定书》和《中国加入工作组报告书》。WTO 规则适用于数字贸易，中国的规制措施有可能对中国已经作出贸易承诺的数字贸易部门产生限制性影响，违反 WTO 的非歧视义务。这部分措施可能被其他成员诉至 WTO。中国在对数字贸易的规制过程中，应结合 WTO 规则和中国入世承诺，注重国内规制的合法性评估，加强国内规制和国际经贸规则的协调，从而提高国内治理水平，营造良好的营商环境。

中国的网络安全法规和对跨境数据流动的限制措施大都基于国家安全的理由，因而中国在数字贸易规制中对于援引国家安全例外

---

① Joint Statement on Electronic Commerce, Communication from China, INF/ECOM/19, 24 April 2019, p. 3.

② 魏庆坡：《WTO 规则下贸易政策安排及诉讼策略——以“汽车零部件案”和“原材料案”为视角》，《河北法学》2013 年第 11 期，第 175 页。

条款具有现实需求。WTO 的安全例外条款适用范围有限，但国际经贸规则正在经历重构，中国有必要思考国家安全措施如何与变动中的国际规则相衔接的问题，并适时地提出中国主张。① 美国正在以迂回方式推动全球规则的重塑，努力将其国内法转换为全球性规则。② 在国家安全问题上，美国善于将国家安全和产业安全紧密地联系在一起。例如，美国可以依据其《贸易扩张法》第 232 节“保障国家安全”条款发起 232 调查，以确定特定进口产品对美国国家安全的影响。在中国国内法中，能够为基于国家安全采取出口限制措施提供法律依据的主要是《对外贸易法（2022 年修订）》第 15 条和《出口管制法》。中国的产业保护制度除了反倾销、反补贴和保障措施以外，目前还没有相关的国家安全制度。美国有关国家安全的国内立法和制度实践启示中国的产业政策应该有一个国家安全的概念来指导，国家安全应当镶嵌于经贸规则和国内法之中。国家安全利益如果有较为充分的产业基础和国内立法上的衔接，中国在国际上援引安全例外条款时将具备更充分的依据。中国的网络安全法规虽然嵌入了国家安全的概念，但相关的产业制度尚未与国家安全相衔接。

在文化产业方面，中国政府认识到文化市场的巨大利益，已经对外开放了部分文化产业部门，并欢迎外资进入中国需要发展的文化产业领域。中国在 WTO 中也对部分视听服务作出了承诺。但基于文化安全的考量，中国在很多文化领域都拒绝给外国公司提供商业机会。③ 中国对数字文化产品贸易采取了有限开放的态度。对于已经

---

① 例如，有学者提出，我国应借国际经贸规则重塑契机提出应对新型安全风险和改革安全例外规则的方案。参见徐程锦《WTO 安全例外法律解释、影响与规则改革评析——对“乌克兰诉俄罗斯与转运有关的措施”（DS512）案专家组报告的解读》，《信息安全与通信保密》2019 年第 7 期，第 48—49 页。

② 车丕照：《是“逆全球化”还是在重塑全球规则?》，《政法论丛》2019 年第 1 期，第 17 页。

③ Jingxia Shi, *Free Trade and Cultural Diversity in International Law*, Hart Publishing, 2013, p. 66.

作出承诺的部门，中国应避免采取歧视性的限制措施，以免构成贸易壁垒。

新近国际经贸协定（尤其是美国主导的 FTA）中形成了高标准的数字贸易新规则，WTO 框架下的电子商务谈判也已经启动。为有效回应国际经贸新规则的挑战，中国需要内部的主动因应。[①] 在处理国际法与国内法的关系问题上，以国际法来“倒逼”国内法修改不应成为一种常规的方式。[②] 中国应密切关注数字贸易新规则的发展，深化国内改革，做好压力测试。以源代码条款为例，美式 FTA 已经规定了禁止强制要求披露软件源代码或算法，其他发达成员向 WTO 提交的电子商务提案也提出了类似主张，但中国提案未涉及源代码和算法的规制。中国银监会和工信部曾于 2014 年 12 月发布了《关于印发银行业应用安全可控信息技术推进指南（2014—2015 年度）的通知》，[③] 通知规定的“重要信息系统可控”包括了银行业金融机构能够掌握重要信息系统的源代码。随后，美国就中国对银行业出台的前述限制性规定在 WTO 向中国施压。最终，上述通知和相关法规被“叫停”。[④] 中国为了执行近年来颁布的网络安全法规（如对网络产品和服务的网络安全审查），在构建网络安全标准的过程中也可能涉及对源代码或算法的披露。出于网络安全或国家安全的考虑，中国可以设计允许强制披露源代码和算法的特殊情形，在确保安全的前提下鼓励和促进源代码的自愿转让或授权获取，坚持安全可控与开放创新并重。

2023 年，国务院对照高标准国际经贸规则，出台了《关于在有

---

① 石静霞：《国际贸易投资规则的再构建及中国的因应》，《中国社会科学》2015 年第 9 期，第 141 页。

② 车丕照：《国际法可否作为治国之法》，《光明日报》2015 年 5 月 13 日第 14 版，第 2 页。

③ 银监办发〔2014〕317 号。

④ 谭观福：《TPP 电子商务章中的互联网监管规则与中国互联网监管》，载张磊主编《国际经贸治理评论》第 1 辑，法律出版社 2016 年版，第 76 页。

条件的自由贸易试验区和自由贸易港试点对接国际高标准推进制度型开放的若干措施》和《全面对接国际高标准经贸规则推进中国（上海）自由贸易试验区高水平制度型开放总体方案》，对标这些国际高标准，制定了国内制度型开放措施。这两个文件均提出了促进数字贸易发展、率先实施高标准数字贸易规则的相关措施。2024 年 2 月 28 日，国务院印发了《扎实推进高水平对外开放更大力度吸引和利用外资行动方案》。方案再次强调，"完善国内规制，更好对接国际高标准经贸规则"。方案指出："全面深入参与 WTO 电子商务谈判，推动加快构建全球数字贸易规则。探索与 DEPA 成员方开展数据跨境流动试点，加快与主要经贸伙伴国家和地区建立数据跨境流动合作机制，推动构建多层次全球数字合作伙伴关系网络。"

未来，中国应加快研判网络安全、隐私保护、经济发展与数字治理创新之间的平衡点。针对数据流动、关税、市场准入和非歧视待遇等各国比较关注的数字贸易议题，中国应尽快提出切实可行并具有前瞻性和灵活性的方案，[①] 逐步降低数字贸易限制水平。[②]

四　继续积极参与国际规则谈判

WTO 是规制数字贸易的最佳场所，中国作为多边贸易体制的受益者，应坚定维护 WTO 体制，推动 WTO 现代化改革，积极参与 WTO 电子商务谈判。事实上，中国也全面深入地参与了 WTO 框架下的数字贸易规则构建。中国已经参与发表了 2019 年的《电子商务联合声明》，并积极向 WTO 提交电子商务提案。作为最大的跨境电子商务市场，中国在数字贸易领域具有重大的贸易利益，已经具备一定规模优势，走向全球化也是必然趋势。如果将来达成的 WTO 电

① 一国在数字贸易议题上的立场可能随着国际经贸格局调整和产业利益变化而产生变化，典型的是美国近期在跨境数据流动议题上的立场转变。

② 王惠敏：《中美数字贸易竞争格局及中国应对策略》，《国际商务研究》2023 年第 6 期，第 106 页。

子商务诸边协定采取“临界数量”的生效方式，则协定的生效必然离不开作为关键数量成员之一的中国的参与。

除了在WTO积极提交电子商务提案，阐明中国立场，中国还特别注重在FTA谈判中积极构建数字贸易新规则。FTA成为数字贸易国际规则博弈的新场所。不同FTA涉及不同的谈判方，其利益诉求也会有差别。像美国、日本这样的市场开放程度较高的发达国家，其对中国市场开放有更多诉求，中国需要更多考虑如何做好出价；对于巴勒斯坦、尼泊尔等发展中国家，数字贸易规则谈判的重点是贸易便利化问题，更强调规则的包容性。因此，中国在对外谈判数字贸易规则时，需要根据不同谈判对象，分类分析、做好平衡、区别对待。[①] 中国已签署的FTA中只有《中韩FTA》《中澳FTA》《中国尼加拉瓜FTA》和RCEP纳入了独立的电子商务/数字经济章。中国一方面应在国内法层面落实已签署FTA中的数字贸易规则，另一方面还应在FTA框架下深化区域数字贸易合作，推动与相关国家签署数字贸易合作文件，促进数字经贸领域合作与交流。

在数字贸易国际规则博弈中，中国还面临来自美国等发达国家的排斥和干预风险。例如，美国于2022年启动的“印太经济框架”意在遏制中国在印太地区的影响力，数字贸易是“印太经济框架”优先关注的领域。拜登政府正在推动达成一项由美国主导的印太数字贸易协定，但将中国排除在外，具有明显的排华性和遏华性。[②] 中国在谈判数字贸易国际规则时应当做好战略布局，灵活应对。

数字丝绸之路建设逐步成为实施“一带一路”倡议的重要举措，[③] 其关键是数字基础设施建设。截至2022年年底，中国已与17

① 何波：《中国参与数据跨境流动国际规则的挑战与因应》，《行政法学研究》2022年第4期，第101页。

② 李莉：《美国的印太数字经济外交：推进与前景》，《印度洋经济体研究》2022年第2期，第1页。

③ 黄黎洪：《中国建设数字丝绸之路与数字化时代全球治理的变革研究》，《电子政务》2019年第10期，第56页。

个国家签署“数字丝绸之路”合作谅解备忘录，与30个国家签署电子商务合作谅解备忘录，与周边国家合作建设多条国际海底光缆、构建起130套跨境陆缆系统。[①] 中国作为“一带一路”倡议发起国，可以以数字丝绸之路建设为契机，引领数字贸易国际规则制定。

此外，中国还坚持从非官方的、自下而上的路径提出符合自身需求的数字贸易政策主张。[②] 阿里巴巴集团在2016年以来提出了世界电子贸易平台（下文简称eWTP）倡议。eWTP并非一个国际组织，而是一个私营部门引领、市场驱动、开放透明、多利益攸关方参与的公私合作平台，其设想的生态体系将包括3个层次的内容：规则层、商业层、技术层。eWTP强调使发展中国家和中小微企业更好地利用资本和技术以实现包容性贸易增长的重要性，其宗旨是促进中小微企业发展，促进普惠贸易发展，促进消费全球化，促进年轻人发展。[③] eWTP是国际社会通过公私合作、探索规则创新的中国最佳实践，平台覆盖范围广，不仅促进贸易便利化，还对国内外政府对数字贸易的治理进行协同。[④] 2016年9月，G20峰会期间发布的《2016年B20政策建议报告》提议建立eWTP，这一倡议体现了“中国印记”。eWTP反映了跨境电子商务企业的呼声，有利于中国的电子商务企业开拓国际市场，发挥中国在数字贸易中的比较优势。中国和巴基斯坦在2016年11月联合向WTO提交的电子商务文件呼

---

① 《共谋合作 共享机遇 共赢发展》，2023年10月20日，国家发展改革委官网，https：//www. ndrc. gov. cn/wsdwhfz/202310/t20231020_1361379. html，最后访问时间：2024年5月1日。

② 张茉楠、周念利：《中美数字贸易博弈及我国对策》，《宏观经济管理》2019年第7期，第19页。

③ 阿里研究院：《世界电子贸易平台倡议（eWTP）2017年度报告》，2017年3月，第3—4页。

④ 中国信息通信研究院：《全球数字经贸规则年度观察报告（2023年）》，第25—26页，http：//www. caict. ac. cn/kxyj/qwfb/bps/202311/P020231212300152281587. pdf，最后访问时间：2024年5月1日。

吁秘书处密切关注 eWTP 倡议的发展。[①] eWTP 规则的谈判不在 WTO 中进行，而是采取双边方式与逐个国家分别进行。从提升国际话语权的角度来看，非国家权力机构发出的声音更容易被国际社会接受。[②] eWTP 倡议的宗旨与联合国工业发展组织的包容性、可持续发展目标相契合，因而 eWTP 得到工业发展组织的坚定支持。eWTP 倡议的提出是中国在跨境电子商务领域规则供给方面迈出的重要一步。[③] eWTP 是一个典型的私人部门参与数字贸易规则制定的现实案例。由此可见，随着数字贸易的发展，非国家行为体在数字贸易全球治理中的广泛参与使得国际软法的发展成为一种现实需求，并在实践中产生了诸多现实影响。[④] 中国应特别重视 eWTP 倡议的推进实施，以把握好数字贸易规则的主动权。

---

① General Council, Work Program on Electronic Commerce, Aiming at the 11th Ministerial Conference, Communication from the People's Republic of China and Pakistan (Revision), JOB/GC/110/Rev. 1, 16 November 2016, para. 5. 2.

② 王江雨:《地缘政治、国际话语权与国际法上的规则制定权》,《中国法律评论》2016 年第 2 期, 第 43 页。

③ 赵骏、干燕嫣:《变革中的国际经贸规则与跨境电商立法的良性互动》,《浙江大学学报》(人文社会科学版) 2017 年第 6 期, 第 99 页。

④ 张明:《软法视域下中国推进数字贸易全球治理的国际标准路径》,《上海对外经贸大学学报》2024 年第 1 期, 第 99 页。

结　论

各国基于国家经济主权和网络主权对数字贸易进行规制。数字贸易规制需要协调产业利益和文化安全、公共道德与公共秩序、隐私保护、国家安全、技术进步、人权保护这几项重要的价值目标。数字贸易的规制方式包括数字贸易的专门立法，以及影响数字贸易的相关法律法规和措施。多边贸易规则可以适用于数字贸易，但存在适应性不足的问题。FTA 中的数字贸易规则呈现出类型化的特点，并继承和发展了 WTO 规则。数字贸易的归类直接影响数字贸易的规则适用，但现有归类系统未能适应数字贸易的特点。为了系统地解决数字贸易的归类难题，最理想的方式是在 WTO 框架下谈判一套适应数字贸易发展的归类体系/标准。但鉴于多边谈判停滞不前的现实，这一建议在短期内基本难以付诸实施。相较而言，务实的方法是，WTO 成员在双边或区域性的贸易谈判中对数字贸易归类问题作出特别约定，或以附件的方式对相关数字贸易部门的市场开放作出特殊承诺。

跨境数据流动是进行数字贸易的前提，跨境数据流动议题也成为国际经贸协定谈判的焦点问题，但各国对于跨境数据流动的规制持有不同立场。WTO 没有规制跨境数据流动的专门规则，其《基础电信协议》《关于电信服务的附件》和 ITA 推动了数字贸易基础设施的贸易自由化，从而促进了跨境数据流动。新近 FTA 通过确立“原则+例外”的立法模式为跨境数据流动构建了一个相对自由的法律框架。FTA 还针对特殊数据规定了专门规则，包括个人数据保护和政府数据开放。跨境数据流动的国际规则协调所面临的一个重要分歧是在个人数据方面。WTO 成员可以在 WTO 中为数据保护达成一个基本框架，成员还可以依据 GATS 第 7 条通过互认机制来协调个人数据保护标准，并与 APEC 或 OECD 等国际机构合作。

数字贸易的自由化是数字贸易国际规则谈判的核心内容。探讨数字贸易的自由化可以从市场准入和非歧视义务这两个主要框架展开。虽然贸易自由化是一种趋势，但不同 WTO 成员对于数字贸易的自由化承诺存在很大分歧，尤其体现在数字贸易的关税问题、软件源代码和算法的强制披露要求以及数字贸易的非歧视待遇承诺等方面。现有的多边贸易框架未能充分激励 WTO 成员改善数字贸易的市场准入或减少数字贸易的歧视性壁垒。WTO 电子商务谈判应特别关注发展问题，着力弥合数字鸿沟。鉴于不同国家在数字贸易问题上存在强烈的意识形态分歧，FTA 可以扮演“实验室”的角色，仍然可以并将继续成为推动数字贸易自由化的重要场所。

各国基于国内政策目标或国家安全的考虑对数字贸易采取的限制措施需要寻求免责例外进行抗辩。与数字贸易规制有关的一般例外主要包括公共道德和公共秩序例外以及保护隐私例外，这些条款能够为规制措施提供一定的抗辩余地。网络安全可以构成安全例外中的国家安全。例外条款的适用存在苛刻的门槛条件，为了满足限制措施的必需性测试要求，通常需要各国在数字贸易规制的国际标准和规制合作方面的共识作为支撑，而这恰恰是各国在数字贸易规制中所缺乏的。

中国的数字贸易规制措施时常被一些国家指责构成贸易壁垒。对于数字产品和数字服务，中国的国内产业发展相对不足，因而在数字贸易的归类问题和关税问题上，中国尚未形成进攻性立场。为完善数字贸易规制，中国应从更全面的视角构建数字贸易规则，促进与贸易有关的跨境数据流动，继续加强国内规制与国际规则的协调，并继续积极参与国际规则谈判。

参考文献

一　中文著作

陈卫东：《WTO 例外条款解读》，对外经济贸易大学出版社 2002 年版。

韩立余：《世界贸易组织法》（第三版），中国人民大学出版社 2014 年版。

黄洁：《中国应对〈全面与进步跨太平洋伙伴关系协定〉电子商务和数字贸易运行规则的研究》，对外经济贸易大学出版社 2022 年版。

李爱君、王艺：《数据出境法学原理与实务》，法律出版社 2023 年版。

沈玉良等：《全球数字贸易规则研究》，复旦大学出版社 2018 年版。

世界贸易组织秘书处编著：《电子商务与 WTO 的作用；贸易、金融和金融危机；金融服务自由化和〈服务贸易总协定〉》，对外贸易经济合作部世界贸易组织司译，法律出版社 2002 年版。

［美］迈克尔·施密特总主编、［爱沙尼亚］丽斯·维芙尔执行主编：《网络行动国际法塔林手册 2.0 版》，黄志雄等译，社会科学文献出版社 2017 年版。

二　中文论文

车丕照：《国际法可否作为治国之法》，《光明日报》2015 年 5

月13日第14版。

车丕照：《包容也是一种公平——国际经济法的包容性及其实现》，《国际经济法学刊》2018年第1期。

车丕照：《是“逆全球化”还是在重塑全球规则?》，《政法论丛》2019年第1期。

陈儒丹：《WTO框架下数字产品在线跨境交易的法律性质》，《法学》2008年第7期。

陈卫东、石静霞：《WTO体制下文化政策措施的困境与出路——基于“中美出版物和视听产品案”的思考》，《法商研究》2010年第4期。

陈立虎：《论区域贸易协定的审查机制》，《国际法研究》2015年第1期。

程卫东：《网络主权否定论批判》，《欧洲研究》2018年第5期。

戴龙：《论数字贸易背景下的个人隐私权保护》，《当代法学》2020年第1期。

费秀艳、韩立余：《〈区域全面经济伙伴关系协定〉的包容性分析》，《国际商务研究》2021年第5期。

顾华详、安娜：《国外依法保障网络信息安全措施比较与启示》，《上海政法学院学报（法治论丛）》2011年第2期。

郭鹏：《信息产品数字化交易的法律规制：美国的双重标准》，《武汉大学学报》（哲学社会科学版）2010年第1期。

高山行、刘伟奇：《数据跨境流动规制及其应对——对〈网络安全法〉第三十七条的讨论》，《西安交通大学学报》（社会科学版）2017年第2期。

弓永钦、王健：《APEC跨境隐私规则体系与我国的对策》，《国际贸易》2014年第3期。

龚柏华、谭观福：《WTO争端解决视角下的中美互联网措施之争》，《国际法研究》2015年第2期。

何其生：《美国自由贸易协定中数字产品贸易的规制研究》，

《河南财经政法大学学报》2012 年第 5 期。

何波：《中国参与数据跨境流动国际规则的挑战与因应》，《行政法学研究》2022 年第 4 期。

贺小勇、黄琳琳：《WTO 电子商务规则提案比较及中国之应对》，《上海政法学院学报（法治论丛）》2020 年第 1 期。

胡加祥：《技术中立原则与中国的服务贸易承诺——兼评美国诉中国出版物及视听制品案》，《河南省政法管理干部学院学报》2011 年第 2 期。

黄黎洪：《中国建设数字丝绸之路与数字化时代全球治理的变革研究》，《电子政务》2019 年第 10 期。

韩立余：《WTO 减让承诺表解释原则探析》，《法商研究》2006 年第 3 期。

韩立余：《自由贸易协定基本关系论》，《吉林大学社会科学学报》2015 年第 5 期。

韩立余：《自由贸易协定新议题辨析》，《国际法研究》2015 年第 5 期。

韩立余：《世界贸易组织的一般国际法考察》，《清华法学》2023 年第 6 期。

李冬冬：《从安全例外到规制合作——数字贸易中网络安全问题治理范式之转型》，《国际经贸探索》2023 年第 10 期。

李晓玲：《GATS 下服务与服务提供者的“同类性”研究》，《上海对外经贸大学学报》2014 年第 4 期。

李晓玲：《WTO 安全例外条款：实践演进、路径选择与中国因应》，《国际法研究》2023 年第 3 期。

李思羽：《数据跨境流动规制的演进与对策》，《信息安全与通信保密》2016 年第 1 期。

李晓龙、王健：《eWTP 倡议下构建国际贸易新规则的探索》，《国际经贸探索》2018 年第 11 期。

李莉：《美国的印太数字经济外交：推进与前景》，《印度洋经济体研究》2022 年第 2 期。

李俊、赵若锦、范羽晴：《我国数据跨境流动治理成效、问题与完善建议》，《国际商务研究》2023 年第 6 期。

彭岳：《数据本地化措施的贸易规制问题研究》，《环球法律评论》2018 年第 2 期。

彭岳：《贸易规制视域下数据隐私保护的冲突与解决》，《比较法研究》2018 年第 4 期。

彭岳：《中美贸易战中的安全例外问题》，《武汉大学学报》（哲学社会科学版）2019 年第 1 期。

彭岳：《数字贸易治理及其规制路径》，《比较法研究》2021 年第 4 期。

彭岳：《贸易规制路径下的数字贸易中国方案》，《郑州大学学报》（哲学社会科学版）2022 年第 4 期。

彭阳：《国际经济治理中的国家安全泛化：法理剖析与中国应对》，《国际法研究》2022 年第 5 期。

齐爱民、盘佳：《数据权、数据主权的确立与大数据保护的基本原则》，《苏州大学学报》（哲学社会科学版）2015 年第 1 期。

孙南翔：《CPTPP 数字贸易规则：制度博弈、规范差异与中国因应》，《学术论坛》2022 年第 5 期。

孙益武：《数字贸易与壁垒：文本解读与规则评析——以 USMCA 为对象》，《上海对外经贸大学学报》2019 年第 6 期。

孙昭：《在安全竞争背景中回归权力导向的国际贸易秩序——美国贸易政策转向对国际贸易规则的影响》，《武大国际法评论》2020 年第 4 期。

宋锡祥、翟雨佳：《TISA 对我国服务贸易及相关规制的影响与应对法律措施》，载倪受彬、殷敏主编《国际贸易法论丛》第 7 卷，中国政法大学出版社 2017 年版。

沈逸：《全球网络空间治理原则之争与中国的战略选择》，《外交评论（外交学院学报）》2015 年第 2 期。

石静霞:《“同类产品”判定中的文化因素考量与中国文化贸易发展》,《中国法学》2012 年第 3 期。

石静霞:《国际贸易投资规则的再构建及中国的因应》,《中国社会科学》2015 年第 9 期。

石静霞:《国际服务贸易规则的重构与我国服务贸易的发展》,《中国法律评论》2018 年第 5 期。

石静霞:《数字经济背景下的 WTO 电子商务诸边谈判:最新发展及焦点问题》,《东方法学》2020 年第 2 期。

石静霞:《中国加入 CPTPP 谈判中的服务贸易重点问题》,《中外法学》2023 年第 4 期。

谭观福:《WTO 国家安全例外视角下的网络安全》,《中国高校社会科学》2018 年第 2 期。

王海峰:《GATS 框架下的互联网服务管理权限问题研究——兼论我国的应对之策》,《法商研究》2013 年第 5 期。

王江雨:《地缘政治、国际话语权与国际法上的规则制定权》,《中国法律评论》2016 年第 2 期。

王惠敏、张黎:《电子商务国际规则新发展及中国的应对策略》,《国际贸易》2017 年第 4 期。

王惠敏:《中美数字贸易竞争格局及中国应对策略》,《国际商务研究》2023 年第 6 期。

王融:《数据跨境流动政策认知与建议——从美欧政策比较及反思视角》,《信息安全与通信保密》2018 年第 3 期。

吴峻:《网络中立理论及其对世界贸易组织架构下互联网政策的影响》,《国际法研究》2015 年第 6 期。

徐程锦:《国际经贸协定中网络空间治理议题的新发展》,《区域与全球发展》2018 年第 3 期。

徐程锦:《WTO 安全例外法律解释、影响与规则改革评析——对“乌克兰诉俄罗斯与转运有关的措施”(DS512)案专家组报告的解读》,《信息安全与通信保密》2019 年第 7 期。

徐程锦：《WTO 电子商务规则谈判与中国的应对方案》，《国际经济评论》2020 年第 3 期。

徐海金、周蓉蓉：《数字贸易规则制定：发展趋势、国际经验与政策建议》，《国际贸易》2019 年第 6 期。

鄢雨虹：《国际经贸协定中的源代码规则新发展及中国立场》，《武大国际法评论》2021 年第 3 期。

尹建国：《美国网络信息安全治理机制及其对我国之启示》，《法商研究》2013 年第 2 期。

左海聪：《世界贸易组织的现状与未来》，《国际法研究》2015 年第 5 期。

曾令良：《区域贸易协定的最新趋势及其对多哈发展议程的负面影响》，《法学研究》2004 年第 5 期。

曾令良：《WTO：一种自成体系的国际法治模式》，《国际经济法学刊》2010 年第 4 期。

赵骏、干燕嫣：《变革中的国际经贸规则与跨境电商立法的良性互动》，《浙江大学学报》（人文社会科学版）2017 年第 6 期。

赵海乐：《数字产品非歧视待遇条款对我国国家利益的影响与对策》，《国际贸易》2023 年第 3 期。

周念利、陈寰琦、黄建伟：《全球数字贸易规制体系构建的中美博弈分析》，《亚太经济》2017 年第 4 期。

周念利、李玉昊：《全球数字贸易治理体系构建过程中的美欧分歧》，《理论视野》2017 年第 9 期。

周念利、陈寰琦：《数字贸易规则“欧式模板”的典型特征及发展趋向》，《国际经贸探索》2018 年第 3 期。

张茉楠、周念利：《中美数字贸易博弈及我国对策》，《宏观经济管理》2019 年第 7 期。

张明：《软法视域下中国推进数字贸易全球治理的国际标准路径》，《上海对外经贸大学学报》2024 年第 1 期。

张生：《美国跨境数据流动的国际法规制路径与中国的因应》，

《经贸法律评论》2019 年第 4 期。

张文显：《无数字 不人权》，《北京日报》2019 年 9 月 2 日第 15 版。

张新宝、许可：《网络空间主权的治理模式及其制度构建》，《中国社会科学》2016 年第 8 期。

郑磊：《开放政府数据研究：概念辨析、关键因素及其互动关系》，《中国行政管理》2015 年第 11 期。

郑磊：《开放不等于公开、共享和交易：政府数据开放与相近概念的界定与辨析》，《南京社会科学》2018 年第 9 期。

钟英通：《WTO 体制中的诸边协定问题释微——以〈信息技术协定〉为例》，《甘肃政法学院学报》2017 年第 3 期。

钟英通：《论 WTO 电子商务规则制定的路径选择与中国因应》，《网络信息法学研究》2019 年第 2 期。

三　英文著作

I-Ching Chen, *Government Internet Censorship Measures and International Law*, Lit Verlag, 2018.

Jingxia Shi, *Free Trade and Cultural Diversity in International Law*, Hart Publishing, 2013.

Peter Van den Bossche, Werner Zdouc, *The Law and Policy of the World Trade Organization: Text, Cases and Materials*, Cambridge University Press, 2017.

Rolf H. Weber, Mira Burri, *Classification of Services in the Digital Economy*, Springer, 2012.

Sacha Wunsch - Vincent, *The WTO, the Internet and Trade in Digital Products: EC-US Perspectives*, Hart Publishing, 2006.

四　英文论文/研究报告

Aaditya Mattoo, Joshua P. Meltzer, "International Data Flows and

Privacy: The Conflict and Its Resolution", *Journal of International Economic Law*, Vol. 21, No. 4, 2018.

Arvind Panagariya, "E-commerce, WTO and Developing Countries", *The World Economy*, Vol. 23, No. 8, 2000.

Alberto Portugal-Perez, José-Daniel Reyes and John S. Wilson, *Beyond the Information Technology Agreement: Harmonization of Standards and Trade in Electronics*, World Bank Policy Research Working Paper 4916, April 2009.

Adel A. Alyoubi, "E-commerce in Developing Countries and How to Develop Them During the Introduction of Modern Systems", *Procedia Computer Science*, Vol. 65, 2015.

Andrew D. Mitchell, Jarrod Hepburn, "Don't Fence Me in: Reforming Trade and Investment Law to Better Facilitate Cross-Border Data Transfer", *Yale Journal of Law and Technology*, Vol. 19, No. 1, 2018.

Andrew D. Mitchell, Neha Mishra, "Data at the Docks: Modernizing International Trade Law for the Digital Economy", *Vanderbilt Journal of Entertainment and Technology Law*, Vol. 20, No. 4, 2018.

Andrew D. Mitchell, Neha Mishra, "Regulating Cross-Border Data Flows in a Data-Driven World: How WTO Law Can Contribute", *Journal of International Economic Law*, Vol. 22, No. 3, 2019.

David Luff, "Convergence: A Buzzword to Remain?", in Mira Burri and Thomas Cottier, eds., *Trade Governance in the Digital Age: World Trade Forum*, Cambridge University Press, 2012.

Daniel Castro, Alan Mcquinn, *Cross-Border Data Flows Enable Growth in All Industries*, The Information Technology and Innovation Foundation, February 2015.

Diane A. MacDonald, Christine M. Streatfeild, "Personal Data Privacy and the WTO", *Houston Journal of International Law*, Vol. 36, No. 3, 2014.

Emad Tinawi, Judson O. Berkey, "E-Services and the WTO: The Adequacy of the GATS Classification Framework", 16 March 2000, https: //www. iatp. org/sites/default/files/E-Services_and_the_WTO_The_Adequacy_of_the_GAT. pdf, last visited 1 May 2024.

Farrokh Farrokhnia, Cameron Richards, "E-Commerce Products Under the World Trade Organization Agreements: Goods, Services, Both or Neither?", *Journal of World Trade*, Vol. 50, No. 5, 2016.

Francesca Casalini, Javier López González and Evdokia Moïsé, *Approaches to Market Openness in the Digital Age*, OECD Trade Policy Papers, No. 219, 2019.

Fredrik Erixon, Brian Hindley and Hosuk Lee-Makiyama, *Protectionism Online: Internet Censorship and International Trade Law*, ECIPE Working Paper, No. 12, 2009.

Gabrielle Marceau, "Evolutive Interpretation by the WTO Adjudicator", *Journal of International Economic Law*, Vol. 21, No. 4, 2018.

Henry Gao, "Regulation of Digital Trade in US Free Trade Agreements: From Trade Regulation to Digital Regulation", *Legal Issues of Economic Integration*, Vol. 45, No. 1, 2018.

Henry Gao, "Digital or Trade? The Contrasting Approaches of China and US to Digital Trade", *Journal of International Economic Law*, Vol. 21, No. 2, 2018.

Henry Gao, "Data Regulation with Chinese Characteristics", in Mira Burri, ed., *Big Data and Global Trade Law*, Cambridge University Press, 2021.

Ines Willemyns, "GATS Classification of Digital Services - Does 'The Cloud' Have a Silver Lining?", *Journal of World Trade*, Vol. 53, No. 1, 2019.

Jie Huang, "Comparison of E-commerce Regulations in Chinese and American FTAs: Converging Approaches, Diverging Contents, and Polycentric Directions?", *Netherlands International Law Review*, Vol. 64, No. 2, 2017.

Joel R. Reidenberg, "Resolving Conflicting International Data Privacy Rules in Cyberspace", *Stanford Law Review*, Vol. 52, No.5, 2000.

Joshua Paul Meltzer, "The Internet, Cross-Border Data Flows and International Trade", *Asia and the Pacific Policy Studies*, Vol. 2, No. 1, 2015.

Joshua P. Meltzer, "Governing Digital Trade", *World Trade Review*, Vol. 18, No. S1, 2019.

Lee Tuthill, Martin Roy, "GATS Classification Issues for Information and Communication Technology Services", in Mira Burri and Thomas Cottier, eds., *Trade Governance in the Digital Age: World Trade Forum*, Cambridge University Press, 2012.

Mark Wu, *Digital Trade-Related Provisions in Regional Trade Agreements: Existing Models and Lessons for the Multilateral Trade System*, RTA Exchange, International Centre for Trade and Sustainable Development and the Inter-American Development Bank, 2017.

Martina Francesca Ferracane, "Data Flows and National Security: A Conceptual Framework to Assess Restrictions on Data Flows under GATS Security Exception", *Digital Policy, Regulation and Governance*, Vol. 21, No. 1, 2019.

Merit E. Janow, Petros C. Mavroidis, "Digital Trade, E-Commerce, the WTO and Regional Frameworks", *World Trade Review*, Vol. 18, No. S1, 2019.

Mira Burri, *The International Economic Law Framework for Digital Trade*, Swiss National Centre of Competence in Research, Working Paper No. 2015/08, May 2015.

Mira Burri, "The Governance of Data and Data Flows in Trade Agreements: The Pitfalls of Legal Adaptation", *University of California*,

Davis Law Review, Vol. 51, No. 1, 2017.

Mira Burri, "The Regulation of Data Flows through Trade Agreements", *Georgetown Journal of International Law*, Vol. 48, No.2, 2017.

Mira Burri, Rodrigo Polanco, "Digital Trade Provisions in Preferential Trade Agreements: Introducing a New Dataset", *Journal of International Economic Law*, Vol. 23, No. 1, 2020.

Mira Burri, "Adapting Trade Rules for the Age of Big Data", in Antony Taubman and Jayashree Watal, eds., *Trade in Knowledge: Intellectual Property, Trade and Development in a Transformed Global Economy*, Cambridge University Press, 2022.

Neha Mishra, "The Role of the Trans-Pacific Partnership Agreement In the Internet Ecosystem: Uneasy Liaison or Synergistic Alliance?", *Journal of International Economic Law*, Vol. 20, No. 1, 2017.

Neha Mishra, "Building Bridges: International Trade Law, Internet Governance, and the Regulation of Data Flows", *Vanderbilt Journal of Transnational Law*, Vol. 52, No. 2, 2019.

Neha Mishra, "Privacy, Cybersecurity, and GATS Article XIV: A New Frontier for Trade and Internet Regulation?", *World Trade Review*, 2019.

Neha Mishra, "The Trade: (Cyber) Security Dilemma and Its Impact on Global Cybersecurity Governance", *Journal of World Trade*, Vol. 54, No. 4, 2020.

Nivedita Sen, "Understanding the Role of the WTO in International Data Flows: Taking the Liberalization or the Regulatory Autonomy Path?", *Journal of International Economic Law*, Vol. 21, No. 2, 2018.

Nigel Cory, *Why China Should be Disqualified from Participating in WTO Negotiations on Digital Trade Rules*, Information Technology and Innovation Foundation Working Paper, May 2019.

Rashmi Banga, *Growing Trade in Electronic Transmission: Implications for the South*, UNCTAD Research Paper No. 29, February 2019.

Rolf H. Weber, "Digital Trade in WTO Law: Taking Stock and Looking Ahead", *Asian Journal of WTO and International Health Law and Policy*, Vol. 5, No. 1, 2010.

Rolf H. Weber, "Regulatory Autonomy and Privacy Standards under the GATS", *Asian Journal of WTO and International Health Law and Policy*, Vol. 7, No. 1, 2012.

Rutendo Tavengerwei, "Using Trade Facilitation to Assist MSMEs in E-Commerce in Developing Countries", *Journal of International Economic Law*, Vol. 21, No. 2, 2018.

Ruosi Zhang, *Covered or not Covered: That is the Question-Services Classification and Its Implications for Specific Commitments under the GATS*, WTO Staff Working Paper, No. ERSD-2015-11, 7 December 2015.

Sacha Wunsch-Vincent, *WTO, E-commerce, and Information Technologies: From the Uruguay Round through the Doha Development Agenda*, A Report for the UNICT Task Force, 19 November 2004.

Sacha Wunsch-Vincent, Arno Hold, "Towards Coherent Rules for Digital Trade: Building on Efforts in Multilateral versus Preferential Trade Negotiations", in Mira Burri and Thomas Cottier, eds., *Trade Governance in the Digital Age: World Trade Forum*, Cambridge University Press, 2012.

Sacha Wunsch-Vincent, "The Internet, Cross-Border Trade in Services, and the GATS: Lessons from US-Gambling", *World Trade Review*, Vol. 5, No. 3, 2006.

Sam Fleuter, "The Role of Digital Products under the WTO: A New Framework for GATT and GATS Classification", *Chicago Journal of International Law*, Vol. 17, No. 1, 2016.

Saurabh Tiwari, Ashish Chandra, Tanvi Praveen and Stuti Toshi, "'E-commerce' for India in a Developing World: An International Trade Law Perspective", *Journal of World Trade*, Vol. 54, No. 1, 2020.

Shamel Azmeh, Christopher Foster and Jaime Echavarri, "The International Trade Regime and the Quest for Free Digital Trade", *International Studies Review*, 2019.

Shin-yi Peng, "Regulating New Services through Litigation? Electronic Commerce as a Case Study on the Evaluation of 'Judicial Activism' in the WTO", *Journal of World Trade*, Vol. 48, No. 6, 2014.

Shin-yi Peng, "Cybersecurity Threats and the WTO National Security Exceptions", *Journal of International Economic Law*, Vol. 18, No. 2, 2015.

Susan Ariel Aaronson, "Why Trade Agreements are not Setting Information Free: The Lost History and Reinvigorated Debate over Cross-Border Data Flows, Human Rights, and National Security", *World Trade Review*, Vol. 14, No. 4, 2015.

Susan Ariel Aaronson, *The Digital Trade Imbalance and Its Implications for Internet Governance*, CIGI Working Paper, February 2016.

Susan Ariel Aaronson, "What Are We Talking about When We Talk about Digital Protectionism?", *World Trade Review*, Vol. 18, No.4, 2019.

Susannah Hodson, "Applying WTO and FTA Disciplines to Data Localization Measures", *World Trade Review*, Vol. 18, No. 4, 2019.

Usman Ahmed, Brian Bieron and Gary Horlick, "Mode 1, Mode 2, or Mode 10: How Should Internet Services Be Classified in the Global Agreement on Trade in Service?", *Boston University International Law Journal*, 2015.

五 WTO 案例报告

Argentina-Measures Relating to Trade in Goods and Services, WT/DS453/AB/R, 14 April 2016.

Canada - Certain Measures Concerning Periodicals, WT/DS31/R, 14 March 1997.

Canada-Certain Measures Affecting the Automotive Industry, WT/

DS139/R, WT/DS142/R, 11 February 2000.

China-Measures Affecting Imports of Automobile Parts, WT/DS339/AB/R, WT/DS340/AB/R, WT/DS342/AB/R, 15 December 2008.

China-Measures Affecting Trading Rights and Distribution Services for Certain Publications and Audiovisual Entertainment Products, WT/DS363/R, 12 August 2009.

China-Measures Affecting Trading Rights and Distribution Services for Certain Publications and Audiovisual Entertainment Products, WT/DS363/AB/R, 21 December 2009.

China - Certain Measures Affecting Electronic Payment Services, WT/DS413/R, 16 July 2012.

European Communities-Measures Affecting Asbestos and Asbestos-Containing Products, WT/DS135/AB/R, 12 March 2001.

European Communities-Regime for the Importation, Sale and Distribution of Bananas, WT/DS27/R/ECU, 22 May 1997.

European Communities-Regime for the Importation, Sale and Distribution of Bananas, WT/DS27/ABR/, 9 September 1997.

European Communities - Measures Prohibiting the Importation and Marketing of Seal Products, WT/DS400/AB/R, WT/DS401/AB/R, 22 May 2014.

Korea - Measures Affecting Imports of Fresh, Chilled and Frozen Beef, WT/DS161/AB/R, WT/DS169/AB/R, 11 December 2000.

Mexico - Measures Affecting Telecommunications Services, WT/DS204/R, 2 April 2004.

Mexico-Tax Measures on Soft Drinks and other Beverages, WT/DS308/AB/R, 6 March 2006.

Russia-Measures Concerning Traffic in Transit, WT/DS512/R, 5 April 2019.

United States-Standards for Reformulated and Conventional Gasoline,

WT/DS2/AB/R, 29 April 1996.

United States-Import Prohibition of Certain Shrimp and Shrimp Products, WT/DS58/AB/R, 12 October 1998.

United States-Measures Affecting the Cross-Border Supply of Gambling and Betting Services, WT/DS285/R, 10 November 2004.

United States-Measures Affecting the Cross-Border Supply of Gambling and Betting Services, WT/DS285/AB/R, 7 April 2005.

六 WTO 与电子商务有关的文件/提案

Committee on Customs Valuation, Decision Concerning the Interpretation and Administration of the Agreement on Implementation of ArticleVII of the GATT 1994 (Customs Valuation), G/VAL/5, 13 October 1995.

Committee on Specific Commitments, Revision of Scheduling Guidelines, Note by the Secretariat, MTN. GNS/W/164 and 164/Add. 1, S/CSC/W/19, 5 March 1999.

Committee on Specific Commitments, Report of the Meeting Held on 18 September 2014, Note by the Secretariat, S/CSC/M/71, 15 October 2014.

Committee on Trade in Financial Services, Report of the Meeting Held on 9 May 2001, Note by the Secretariat, S/FIN/M/31, 1 June 2001.

Committee on Trade and Development, Note of the Meeting of 25 April 2002, WT/COMTD/M/40, 26 June 2002.

Council for Trade in Goods, Work Programme on Electronic Commerce, Background Note by the Secretariat, G/C/W/128, 5 November 1998.

Council for Trade in Goods, Work Programme on Electronic Commerce, Information provided to the General Council, G/C/W/158, 26 July 1999.

Council for Trade in Services, Computer and Related Services, Background Note by the Secretariat, S/C/W/45, 14 July 1998.

Council for Trade in Services, The Work Programme on Electronic Commerce, S/C/W/68, 16 November 1998.

Council for Trade in Services, Communication from Japan, Work Programme on Electronic Commerce, S/C/W/104, 25 March 1999.

Council for Trade in Services, Interim Report to the General Council, Work Programme on Electronic Commerce, S/C/8, 31 March 1999.

Council for Trade in Services, Work Programme on Electronic Commerce, Communication from Australia, S/C/W/108, 18 May 1999.

Council for Trade in Services, Communication from the United States, Clarification of the Relationship between Existing Services Commitments and the Internet, S/C/W/130, 14 October 1999.

Council for Trade in Services, Communication from Switzerland, GATS 2000: Financial Services, S/CSS/W/71, 4 May 2001.

Council for Trade in Services, Communication from Switzerland, On the Importance of Improving the Scheduling of GATS Commitments, TN/S/W/21, 8 September 2004.

Council for Trade in Services, Special Session of the Council for Trade in Services, Report by the Chairman to the Trade Negotiations Committee, TN/S/23, 28 November 2005.

Council for Trade in Services, Communication from the United States, Measures Adopted and under Development by China Relating to Its Cybersecurity Law, S/C/W/374, 26 September 2017.

Definitions in the Draft General Agreement on Trade in Services, Note by the Secretariat, MTN. GNS/W/139, 15 October 1991.

General Council, WTO Agreements and Electronic Commerce, WT/GC/W/90, 14 July 1998.

General Council, Work Programme on Electronic Commerce, Adopted by the General Council on 25 September 1998, WT/L/274, 30 September 1998.

General Council, Preparations for the 1999 Ministerial Conference, Work Programme on Electronic Commerce, Communication from Indonesia and Singapore, WT/GC/W/247, 9 July 1999.

General Council, Second Dedicated Discussion on Electronic Commerce under the Auspices of the General Council on 6 May 2002, Summary by the Secretariat of the Issues Raised, WT/GC/W/475, 20 June 2002.

General Council, Fifth Dedicated Discussion on Electronic Commerce under the Auspices of the General Council on 16 May and 11 July 2003, Summary by the Secretariat of the Issues Raised, WT/GC/W/509, 31 July 2003.

General Council, Work Program on Electronic Commerce, Non-Paper from the United States, JOB/GC/94, 4 July 2016.

General Council, Work Program on Electronic Commerce, Trade Policy, The WTO, and the Digital Economy, Communication from Canada, Chile, Colombia, Côte d'Ivoire, the European Union, the Republic of Korea, Mexico, Paraguay and Singapore (Revision), JOB/GC/97/Rev. 1, 22 July 2016.

General Council, Work Program on Electronic Commerce, Aiming at the 11th Ministerial Conference, Communication from the People's Republic of China and Pakistan (Revision), JOB/GC/110/Rev. 1, 16 November 2016.

General Council, Work Programme on Electronic Commerce, Report of Panel Discussion on "Digital Industrial Policy and Development", Communication from the African Group, JOB/GC/133, 21 July 2017.

General Council, The Work Programme on Electronic Commerce, Statement by the African Group, JOB/GC/144, 20 October 2017.

General Council, Joint Statement on Electronic Commerce Initiative, Proposal for the Exploratory Work by Japan, JOB/GC/177, 12 April 2018.

General Council, Joint Statement on Electronic Commerce Initiative, Communication from the United States, JOB/GC/178, 12 April 2018.

Joint Statement on Electronic Commerce, WT/L/1056, 25 January 2019.

Joint Statement on Electronic Commerce, Communication from China, INF/ECOM/19, 24 April 2019.

Joint Statement on Electronic Commerce, EU Proposal for WTO Disciplines and Commitments Relating to Electronic Commerce, Communication from the European Union, INF/ECOM/22, 26 April 2019.

Joint Statement on Electronic Commerce, Communication from Singapore, INF/ECOM/25, 30 April 2019.

Joint Statement on Electronic Commerce, Communication from Brazil, INF/ECOM/27, 30 April 2019.

Joint Statement on Electronic Commerce, Communication from Canada, Concept Paper – Building Confidence and Trust in Digital Trade, INF/ECOM/29, 9 May 2019.

Joint Statement on Electronic Commerce, Communication from New Zealand, INF/ECOM/33, 11 June 2019.

Joint Statement on Electronic Commerce, Communication from Canada, INF/ECOM/34, 11 June 2019.

Joint Statement on Electronic Commerce, Communication from the European Union, EU Proposal for WTO Disciplines and Commitments Relating to Electronic Commerce: Revision of Disciplines Relating to Telecommunications Services, INF/ECOM/43, 15 October 2019.

Joint Statement on Electronic Commerce, INF/ECOM/87, 26 July 2024.

Ministerial Conference, Ministerial Declaration on Trade in Information Technology Products, WT/MIN (96) /16, 13 December 1996.

Ministerial Conference, Declaration on Global Electronic Commerce, Adopted on 20 May 1998, WT/MIN (98) /DEC/2, 25 May 1998.

Ministerial Conference Tenth Session, Proposal on MC 10 Ministerial Declaration-Part Ⅲ, WT/MIN (15) /W/14, 13 November 2015.

Ministerial Conference, Ministerial Declaration on the Expansion of

Trade in Information Technology Products, WT/MIN (15) /25, 16 December 2015.

Ministerial Conference, Work Programme on Electronic Commerce, Ministerial Decision on 13 December 2017, WT/MIN (17) /65, 18 December 2017.

Ministerial Conference Thirteenth Session, Work Programme on Electronic Commerce, Ministerial Decision, Adopted on 2 March 2024, WT/MIN (24) /38, 4 March 2024.

Statement by Indonesia, Facilitator's Consultation on Electronic Commerce, MC 11 Declaration, and Other Relevant Plenary Sessions, WT/MIN (17) /68, 20 December 2017.

Trade in Services, Work Programme on Electronic Commerce, Progress Report to the General Council, S/L/74, 27 July 1999.

Work Programme on Electronic Commerce, Submission by the United States, WT/GC/16, 12 February 1999.

Work Programme on Electronic Commerce, Classification Issue, Submission from the European Communities, WT/GC/W/497, 9 May 2003.

Work Programme on Electronic Commerce, Submission from the United States (Revision), WT/GC/W/493/Rev. 1, 8 July 2003.

Work Programme on Electronic Commerce, Removing Cyberspace Trade Barriers: Towards A Digital Trade Environment with Reciprocally Equal Access, Non-Paper from the Separate Customs Territory of Taiwan, Penghu, Kinmen and Matsu, JOB/GC/170, JOB/CTG/12, JOB/SERV/277, JOB/IP/29, JOB/DEV/53, 16 February 2018.

Work Programme on Electronic Commerce, Moratorium on Customs Duties on Electronic Transmission: Need for a Rethink, Communication from India and South Africa, WT/GC/W/747, 13 July 2018.

Work Programme on Electronic Commerce, The E-commerce Moratorium and Implications for Developing Countries, Communication from

India and South Africa, WT/GC/W/774, 4 June 2019.

WTO Secretariat, E-commerce, Trade and the COVID-19 Pandemic, 4 May 2020.

WTO Electronic Commerce Negotiations Consolidated Negotiating Text-December 2020, INF/ ECOM/ 62/ Rev. 1, 14 December 2020.

七 其他官方报告

Congressional Research Service, *Digital Trade and U. S. Trade Policy*, 6 June 2017.

Congressional Research Service, *Digital Trade and U. S. Trade Policy*, 11 May 2018.

European Commission, *Report from the Commission to the Council and the European Parliament, on Trade and Investment Barriers and Protectionist Trends*, 1 July 2014-31 December 2015, Brussels, 20 June 2016.

The White House, *National Security Strategy*, May 2010.

The White House, *National Security Strategy*, December 2017.

UNCTAD, *Data Protection Regulations and International Data Flows: Implications for Trade and Development*, April 2016.

UNCTAD, *World Investment Report* 2017: *Investment and the Digital Economy*.

USITC, *Digital Trade in the U. S. and Global Economies Part* 1, July 2013.

USITC, *Digital Trade in the U. S. and Global Economies Part* 2, August 2014.

USITC, *Global Digital Trade*1: *Market Opportunities and Key Foreign Trade Restrictions*, August 2017.

USTR, 2018 *National Trade Estimate Report on Foreign Trade Barriers*.

USTR, *Section* 301 *Investigation-Report on France's Digital Services Tax*, 2 December 2019.